# 新型智慧城市

## 顶层规划与设计实践

陈晓静◎主编　　申 杰◎副主编

人民邮电出版社

北京

**图书在版编目（CIP）数据**

新型智慧城市顶层规划与设计实践 / 陈晓静主编
. -- 北京 : 人民邮电出版社，2025.6
ISBN 978-7-115-63837-3

Ⅰ. ①新… Ⅱ. ①陈… Ⅲ. ①智慧城市—规划布局
Ⅳ. ①F291

中国国家版本馆CIP数据核字（2024）第047233号

## 内 容 提 要

本书基于湖北邮电规划设计有限公司在全国各地智慧城市建设中的实施经验和典型案例，以智慧城市支撑、牵引数字经济、数字政府、智慧社会协调发展和融合互动为主线，系统总结了数字中国背景下新型智慧城市顶层规划与设计实践的工作方法、工作思路和工作重点。

本书主要面向各地智慧城市及信息化建设管理部门的管理人员、从事智慧城市顶层规划与设计的专业技术人员、智慧城市及信息化建设领域的从业人员、高等院校相关专业的师生。

◆ 主　　编　陈晓静
　　副主编　申　杰
　　责任编辑　高　扬
　　责任印制　马振武

◆ 人民邮电出版社出版发行　　北京市丰台区成寿寺路 11 号
　　邮编　100164　　电子邮件　315@ptpress.com.cn
　　网址　https://www.ptpress.com.cn
　　固安县铭成印刷有限公司印刷

◆ 开本：787×1092　1/16
　　印张：20.5　　　　　　　　　　　2025 年 6 月第 1 版
　　字数：316 千字　　　　　　　　　2025 年 6 月河北第 1 次印刷

定价：159.80 元

读者服务热线：(010)53913866　印装质量热线：(010)81055316
反盗版热线：(010)81055315

# 编辑委员会

# 前 言
### PREFACE

　　新型智慧城市是数字中国、智慧社会的重要组成部分，是发展新质生产力的重要支撑。推进新型智慧城市建设是新时代我国立足信息化和新型城镇化发展实际，引领经济高质量发展、提高城市治理能力和现代化水平的重要途径，体现了以人为本、统筹协调的发展理念，代表着城市发展的高端形态和未来趋势。2023 年 2 月，中共中央、国务院印发《数字中国建设整体布局规划》，明确提出数字中国建设的"2522"整体框架和战略路径，推动数字中国战略加速落地。2024 年 5 月，国家发展改革委、国家数据局、财政部、自然资源部联合发布《关于深化智慧城市发展 推进城市全域数字化转型的指导意见》，将城市作为推进数字中国建设的综合载体，提出推进中国式现代化城市建设，面向未来构筑城市竞争新优势。这些政策的陆续出台和持续加码，为新型智慧城市深化发展源源不断地注入了新的动力。

　　当前，新一轮科技革命和产业变革的深入发展，人工智能、人形机器人、新能源等新赛道不断涌现，各国都在进行前瞻性谋划和布局。人工智能、大数据、云计算等新一代信息技术对城市数字化基础能力重构、数字化治理水平提升及数字经济发展的带动作用日益增强，与经济社会各领域深度融合不断提速。数字技术正加快内化为提升城市竞争力的核心要素，推动网络经济、平台经济、智能经济、低空经济、数字经济等新型经济形态加速涌现，为中国式现代化城市建设不断开辟新的空间。以新型智慧城市深化建设为契机，推动数字技术在城市场景中集成应用，因地制宜发展新兴数字产业，前瞻布局未来制造、未来信息、未来材料、未来能源、未来空间、未来健康等未来产业，加快发展和形成新质生产力，将成为城市推进全域数字化转型，实现加"数"向"新"的必然选择。同时，2024 年以来，各省市纷纷成立数据集团（公司），进一步推动数据要素高效配置与深化运营。

新型智慧城市建设是一项极为复杂的系统工程，具有"长周期、宽领域、大投入"等突出特征，必须以"整体统筹""整合融合""务实管用""产城融合"为导向，在扎实做好顶层规划和设计的基础上谋定而后动，确保规划、建设、运营的整体性、协调性和延续性，否则极有可能使新型智慧城市建设变成一场"消耗战"。本书从深化新型智慧城市与"数字政府""数字经济""智慧社会"融合互动，一体化构建城市数字经济和新质生产力发展多点支撑体系的整体视角，总结提炼新型智慧城市各个有关组成部分整体规划和设计的方法理论和实践经验，可作为新型智慧城市规划设计的参考依据。全书共分为10章，主要内容安排如下。

第1章，从"数字中国"和"中国式现代化城市"建设视角，分析新型智慧城市与传统智慧城市的主要区别，以六个"新"系统界定新型智慧城市的基本概念和内涵，明确当前智慧城市建设所处的发展阶段及未来发展趋势。

第2章，系统梳理数字政府、数字经济、智慧社会等有关概念，深入剖析新型智慧城市与上述三者间的内在关系。

第3章，重点分析新型智慧城市顶层规划缺失导致的主要问题，明确顶层规划设计的基本流程、关键节点和工作方法，给出总体架构设计的 ADTMS 参考模型。

第4章，比较传统信息基础设施与城市数字基础设施在建设理念、建设内容、建设模式方面的不同之处，明确新型智慧城市数字基础设施体系规划设计的工作范围和基本原则，归纳总结 5G/6G、全光网等网络基础设施，通算、超算、智算、边缘计算等算力基础设施，城市影像、城市脉搏类物联感知设施，数据共享、数据交换、数据交易、可信数据空间等数据基础设施，政务网、政务云等数字政府基础设施及城市生命线、智慧桥梁、智慧水务、智慧多功能杆等融合应用设施的规划设计要点。

第5章，以"平台共建，整合融合"为导向，系统阐释新型智慧城市基础平台规划设计的总体思路和具体内容，包括平台功能，平台定位及大数据中枢、应用支撑中枢、人工智能中枢、城市运行管理平台等建设重点。

第6章，以"优政惠民，善治兴业"为导向，系统阐释新型智慧城市应用体系规划设计思路，并从政府管理、民生服务、城市治理、产业融合4个维度说明具体建设内容。

第7章，聚焦新型智慧城市长效运营，深入分析国内外智慧城市运营情况、存在的主要问题及发展趋势，归纳总结智慧城市运营模式的演变过程、主要类型和各自优缺点。

第8章，围绕新型智慧城市考核评价，全面分析国内外智慧城市评价体系建设情况，详细阐释我国开展智慧城市评价的主要目的、基本原则、指标体系及应用要点。

第9章，聚焦优化新型智慧城市发展环境，整体分析我国智慧城市发展的政策、经济、社会和技术环境，针对地方政府在推进智慧城市建设中如何构建发展环境给出原则、思路和内容建议。

第10章，总结提炼湖北邮电规划设计有限公司在不同规模、不同类别城市的规划设计典型案例，包括大型城市、区县级城市、新城新区及数字经济、数字基础设施等重点领域。

# 目 录

CONTENTS

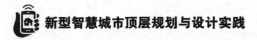

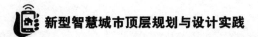

第 1 章

01

新型智慧城市
相关概念与
发展趋势

# |1.1 新型智慧城市的概念界定|

城市是推进数字中国建设的综合载体，是培育和发展新质生产力的重要阵地。推进城市数字化转型、智慧化发展，是面向未来构筑城市竞争新优势的关键之举，也是推动城市治理体系和治理能力现代化的必然要求。2016 年，"新型智慧城市"的概念首次被提出，正式开启我国新型智慧城市建设序幕。新型智慧城市是一个开放的复杂系统，在不同国家、不同地区的发展重点也各有不同。就我国而言，新型智慧城市通常是指利用新一代信息技术创新城市管理和公共服务方式，向居民提供便捷丰富的信息服务、透明高效的在线政府、精细精准的城市治理、融合创新的信息经济和自主可控的安全体系，是数据驱动高质量发展、高效能治理、高品质生活的一种新的城市发展形态。建设新型智慧城市是推进中国式现代化、提升城市治理水平、破解大城市病、提高公共服务质量、发展数字经济的战略选择。相较于传统智慧城市而言，新型智慧城市具有以下显著变化。

## 1.1.1 新的战略重心

传统智慧城市以行业信息化为中心，其战略重心是解决行业领域内网络化、自动化问题，建设重点主要聚焦行业基础设施、行业应用系统。新型智慧城市的战略重心则从行业信息化转向城市全域数字化转型，最终目的是支撑发展新质生产力，推进中国式现代化城市建设。因此新型智慧城市更加关注城市数字基础设施和各类业务应用的整体性、系统性、协同性，更加重视与数字政府、数字社会、数字经济等相关社会经济系统之间的良性互动和相互赋能。

## 1.1.2 新的发展理念

党的二十大报告明确提出，"坚持人民城市人民建、人民城市为人民，提高城市规划、建设、治理水平，加快转变超大特大城市发展方式，实施城市更新行动，加强城市基础设施建设，打造宜居、韧性、智慧城市"，深刻回答了城市建设发展依靠谁、为了谁的根本问题和现阶段我们要建设什么样的城市、怎样建设城市的重大命题，体现出新型智慧城市"以人为本"的发展理念。近年来，全国各地此起彼伏的"一网通办""最多跑一次"和"一件事"改革正是各级各地政府"以人为本"推进新型智慧城市建设的最佳实践。

### 1.1.3　新的发展模式

传统智慧城市在项目规划上往往具有明显的行业属性，而新型智慧城市在项目规划上更加关注通用能力、通用平台、共性组件和集成应用，如"城市大脑"中枢、"一网统管"平台、数据要素开发利用等，建设内容不但具有明显的"跨层级、跨行业"特征，而且与城市社会经济系统的联系日益紧密，反映出智慧城市的发展模式正在从"行业子系统的不断叠加"向"共同缔造城市智能生命体"加快演进；从以"数字政府建设为重心"向"数字政府、数字社会、数字经济、数字生态"协调发展转变。

### 1.1.4　新的体系架构

2023 年 2 月，中共中央、国务院印发《数字中国建设整体布局规划》，擘画数字中国"2522"整体框架，提出"打通数字基础设施大动脉""畅通数据资源大循环""到 2025 年，基本形成横向打通、纵向贯通、协调有力的一体化推进格局"，为新型智慧城市体系架构的重塑指明了方向，即"纵横贯通"和"一体化发展"。近年来，国家在数字政府和数字经济等领域已经开展大量有益探索，如统筹建设全国一体化政务大数据体系、全国一体化政务服务平台，积极培育全国一体化数据市场等。而在智慧城市领域，"纵横贯通"的新型体系架构逐渐成为行业发展共识，引领新型智慧城市向更深层次打通跨层级、跨地域、跨系统、跨部门、跨业务的数据流和信息流加快演进。

### 1.1.5　新的资源要素

全球发展进入数字经济新时代，数据成为继土地、劳动、资本和技术后的又一个关键生产要素，正快速融入生产、分配、流通、消费和社会服务管理等环节。数据流引领各行各业技术流、资金流、人才流、物资流不断突破传统资源要素约束，推动全要素生产率持续提升，数据要素在整个社会经济系统中的放大、叠加、倍增作用加速显化。在此背景下，各级各地政府日益重视"如何构建数据驱动的新型智慧城市""如何建设和运营好数据基础设施""如何构建与新质生产力发展相适应的数据要素赋能体系""如何创新拓展数据驱动的应用场景""如何培育壮大本地数据要素市场"的重视程度大幅提升，这成为当下推进新型智慧城市建设的重中之重。

## 1.1.6 新的基础设施

党的二十大报告从建设社会主义现代化强国和实现民族复兴的角度明确提出以中国式现代化全面推进中华民族伟大复兴。国家领导人在 2024 年全国两会时强调，"要牢牢把握高质量发展这个首要任务，因地制宜发展新质生产力"，全面开启新质生产力赋能中国式现代化的新征程。新型信息基础设施具有高科技、高效能、高质量等特征，是推动新一轮科技革命和产业变革、培育和发展新质生产力的关键支撑。随着人工智能和数字经济成为世界各国竞速发展的"战略级赛道"，我国新型智慧城市和信息基础设施的制度建设正在加快向"畅通数据资源大循环""建设和运营国家数据基础设施"转变。2023 年 8 月，财政部印发《企业数据资源相关会计处理暂行规定》，推动数据资产入表规定正式落地。2023 年 12 月，国家发展改革委、国家数据局、中央网信办、工业和信息化部、国家能源局联合发布《关于深入实施"东数西算"工程加快构建全国一体化算力网的实施意见》，统筹推进支撑数字经济高质量发展的算力基础设施建设。2024 年 5 月，国家发展改革委、国家数据局、财政部、自然资源部联合印发《关于深化智慧城市发展 推进城市全域数字化转型的指导意见》，推动"建立城市数字化共性基础""构建数据要素赋能体系"。2024 年 8 月，工业和信息化部等十一部门联合印发《关于推动新型信息基础设施协调发展有关事项的通知》，推进重大战略区域设施一体化发展。2024 年 11 月，国家数据局印发《可信数据空间发展行动计划（2024—2028 年）》，提出"分类施策推进企业、行业、城市、个人、跨境可信数据空间建设和应用"。这些政策的相继出台，都为新型智慧城市信息基础设施，尤其是算力、数据等基础设施建设指明了方向。

## |1.2　新型智慧城市的主要特征|

### 1.2.1　全面透彻的感知

加强城市范围内人、地、事、物、组织等有关要素运行体征的全时空透彻感知，利用海量实时数据精确掌控城市运行态势，是新型智慧城市系统构建"自我感知、自我学习、自我调节"能力闭环，进而实现动态优化城市资源配置，及时修正城市运行缺陷的重要前提。数字孪生作为实现全面透彻感知，甚至"全息感知"城市运行体征的一种关键技术，已成为世界各国新型智慧城市建设的热点应用。数字孪生城市是利用感知标识、地理信息、建模渲染、算法仿真、虚实交互等技术构建的一个与城市物理空间和社会空间一一对应、相互映射、同生共长、协同交互的复杂系统。数字孪生城市能够打开物理世界与数字世界的连接通道，并将物理世界的运行动态，通过传感器精准、实时地反馈到数字世界，城市规划、建设、管理等有关部门和决策者可以基于城市物联网数据、时空数据、互联网数据及有关运行数据，以"一张图"的形式对城市全要素的运行体征进行立体感知、全景洞察、在线推演和实时管控，从而提升城市运行的智能化分析研判、预测预警及精准调控能力。

### 1.2.2　深度广泛的互联

智慧城市的全面智能感知离不开高速互联的信息网络，以高速泛在的城市光纤宽带网络、5G 为代表的无线网络、物联感知网络、天基互联网等"天地一体化"信息网络作为信息传输的载体，实现城市中"人 - 物 - 事"的万物互联，为城市各类资源要素的互通和设备的连接调度提供坚实基础，为城市资源的一体化管理和运作提供可能。

### 1.2.3  智能融合的处理

随着城镇化的推进，城市的管理变得更加复杂多变、面临着更多挑战，信息化建设积累了海量数据资源，充分利用大数据、云计算、人工智能等信息技术可对城市海量数据资源进行存储、计算和分析，并依托先进的算力和算法模型，为政府管理者自主开展多维分析、智能研判、科学决策提供"智慧"支持，通过新型信息技术与现实管理的智能融合，全面提升城市现代化治理和管理决策能力。

### 1.2.4  开放协同的运作

基于智慧城市基础设施，构建一个以政府、市民、企业之间的互动协作为核心的公共管理和服务综合平台，可以为公共参与者提供"一站式"协同服务，同时智慧城市让城市的各部门、各系统之间的协作变得高效有序，将城市运行保持在最好的状态。

### 1.2.5  创新与可持续发展

能源枯竭、环境恶化、公共安全、城市管理等方面的诸多突出问题，导致未来城市的持续发展面临严峻的挑战。随着知识社会的快速发展，"以人为本"的发展理念成为主流，智慧城市的建设更加关注民生所需，创新城市发展模式，强调社会协同，开辟开放创新的空间，并通过信息技术提升用户的共同参与度，大力推动城市创新发展，以协同开放的姿态聚集大众智慧，实现城市资源的可持续利用、社会经济的可持续发展。

## | 1.3  新型智慧城市的发展历程 |

我国智慧城市的发展经历了短暂的概念导入期，从提出"感知中国中心"建设，到开展国家智慧城市试点，以及"十三五"规划提出建设新型智慧城市，再到2023年中共中央、国务院正式印发《数字中国建设整体布局规划》，已先后经历了探索阶段、试点阶段、攻坚阶段，目前已正式进入体系化推进阶段，如图 1.1 所示。

| | 探索阶段<br>2008—2011年 | 试点阶段<br>2012—2015年 | 攻坚阶段<br>2016—2022年 | 体系化推进阶段<br>2023年以后 |
|---|---|---|---|---|
| 主要标志 | ● IBM提出"智慧地球"<br>● "感知中国中心"落户无锡 | ● 住房和城乡建设部印发《国家智慧城市试点暂行管理办法》启动国家智慧城市试点工作 | ● "十三五"规划提出建设新型智慧城市；《新型智慧城市评价指标》正式发布 | ● 中共中央、国务院印发《数字中国建设整体布局规划》 |
| 主要特点 | ● 行业应用驱动<br>● 以无线通信、光纤宽带、地理信息系统（GIS）等技术为依托<br>● 单个系统、分散建设、自发共享<br>● 智慧地球的概念由企业引入<br>● 以国外软件系统集成商为主导 | ● 政府统筹，产城融合<br>● 以城市信息基础设施建设为主<br>● 新兴技术驱动，城镇化加速<br>● 云计算、3G/4G<br>● 以重点项目或应用为切入点进行共享<br>● 设备商、集成商牵头推进 | ● 以基础平台、通用能力和应用场景建设为主导<br>● 以数据资源共建共享为重要突破口<br>● 系统和应用走向整合融合<br>● 注重智慧城市长效运营 | ● 以畅通数据资源大循环为导向开展数字基础设施建设<br>● 进入数据资源开发利用深水区，数据和资本驱动走向数据和场景驱动<br>● 更加重视整体性、系统性、协同性<br>● 对数字经济重视程度达到空前高度 |

图1.1　智慧城市发展阶段

## 1.3.1　探索阶段（2008—2011 年）

"智慧地球"的概念最早由 IBM 在 2008 年提出，而"智慧城市"的概念也源于"智慧地球"，此后经全球各地政府及组织机构传播、扩充和演变，使其概念和外延得以不断完善，并逐渐在世界范围内兴起。2008—2011 年，我国智慧城市发展迎来概念导入期，此时，本土企业多数尚处于摸索阶段，市场主要由国外软件系统集成商（如 IBM、Oracle 等）主导。该阶段的主要特征是以无线通信、光纤宽带、GIS 等技术为依托，以单个系统、各单位分散建设为主，缺乏整体统筹。

## 1.3.2　试点阶段（2012—2015 年）

2012 年，《国家智慧城市试点暂行管理办法》正式印发，国家智慧城市试点工作正式启动。此后，住房和城乡建设部连续开展 3 个批次共计 290 个国家智慧城市试点。2014 年，中共中央、国务院印发《国家新型城镇化规划（2014—2020 年）》，将智慧城市作为建设"经济充满活力、生活品质优良、生态环境优美"的新型城市的重要方向之一。国家发展改革委等 8 部委颁布《关于促进智慧城市健康发展的指导意见》，明确提出到 2020 年，建成一批特色鲜明的智慧城市。2015 年，在第十八届五中全会上提出"实施'互联网+'行动计划，发展分享经济"。2016 年 10 月 9 日，中共中央政治局就实施网络强国战略进行第三十六次集体学习时指出"以推行电子政务、建设新型智慧城市等为抓手，以数据集中和共享为途径，建设全国一体化的国家大数据中心，推进技术融合、业务融合、数据融合，实现跨层级、跨地域、跨系统、跨部门、跨业务的协同管理和服务。"该阶段国内智慧城市建设的主要特征包括以下内容。

① 地方政府统筹力度不断加大，开始注重产城融合。

② 以打基础为主，城市信息基础设施建设项目占比较大。

③ 以技术为驱动，云计算、3G/4G 等新兴技术开始广泛应用。

④ 设备商、集成商牵头推进。

⑤ 因地制宜，各有侧重。如武汉、昆山、宁波致力于发展智慧产业，上海、南昌、杭州致力于发展智慧技术，成都、重庆致力于打造智慧人文和智慧生活，佛山致力于实现智慧管理和智慧服务。

## 1.3.3 攻坚阶段（2016—2022 年）

2016 年，国内第一份智慧城市标准文件——《新型智慧城市评价指标》（GB/T 33356—2016）发布并实施，从此开启了我国新型智慧城市建设的全新阶段。2020 年 3 月，习近平总书记在考察杭州城市大脑运营指挥中心时指出"运用大数据、云计算、区块链、人工智能等前沿技术推动城市管理手段、管理模式、管理理念创新，从数字化到智能化再到智慧化，让城市更聪明一些、更智慧一些，是推动城市治理体系和治理能力现代化的必由之路，前景广阔。"2021 年 3 月，《中华人民共和国国民经济和社会发展第十四个五年规划和二〇三五年远景目标纲要》发布，明确指出"统筹推进传统基础设施和新型基础设施建设，打造系统完备、高效实用、智能绿色、安全可靠的现代化基础设施体系。""加快数字化发展，建设数字中国""打造数字经济新优势""加快推动数字产业化""推进产业数字化转型""加快数字社会建设步伐""提高数字政府建设水平""营造良好数字生态"。自此，我国智慧城市建设进入全面攻坚阶段。该阶段的主要特征如下。

① 相较于早期的智慧城市，该阶段更加重视顶层设计。

② 全国各地陆续成立专职大数据管理机构，更加重视公共数据资源共建共享，以破除数据孤岛。

③ 以基础平台、通用能力和应用场景建设为主导。

④ 系统和应用走向整合融合，网络互通、平台互通成为该阶段智慧城市建设重点任务。

⑤ 注重智慧城市长效运营，智慧城市建设管理和运营走向分离。

## 1.3.4　体系化推进阶段（2023 年以后）

党的二十大报告提出"实施城市更新行动，加强城市基础设施建设，打造宜居、韧性、智慧城市"，为新时期我国智慧城市建设指明了方向。2023 年 2 月，中共中央、国务院印发了《数字中国建设整体布局规划》，提出"2522"整体框架，如图 1.2 所示，要求全国各地"按照夯实基础、赋能全局、强化能力、优化环境的战略路径，全面提升数字中国建设的整体性、系统性、协同性，促进数字经济和实体经济深度融合，以数字化驱动生产生活和治理方式变革，为以中国式现代化全面推进中华民族伟大复兴注入强大动力"，标志着数字中国建设从地方实践进入全国整体推进的全新阶段。

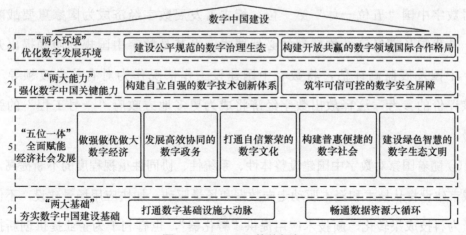

图1.2　"2522"整体框架

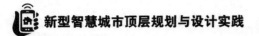

从图 1.2 中可以看出无论是数字基础设施、数据资源，还是数字经济、数字政务、数字社会、数字安全，都是智慧城市建设的重要组成部分。因此，智慧城市将成为数字中国建设的重要一环。依据数字中国规划，可以预见未来我国智慧城市建设将呈现以下特点。

① 城市数字基础设施和数据资源体系是智慧城市乃至数字中国建设的重要基石。一方面，数字基础设施在数字资源流动过程中起着至关重要的媒介和载体作用。另一方面，数字资源的流动将会进一步放大数字基础设施的资产价值，为数字基础设施建设布局提供战略指引，因此对传统基础设施进行改造和赋能必将持续提速，并且数字基础设施建设需要更加关注数据资源流动的堵点、痛点、难点，唯有如此才能真正打通数字基础设施大动脉，畅通数据资源大循环。

② 全社会数字化转型将会迎来数据驱动新时代，智慧城市建设加快进入数据资源开发利用深水区。2023 年 3 月，《党和国家机构改革方案》正式印发，提出组建国家数据局，负责协调推进数据基础制度建设，统筹数据资源整合共享和开发利用，统筹推进数字中国、数字经济、数字社会规划和建设等。这标志着数字化转型成为新形势下的重要发展动力，数据成为国家数字化转型的核心要素和数字经济深化发展的核心引擎。

③ 发展数字经济成为智慧城市建设的重要任务。"做强做优做大数字经济"高居数字中国"五位一体"第一位，标志着发展数字经济成为国家重要战略选择，是我国长期经济结构转型的必然要求。尤其是数字中国规划明确提出开展数字中国发展监测评估，将数字中国建设工作情况作为对有关党政领导干部考核评价的参考，这释放出数字经济将成为更多地方政府"一号工程"的强烈信号。

④ 随着国家对数字中国建设整体性、系统性、协同性重视程度的不断提高，智慧城市建设将从技术和资本驱动走向数据和场景驱动。加快应用场景建设，不仅有利于为科技成果转化、新技术应用提供"孵化器"，也有利于为企业提供创新技术的"试验场"，更有利于为传统企业提供转型升级的"变速箱"，而且对推动新经济

从创新走向应用、从概念走向实践，促使更多新技术助力满足人民对美好生活的向往具有重要现实意义。

## | 1.4　发展现状及主要趋势 |

### 1.4.1　新 IT 驱动信息基础设施服务效率最大化

新 IT 主要是指以云计算、大数据、人工智能、区块链等为代表的新一代信息技术，以及基于上述相关技术所构建的数字底座和相关业务应用。传统 IT 采用竖井式架构，系统从设计之初就需要独立考虑专用服务器、存储、网络等 IT 基础设施，因此传统 IT 只能为特定的应用服务，具有显著的资源独占属性，以及系统解耦不充分，内部烟囱林立（烟囱式孤立系统），以垂直方式开发、缺乏协同共享，接口层标准化程度差、学习困难，负载不均、性能成为瓶颈等诸多缺陷，不能有效适配新时代智慧城市"三融"（技术融合、业务融合、数据融合）、"五跨"（跨层级、跨地域、跨系统、跨部门、跨业务）的改革发展趋势，特别是不满足应用服务微型化、集成化、模块化发展需要。

而新 IT 是一种"松耦合"的融合架构，采用云原生技术与低代码开发等方式，并采用虚拟化、容器化等前沿技术，将服务器、存储、网络等 IT 基础设施转变为能够动态调配、灵活扩展的 IT 资源，能够使传统 IT 的专用资源从"紧耦合的技术围墙内"解放出来，并使得 IT 资源能够实现共享共用，成为实践中 IT 资源潜在价值的最大化利用的行之有效的途径。

### 1.4.2　数据要素成为数智时代关键生产要素

信息技术发展至今，人类社会先后经历了信息时代、网络时代，目前已进入数字时代，正在迎来一场由数据驱动的深层次、全方位数字化变革。预计 2025—2030 年，人类社会将迈入更加智能的"数智时代"，届时随着 6G、虚拟现实（VR）、数字孪生、元宇宙等技术的逐渐成熟和应用的不断落地，数据量级仍将进一步大幅提升。信息技术发展历程及主要特征如图 1.3 所示。

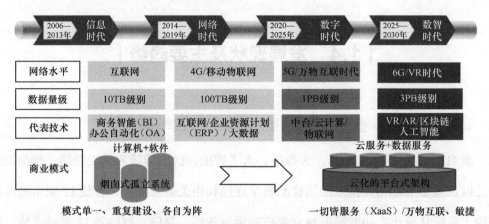

图1.3　信息技术发展历程及主要特征

统计数据表明，从 2010 年到 2020 年，人类社会经历了"十年百倍数字大爆炸"。以移动宽带为例，2010 年全球移动宽带数据流量约为每月 0.24EB，而 2020 年已高达每月 60EB，10 年时间增长到 250 倍。与全球相比，我国移动宽带数据流量增长态势更为迅猛，已从 2010 年的每月 0.033EB 发展到 2020 年的每月 13EB，10 年时间增长近 400 倍。研究表明现阶段每 1 分钟的互联网数据都在经历爆炸式增长。统计数据显示，当前每分钟 YouTube 用户上传视频累计时长可达到 48 小时，Google 搜索请求数量累计约达到 200 万，Facebook 用户分享信息数量累计可达 68 万，Twitter 累计需要处理信息逾 100 万条。

## 1.4.3　城市中台赋能全业态加快数字化转型

"中台"一词起源于东汉，最早指代尚书台，意为"政府的中枢"。将中台应用在商业领域并取得巨大成功的是位于芬兰赫尔辛基的一家移动游戏公司 Supercell。Supercell 通过设置一个包含游戏引擎、服务器等在内的强大中台，用以支持公司内部各团队快速推进游戏研发，使游戏开发团队能够始终专注于创新，并实现游戏产品的快速上线，而不用担心基础却又至关重要的技术支撑问题。正是由于中台的强大支撑作用，Supercell 成功打造了《部落冲突》《皇室战争》《海岛奇兵》《卡通农场》4 款超级现象级游戏产品，一时间成为世界上最成功的移动游戏公司之一。

2015 年阿里巴巴集团正式提出中台战略，即以"共享""复用"为核心思想，将产品技术、数据运营及支持类业务从前台应用分离，并置于独立的中台之中，从而让中台承担支撑工作，让前台功能大幅精简、更加贴近用户并保持足够的灵敏性。此后，中台在互联网领域快速兴起并广泛应用到各地智慧城市建设中，如现阶段各地大力建设的"城市大脑"实际上就是由若干功能各异的"中台"或"中枢"构成的。

现阶段，随着国家政务信息化工程建设坚持"大数据、大平台、大系统"的总体架构设计及政务服务一体化的加速推进，中台建设正处于上升发展阶段，已经近乎成为各级地方政府开展新型智慧城市建设的标配，而且有条件的部门、大型企业集团也在加快推进部门、企业内部各类中台或"城市大脑"的建设及应用。

分析中台或"城市大脑"在智慧城市建设中受到追捧的原因，主要有以下几个方面。

① 全社会数字化转型加速推进，新技术、新产品催生大量应用场景，统筹搭建大中台，促进业务应用轻量化，能够有效缩短业务应用部署周期并节约智慧城市建设投资。

② 智慧城市建设进入整合融合的深水期，通过统筹搭建大中台，能够快速形成系统平台深度融合的有力抓手，有助于加快打破传统模式下的"系统壁垒""信息孤岛"。

③ 统筹建设共享复用的城市级大中台，能够为信息化基础较为薄弱、专业技术人才相对匮乏、信息化建设资金相对有限的部门和单位创造相对公平的信息化发展环境，助力其快速补齐短板，进而推动各领域在智慧城市建设上的协调发展。

## 1.4.4　整体协同引领业务应用融合发展新方位

智慧城市建设是城市数字化改革转型的重要落脚点之一，担负着推动整个城市加快实现整体协同、整体智治的重要使命。智慧城市建设的整体协同，反映在具体实践中，即要高度重视一体化综合应用的打造。

智慧城市建设具有"点多、面广、线长"的显著特征。在前期分散建设模式下，不少现实难题客观存在，相当一部分城市业务系统协同水平整体不高。比如在政务服务上，部分街道基层工作量大，群众服务感知不佳、获得感不强。此类问题在现阶段智慧城市建设中绝非个例，而是智慧城市建设进入融合破冰的深水期必然要面对的普遍难题。

整体协同的发展理念为解决上述问题提出了新的思路。这种理念体现在业务应用融合上，即要在技术、政策等层面联合发力，在更深层次上拉通关联业务的"数据流"和"工作流"，并在此基础上围绕具有类似特征的主体，针对面向类似需求的服务，集约构建能够系统性满足某一类群体办理某一类事项，系统性响应企业群众某一类关切或系统性疏解民生服务领域某一类堵点的融合应用，并集中承载相关各项业务场景，以便更加有效地根除传统建设模式下"各自为政"所导致的"服务碎片化"等固有顽疾，更加有效地解决企业和群众反映强烈的"办事难、办事慢、办事繁"等问题。

现阶段，整体协同的发展理念，无论是在国家还是在地方的政策性文件里都屡见不鲜，并加快成为各地智慧城市建设普遍遵循的原则。如在《"十四五"国家信息化规划》中提到的"打造协同高效的数字政府服务体系"及深化推进"一网通办""跨省通办""一网统管"等。又如深圳市于2018年提出的"一图全面感知、一号走遍深圳、一键可知全局、一体运行联动、一站创新创业、一屏智享生活"智慧城市建设构想，武汉市于2020年勾画的"政务服务一网通办、政府办公一网协同、民生服务一码互联、城市运行一网统管、社会治理一网共治、企业服务一站直通"智慧城市建设蓝图，浙江省于2021年推行数字化改革"一体化"思想和"重大任务综合集成"重磅举措（浙江省数字政府改革建设总体框架如图1.4所示），以及"粤省事""浙里办""随申办""鄂汇办""蓉易办""浙政钉"等政务服务超级应用和全国各地大力推行的"一件事一次办"改革，这些都是整体协同发展理念在智慧城市建设中的经典体现和生动实践。

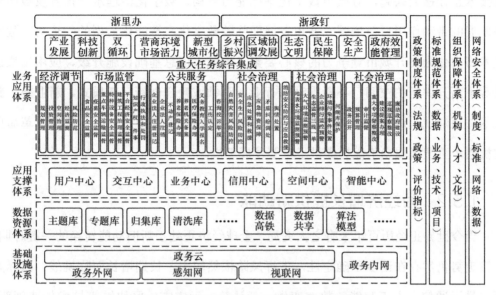

图1.4　浙江省数字政府改革建设总体框架

# | 1.5　提速新型智慧城市建设的现实意义 |

## 1.5.1　为城市发展提供新路径

城镇化是指农村人口转化为城镇人口的过程。伴随着工业化发展，工业、建筑业、交通运输业、批发贸易业、餐饮业、服务业等非农产业开始向城镇聚集。在国家城镇化政策和就业、就学等多重因素的综合推动下，农村人口开始不断向城镇集中。城镇化是世界各国工业化进程中的必经阶段。随着城镇化水平的不断提升，城市人口规模不断扩大，社会治安综合治理、交通拥堵综合治理、城市设施安全隐患治理、生态环境污染治理、突发公共事件治理等一系列城市治理工作面临更大挑战；同时，随着生活水平的日益提高，人们对美好生活的期待更高，对教育资源、医疗资源等普惠公共服务资源有着多样化、均等化的需求，人口老龄化带来的养老问题也日益凸显。

另外，现阶段以 5G、人工智能、大数据、云计算、区块链等为代表的新一代信息技术正在蓬勃兴起，对城市数字化基础能力重构、数字化治理水平提升及数字经济发展的带动作用日益增强。城市发展面临着数字化、智能化转型的新形势，数字技术将内化为提升城市竞争力的核心要素，为城市信息基础设施升级、应用场景建设等不断开辟新的空间，不断推动跨行业、跨领域融合创新，新模式、新业态、新技术加速涌现，这为各级各类城市在全球数字化发展浪潮中抢抓新一轮技术革命历史机遇，重塑区域竞争优势提供了重要发展契机。

## 1.5.2 为经济增长提供新动能

当今世界正经历百年未有之大变局，全球经济正处于新旧动能转换的关键时期，经济走势仍然存在诸多不确定性，下行风险依然较大，长期增长面临挑战。国际方面，量子通信、人工智能、数字孪生、云计算、元宇宙、区块链等技术加速创新，不断向经济社会各领域加速渗透，持续引领经济社会各领域重大颠覆性创新，不断催生新的技术、新的商业模式和新的经济形态，并推动世界经济、区域经济加速洗牌。《全球数字经济新图景（2020年）》显示，在2020年全球经济普遍低迷的整体环境下，世界范围内仍有38个国家数字经济增速显著高于同期GDP增速。总体来看，2020年全球数字经济增速显著高于同期GDP增速，其中发达国家数字经济发展对GDP增长贡献率已超51%。通过进一步分析不难发现，目前产业数字化已成为全球数字经济发展的主导力量，如德国产业数字化规模占数字经济规模比重达到90%，英国、美国、法国、日本等10余个国家产业数字化规模占数字经济规模比重也均超过80%。

国内方面，各地政府已普遍意识到数字经济正加快成为宏观经济的"稳定器""倍增器"，发展数字经济已成为有效应对"百年变局"影响的重要选项，并纷纷出台有关政策支持数字产业化、产业数字化、城市数字化发展，使得数字技术与我国经济社会各领域融合日益紧密。可以看到，现阶段数字化工厂、远程办公、远程诊疗、在线教育等市场需求正在不断增长，影视文娱、餐饮旅游、服饰等线下业态也在不断探索通过视频直播、电子商务等新业态缓解经营压力，这对重塑人类生产消费习惯，"熨平"经济波动具有重要作用。近年来，我国经济发展消除各种不利影响，取得历史性成就，数字经济的作用和贡献不容忽视。统计数据表明，2020—2022 年，我国 GDP 接连突破 100 万亿元（2020 年 101.36 万亿元）、110 万亿元（2021 年 114.92 万亿元）、120 万亿元（2022 年 121.02 万亿元）大关。2022 年我国数字经济规模已达 50.2 万亿元，总量稳居世界第二，占 GDP 比重达到 41.5%，增长率显著高于同期 GDP 增长水平，数字经济成为经济稳定增长新引擎。因此，有必要通过数字经济发展和智慧城市的建设，以数据要素为驱动，推动人工智能、大数据、云计算、区块链等技术与传统经济深度融合，助推产业数字化转型，为传统产业发展提供新动能，形成新的经济增量；同时，通过智慧城市建设，鼓励和引导行业龙头企业向区域聚集，逐步构筑产业园区，推动产城融合，实现区域经济高质量发展。

### 1.5.3　为产业提档升级赋能赋智

"加快发展现代产业体系，巩固壮大实体经济根基"是"十四五"时期我国经济领域一项重要任务。国际国内经验表明，建设智慧城市对传统产业"激活力、强动力、提韧性"具有重要促进作用。智慧城市对传统产业加快提档升级的积极作用主要体现在以下几个方面。

**1. 制造业数字化转型**

① 通过工业互联网建设，提升传统工业企业内网、外网及改造工业设备，加快构建低时延、高可靠、广覆盖的工业互联网应用环境，实现工业信息基础设施"进企业、入车间、连设备"，进而发展"无人工厂""少人工厂"新型制造模式。

② 通过整合城市、省域乃至周边省市科研院所、重点实验室等科技资源，统筹搭建城市工业企业数字化转型资源池，针对城市工业领域不同行业的不同需求，统一提供普惠化的转型诊断、解决方案及改造实施"一站式"服务，助力广大工业企业加快"上云用数赋智"。

③ 助力行业龙头企业综合利用物联网、大数据、人工智能等新兴技术，搭建重

点行业工业互联网平台，集成 ERP 管理软件 / 计算机辅助设计（CAD）/ 制造执行系统（MES）等软件，深度对接供应链上下游企业，以更加精准、实时、高效的数据采集和信息互通支撑网络协同研发、虚拟测试、供应链协同和规模化定制等新型服务模式，提升产业链上下游协同水平和产业韧性。

④ 带动工业互联网顶级节点、二级节点建设，推动工业互联网标识解析产业化应用，助力城市加快培育和引进一批工业互联网创新企业及综合型、区域型、行业型工业互联网服务提供商。

⑤ 促进平台经济、共享经济与实体经济深度融合，培育壮大"互联网 + 服务业""互联网 + 生产""互联网 + 创业创新"等新业态。

**2. 服务业数字化转型**

智慧城市建设有利于智慧物流、智慧金融、智慧楼宇、数据要素市场等生产型服务业，以及智慧商圈、智慧旅游、智慧社区等生活性服务业数字化转型。

（1）智慧物流

通过联合城市范围内物流行业协会、物流行业龙头企业，打造区域物流要素交易平台，形成集物流信息发布、在线交易、数据交换、跟踪追溯、智能分析等功能为一体的物流信息服务，不仅可以利用物联网和移动互联网技术提升城市物流整体集疏运能力，而且能够促进社区物业、便利店、连锁超市等平台搭载快递服务，提高城市末端配送效率，有利于快消品、农副产品、电商、冷链等行业发展。

（2）智慧金融

通过整合金融服务流程，规范服务标准，建设"一站式"服务门户及智慧大厅，有利于更加广泛、深入地对接城市范围内银行、保险公司、小额贷款机构、融资租赁机构、商业保理机构等金融机构，进一步提高金融服务审批效率，进而打造全程在线的金融服务超市，推动企业融资服务从"上门申贷"向"在线选贷"升级，实现精准主动服务各类金融机构、企业和群众，促进企业投资落地和金融资源集聚。

（3）智慧楼宇

通过建设集楼宇现状统计、指标监测、网格管理等功能于一体的楼宇经济信息管理平台，一方面可以实现对招商引资意向区域、意向商务楼宇进行精准化改造升级，助力楼宇定制、楼宇网签及项目落地；另一方面可以精确指引城市范围内低效商务楼宇改造提升，从而加强对新建和既有各类建筑的水、电、气、暖、冷等用能情况的实时监控和分户分项统计，有效支撑重点商务楼宇建筑节能改造及碳排放管理。楼宇招商综合信息展示平台建设，有利于加强对城市商务楼宇功能定位及配套、产业集聚、企业入驻，以及亿元楼宇等的宣传，推动国际国内大型企业加快设立综合总部、地区总部和功能性总部，促进楼宇经济加快向集约型、智能化、高密度升级。

（4）智慧商圈

通过整合城市核心商业集中区购物、美食、交通、休闲娱乐、生活服务等资源，围绕智能车位预订、网订店取、移动支付、智能配送、在线评价互动等核心功能，加快构建高品质、便利化、智慧化的智慧商圈新场景，一方面有利于进一步提高群众游逛时长和游逛深度，另一方面可以通过现代信息技术提升夜间消费导航、美食地图、娱乐指南、线上预订等综合服务能力，助力智慧夜间经济发展，实现夜间经济线上线下消费体验的智慧融合和无缝对接。

（5）智慧旅游

利用 AR、元宇宙、数字人等前沿技术，通过"一机游"城市级平台和各区县专属模块搭建，围绕游前、游中、游后全过程，打造 AI 行程推荐、5G+VR 慢直播、沉浸式产品体验、周边文创推介、客户精准画像、客源市场分析、IP 联合打造、主题联合营销等特色应用场景，助力旅游行业主管部门、重点景区、旅游行业从业企业常态化开展精准营销宣传，实现引流获客。还可以通过虚拟空间的"吃住行游购娱"系列场景，拉动物理世界中地标产品销售并实现产业化发展。

### 3. 农业数字化转型

① 通过统筹搭建数字"三农"协同服务平台，集成全域农业农村信息"一张图"、数字化普惠工具箱、农业专家在线服务、农产品产销对接服务等工具和资源，为数

字乡村振兴提供"一站式"科技服务。

② 在农业生产管理方面，通过发展智慧农业，能够促进大田监测设备、自动喷灌机、自动投喂机等智能设施装备应用推广。在行业监管上，通过加强农产品质量安全追溯体系建设，深化完善农业投入品使用管理、建立生产电子档案、农产品质量安全监测、使用产品包装二维码标识等应用，进一步加强生产、采收、加工、包装、流通和销售等环节的数字化监管。

③ 在农村电商方面，通过发展农村电商，可以引导市域名优产品全面入驻电商服务平台，带动农村地区电商直播等新型业态发展，助力更多优质农产品出村、进城、出海。

④ 在脱贫攻坚方面，通过建设智慧防贫应用，能够进一步加强对脱贫不稳定户、边缘易致贫户和返贫户的预警监测和精准帮扶。

## | 1.6　国内智慧城市建设典型案例 |

### 1.6.1　上海

上海将智慧城市视为城市能级和核心竞争力的重要体现，加快建设具有全球影响力的科技创新中心，聚焦政务服务"一网通办"、城市治理"一网统管"两个体系，以"城市大脑"支撑各领域智慧应用建设。上海的主要经验具体如下。

① 在"城市大脑"建设方面，一是以"大网络、大系统、大平台"建设为导向，按照门户集成、接入管理、用户管理、授权管理、资源管理、安全防护"6个统一"要求，推动各部门、各区域专用网络和信息系统整合融合，实现跨部门、跨层级工作机制协调顺畅。二是将数据作为"城市大脑"的核心资源，建设全市统管的政务数据资源目录体系，实现市区两级数据互通共享。

② 在政务服务"一网通办"方面，一是围绕推动政府部门从以管理为中心向以用户服务为中心转变，通过梳理优化部门内部操作流程、办事及处置流程，推动政务流程革命性再造。二是聚焦群众办理频率高的事项，加快电子证照、电子印章和

电子档案应用，推进"减环节、减证明、减时间、减跑动次数"。三是持续扩大移动端"随申办"受惠面，不断拓展各类服务场景，健全政务应用集群。

③ 在城市治理"一网统管"方面，聚焦"一屏观天下、一网管全城"目标，依托电子政务云，加强各类城市运行系统的互联互通，全网统一管理模式、数据格式、系统标准，形成统一的城市运行视图，推动硬件设施共建共用，加快形成跨部门、跨层级、跨区域的协同运行体系，实现高效处置"一件事"。

## 1.6.2　杭州

杭州聚焦政府"城市大脑"建设、政府数字化转型、智慧交通等重点场景，基于云计算、物联网、大数据、人工智能等新一代信息技术推进数据资源整合共享与分析应用，推动便民惠企、社会治理等领域数字化建设应用，实现城市运行态势监测、公共资源配置、宏观决策、统一指挥调度，提升城市数字化治理水平。杭州的主要经验具体如下。

① 建设"城市大脑"赋能城市智慧治理。将"城市大脑"作为智慧城市系统的核心与中枢，通过大数据、云计算、区块链、人工智能等前沿技术集成应用并整合、汇聚全市海量基础数据，推动系统互通、数据互通，促进数据协同、业务协同、政企协同，打造"一脑治全城、两端同赋能"的运行模式，为实现城市治理现代化提供数字系统解决方案。

②"最多跑一次"改革引领政府数字化转型。将每个办事事项拆分成具有"最优颗粒度"的"零部件"，再组装成系统集成的"一件事"，推动"最多跑一次"改革向机关内部管理领域延伸。在"最多跑一次"的基础上，对更多的便民业务进行整合，实现 70% 的业务在互联网上办理，并逐步向"一次不用跑"转变，达到对内提升机关运行效能、对外提升业务质量的双重效果。

③ 全域交通大数据深度应用助力"数字治堵"。聚焦群众出行热点、堵点，通过强化交通数据多源采集、全局实时分析，精准研判人流、车流等交通需求特征，为交通治理方案提供方向和数据支撑。通过全域道路治理，打通"断头路"、畅通城

市的"毛细血管"（各支路）、推进路口交通改造、优化交通组织。通过全域公交治理，填补公交覆盖盲区，推进定制公交服务。通过全域停车治理，推行泊位设置人性化、停车诱导精准化、违停执法自动化的管理模式。杭州市拥堵排名从 2014 年全国第 2 位降至 2022 年第三季度全国第 38 名。

④ 成立"平台公司"推进智慧城市长效运营。针对前期智慧城市建设中"重建设、轻运营"及各区各部门"缺技术、缺人才"等现实难题，采用市场化运营模式，成立由杭州市人民政府国有资产监督管理委员会控股，社会企业和研发团队参股的"杭州城市大脑有限公司"，并按需组建运营公司，如经营便捷泊车场景的杭州市城市大脑停车系统运营股份有限公司等。

## 1.6.3 武汉

武汉将智慧城市建设作为实现高效能治理、创造高品质生活、推动数字经济发展的重要驱动力。2020 年，武汉市拉开新一轮智慧城市建设序幕，编制了《武汉市新型智慧城市顶层规划（2020—2022）》，调整出台了《武汉市加快推进新型智慧城市建设实施方案》，计划通过"1+1"协同管理体系及政府运行"一网协同"、民生服务"一码互联"、社会治理"一网共治"、企业服务"一站直通"等重点应用，为加快建成国家中心城市打下坚实基础。武汉的主要经验具体如下。

① 协调推动，健全"一套体系"。将市直部门协调推动作为突破口，初步构建了"1+1"协同管理体系，其中包括成立一个由市委书记任组长、市长任第一副组长的智慧城市建设工作领导小组，定期召开专题会议研究智慧城市建设重点难点问题；谋划一个智慧城市运行管理中心，负责智慧城市的日常运转。

② 加强统筹，推动"一网协同"。一是通过建设数字政府协同办公平台等举措，着力打造政府办公一套系统、一个平台，推动各部门数据资源"应接尽接"、办公应用"应上尽上"。2021 年集成各类政府办公智能应用 30 项以上。二是通过完善全市政府网站信息资源库和集约化平台，推动全市各级单位政府网站全面整合，实现"对外服务一个网站"。

③ 服务民生，推进"一码互联"。通过汇聚全市网上民生服务，整合生活缴费、智慧停车、公共交通出行、预约挂号、社保公积金查询、交通违法处理等各类信息服务，连接医疗、养老、社保、交通、文化、体育、旅游、水电气等公共服务，打造统一的城市服务入口。

④ 基层治理，加强"一网共治"。通过深度对接各类市民诉求反映渠道，整合"市长专线""民呼我应""武汉微邻里"等平台，并以综治网格化平台为基础，升级建设基层社会治理综合平台，不断深化平台在重点领域管控、重点问题整治等方面的应用，提升基层治理智慧化水平，推动实现社会诉求"一键回应"。

⑤ 服务企业，深化"一站直通"。通过建设集企业征信、服务和监管于一体的"企呼我应"集约化服务平台，建立政府和企业之间的线上连接通道，整合市场监管、税务等全生命周期涉企服务数据，推进全市信用信息、监管数据汇聚和共享互认，实现对企业诉求的快速响应和闭环处置，为优化全市营商环境和政府监管提供信息支撑。

⑥ 组建武汉数据集团，提供武汉市数字政府和智慧城市建设运营，公共数据汇集、整合和运维，企业数据和个人数据依法授权开发运营，区域性数据产品交易与服务，数字基础设施建设运营，数字生态产业投资等功能。

## 1.6.4　诸暨

诸暨坚持和发展新时代"枫桥经验"，通过打造"浙里兴村共富"应用平台，构建镇村联动、创先争优、多维评价的基层工作体系。诸暨的主要经验具体如下。

① 推进村社事项"一口归集"，通过厘清县乡村三级权责边界，建立"下乡进村"事项过筛机制，对各级下派事项进行标准编码、判断过筛，推动多级事项"一口子"数字化管理。

② 坚持镇村任务"一贯到底"，通过完善任务执行和赋分评分机制，打造"扁平化"协同运行及事项流转分类方式，推行简单事项村社干部线上"接单"、线下办理，复杂专业事项乡镇（街道）协同、市级统筹。

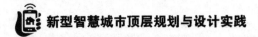

③ 落实基层干部评价"一体联动",通过汇集基层公权力监督平台、"基层治理四平台"和"浙里访"平台等提供的预警数据,全流程采集村社干部干事创业情况,建立村社党组织书记"领雁指数"等评价模型,将评价结果作为薪酬发放、选拔任用的重要依据,激发村社干部干事热情。

第 2 章

# 02

# 新型智慧城市
# 与相关概念
# 之间的关系

如前文所述，自 2008 年"智慧地球"概念提出以来，由此衍生的热点概念层出不穷。仅在国内，典型概念就有智慧城市、新型智慧城市、数字政府、数字经济、智慧社会等。由于对有关概念及其内在关系缺乏统一权威界定，因此无论是在理论层面还是在实践层面，均存在不同程度的概念交织、边界不明的情况，以至于部分咨询机构在顶层规划设计中将智慧城市、数字政府混为一谈，部分地方政府在建设实践中"摊大饼"现象屡见不鲜。

本章重点针对国内与新型智慧城市有关的几组热点概念，探索剖析新型智慧城市与数字政府、数字经济、智慧社会之间的内在关系，为新型智慧城市，以及数字政府、数字经济顶层规划和建设实践提供借鉴。

## | 2.1　新型智慧城市与数字政府 |

### 2.1.1　数字政府的概念与内涵

政府是执行国家权力，国家进行统治并管理社会公共事务的机关。政府的概念一般有广义和狭义之分，广义的政府泛指行使国家权力的所有机关，包括立法机关、行政机关和司法机关。狭义的政府是指国家权力的执行机关，即国家行政机关，如国外的内阁、总统府、政务院，以及我国的国务院、地方各级人民政府等。我国宪法规定，"中华人民共和国国务院，即中央人民政府，是最高国家权力机关的执行机关，是最高国家行政机关"，"地方各级人民政府是地方各级国家权力机关的执行机关，是地方各级国家行政机关。"

数字政府通常指政府通过使用信息通信技术提供信息和服务，并在此过程中简化行政程序、提高执政能力和民主化程度的治理模式。它通过综合采用云计算、大数据、区块链、人工智能、5G 等新一代信息技术，在整合政府、企业、市民、非政府组织等多元主体的基础上，构建政府主导、多方参与的数字政府生态系统，打造"用数据来说话、用数据来管理、用数据来决策、用数据来创新"的现代化治理能力和治理模式，进而为社会创造公共价值。从以上定义可以看出，数字政府的概念有以下 3 层基本内涵。

第一，它是一种以网络为载体、以数据为支撑的新型政府运行模式，这里重点突出了数据资源，尤其是城市级全域全量数据资源的重要性，这是与以前电子政务建设的一个重要区别。

第二，数字政府与以往的更加重视利用信息化手段强化政府管理职能完全不同。以社会治理领域为例，之前利用信息化手段开展城市治理，更多的是利用信息化手段开展专项治理，现在则不同，强调的是将专项治理与系统治理、综合治理、依法治理、源头治理结合起来，构建"人人有责、人人尽责、人人享有"的社会治理共同体。这就是数字政府生态系统在社会治理领域的一个典型表现。

第三，数字政府的建设目标是要实现"用数据来说话、用数据来管理、用数据来决策、用数据来创新"。在具体建设实践中，"用数据来说话"就是要让城市各级管理者能够实时、动态、直观地掌控经济社会各领域的运行特征；"用数据来管理"就是"数据多跑路，群众少跑腿"；"用数据来决策"就是智能辅助决策，提升决策科学性；"用数据来创新"在政府治理方面的体现就是要建立数据驱动的城市治理新模式，在经济发展方面的体现就是充分发挥数据作为新型生产要素的作用，充分挖掘数据的社会价值和数据红利。

数字政府建设的根本目的是推动实现政府治理能力现代化。数字政府建设是推动政府职能转变，提升政府决策能力、管理能力、服务能力和履职能力的重要抓手，更是新一轮科技革命加速兴起背景下各国政府的普遍共识和共同选择。党的十九届四中全会审议通过的《中共中央关于坚持和完善中国特色社会主义制度、推进国家治理体系和治理能力现代化若干重大问题的决定》（以下简称《决定》）明确指出"建立健全运用互联网、大数据、人工智能等技术手段进行行政管理的制度规则。推进数字政府建设，加强数据有序共享，依法保护个人信息。"由此可见，数字政府建设已成为现阶段我国各级各地政府创新管理模式、管理理念、管理手段的重要途径，同时也是加快推进数字中国建设，推动实现经济社会高质量发展的重要支撑。

数字政府建设的关键在于以人民为中心。党的十九大报告将"坚持以人民为中心"确立为新时代坚持和发展中国特色社会主义的基本方略之一。此后，坚持以人民为中心的发展思想迅速成为我国各级各地政府开展数字政府建设的出发点和落脚点。在数字政府建设中，贯彻和落实以人民为中心的发展思想，就是要进一步突出"为民、便民、惠民"，聚焦市民群众广泛关注和亟待解决的难点问题，积极响应新时代广大人民群众日益增长、不断升级的信息化需求，不断缩小不同社会群体之间的"数字差距"，让广大市民普遍、切实分享信息化发展成果，持续提升人民群众幸福感、获得感。

数字政府建设的核心是数据驱动。大数据不仅是一场技术革命、经济变革，也是一场国家治理的变革，正在加快成为改变各国综合国力，重塑未来国际战略格局的重要推动力量。随着大数据时代的到来，数据已成为与物质、能源同等重要的基础性战略资源。国际经验表明数据资源的开放共享必须以政务数据资源为突破口，离开政府部门的强力推动和率先垂范，数据资源的开放共享必将流于形式。现阶段，从中央到地方各级政府普遍意识到推进政务数据资源共享和开放是一项战略性、基础性、持续性工作，加快建设数据驱动的数字政府已成为当前政府信息化发展的一个主流趋势。打造数据驱动的数字政府就是要以数据为核心，通过技术融合破除"信息孤岛"，促进系统融合、业务融合、数据融合，实现跨层级、跨地域、跨系统、跨部门、跨业务的协同管理和服务，最终实现"数据驱动业务协同，数据驱动管理创新，数据驱动服务升级"。

## 2.1.2 数字政府的发展历程

数字政府的概念发轫于数字治理理论。1998 年，时任美国副总统的戈尔在加利福尼亚州科学中心开幕典礼上发表题为"数字地球：认识 21 世纪我们所居住的星球"的演说，正式提出"数字地球"理念。随后，"数字国家""数字城市""数字政府"等概念相继出现。数字政府是政府信息化发展的一种特殊形态，被普遍认为其前身为电子政务。纵观我国政府信息化发展历程，大致可划分为自动化办公阶段、电子

政务 / 网络政府阶段、数字政府阶段 3 个发展阶段，如图 2.1 所示。

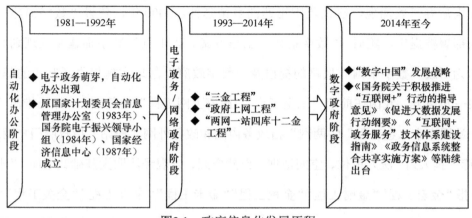

| 自动化办公阶段 | 1981—1992年 | 电子政务/网络政府阶段 | 1993—2014年 | 数字政府阶段 | 2014年至今 |

◆ 电子政务萌芽，自动化办公出现
◆ 原国家计划委员会信息管理办公室（1983年）、国务院电子振兴领导小组（1984年）、国家经济信息中心（1987年）成立

◆ "三金工程"
◆ "政府上网工程"
◆ "两网一站四库十二金工程"

◆ "数字中国"发展战略
◆《国务院关于积极推进"互联网+"行动的指导意见》《促进大数据发展行动纲要》《"互联网+政务服务"技术体系建设指南》《政务信息系统整合共享实施方案》等陆续出台

图2.1　政府信息化发展历程

各阶段主要特征具体如下。

### 1. 自动化办公阶段（1981—1992年）

20 世纪 80 年代初，我国政府信息化进入萌芽阶段。主要标志有两个，一是《中华人民共和国国民经济和社会发展第六个五年计划（1981—1985 年）》（以下简称"六五计划"）明确提出要在政府管理中使用计算机；二是我国政府信息化机构逐步建立、发展，其标志事件是原国家计划委员会信息管理办公室（1983 年）、国务院电子振兴领导小组（1984 年）、国家经济信息中心（1987 年）三大信息化机构相继成立。随着"六五计划"的出台和三大信息化机构的成立，我国电子政务从萌芽阶段正式向自动化办公阶段升级。自动化办公阶段的政务信息化建设主要以部门为主导，以政府部门各项业务的电子化和自动化为主要表现形式。由于缺乏统一的建设标准，"信息孤岛"现象较为严重。

### 2. 电子政务/网络政府阶段（1993—2014年）

1993 年 9 月，美国出台"国家信息基础设施"（NII）建设计划，旨在依托互联网兴建信息时代的高速公路，使所有的美国人可以更方便地共享海量的信息资源。同年底，我国迅速作出反应，正式启动"三金工程"（"金桥工程""金卡工程""金关工程"）。1996—1999 年，由中国邮电电信总局和国家经济贸易委员会经济信息中心等 40 多家部委（局、办）的信息主管部门联合策划发起"政府上网工程"，并于

1999年正式启动，从此拉开了我国"电子政务"建设序幕。自此，我国各类政府网站如雨后春笋般涌现，建设范围迅速向乡镇延伸。2000年，建设"数字福建"的战略部署被提出，随后《"数字福建"工作方案》《"十五"数字福建专项规划》的提出为后续"数字中国"战略的提出及"数字政府"落地实施提供了坚实的基础。2002—2014年，我国在前期"三金工程""政府上网工程"的基础上，加码推出"两网一站四库十二金工程"（"两网"指政务内网和政务外网，"一站"指政府门户网站，"四库"指人口/法人单位、空间地理、自然资源、宏观经济四大基础数据库，"十二金"指"金宏工程""金财工程""金税工程""金卡工程""金审工程""金关工程""金盾工程""金保工程""金农工程""金水工程""金质工程""金旅工程"12个面向政府办公业务建立的重点信息应用系统），成为此后相当长一段时间内我国电子政务建设的基本框架，政务平台、信息资源和信息共享日益受到社会各界重视。从"三金工程"到"政府上网工程""两网一站四库十二金工程"规划，再到如今的"互联网＋政务服务"，我国的数字政府建设经过30余年的发展，实现了从被动公开信息到主动提供服务的质变。

**3. 数字政府阶段（2015年至今）**

自党的十八大以来，党中央高度重视发展数字经济，开创性地提出了"数字中国"发展战略，"数字政府"作为"数字中国"发展战略的一个有机组成部分应运而生。随后，《国务院办公厅关于促进电子政务协调发展的指导意见》《国务院关于积极推进"互联网＋"行动的指导意见》《促进大数据发展行动纲要》《国家信息化发展战略纲要》《"十三五"国家信息化规划》《"互联网＋政务服务"技术体系建设指南》《政务信息系统整合共享实施方案》等一系列有关数字政府建设的重磅文件陆续出台，我国政务信息化建设迈入以大数据、云计算、区块链、人工智能等前沿技术为支撑，以政府治理体系和治理能力现代化为核心的数字政府发展阶段。

## 2.1.3　数字政府的典型特征

如前所述，数字政府是一种数据驱动的新型政府运行模式，随着政府信息化发展进程不断演进，在政府信息化发展的不同阶段会表现出不同的典型特征。就现阶段而言，我国数字政府的典型特征主要表现为"六化三性"，即网络化、智能化、平台化、协同化、移动化、动态化和整体性、服务性、开放性，如图2.2所示。

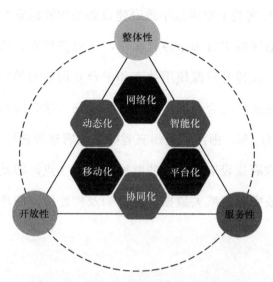

图2.2　现阶段我国数字政府的典型特征

### 1. 网络化

网络是搭建数字政府的基本载体，在数字政府建设过程中，无论是政务内网、政务外网、涉密专网还是城市物联网，无一例外是基于特定的网络来搭建的，因此，网络化是数字政府的最基本特征。

### 2. 智能化

数字政府建设是国家推进政府治理体系和治理能力现代化的一项重大举措，智能化不仅是政府治理体系和治理能力现代化的必然要求，同时也是现阶段我国数字政府建设的应有之义和重大趋势。目前，在全国各地数字政府建设中，无论是"最多跑一次"改革还是"不见面审批"，其背后都离不开人工智能、大数据等智能化技术的支撑。

### 3. 平台化

从国内外政府信息化发展的历史经验来看，"大数据、大平台、大系统"已经成为当前推动电子政务创新发展的主要思路。传统的政府信息化建设模式通常以部门为主导，具有较强的纵向穿透能力，横向的互联互通能力普遍较弱。随着大数据时代的到来，政府各部门及广大社会公众对"更广泛的互联互通、更深入的智能化应用"的需求日益迫切，客观上要求数字政府建设必须牢固树立"城市即平台"理念，严格区分基础性、通用性平台和个性化应用，针对基础性、通用性平台采取"宜统则统"建设策略，在提升资源使用效率和平台复用能力的同时，促进政府各部门技术、数据和业务加快融合。如中国社会科学院大学政府管理学院副教授、硕士生导师蒋敏娟在对广东、浙江、贵州三省数字政府建设进行实证分析的基础上，指出以上省份数字政府建设取得成功的共同之处有 3 点，即基于顶层设计展开数字政府建设、组建数字政府或大数据管理机构及构建统一的政务云和大数据平台提供在线服务。

### 4. 协同化

相对传统的政府信息化建设来讲，数字政府更注重整体性和协同性。如工业和信息化部中国电子信息产业发展研究院的王伟玲研究员在其承担的国家社会科学基金"中国省级数字政府公共价值评价及提升策略研究"项目中就曾指出"在大数据时代，数字政府与外部环境随时产生业务流、技术流和数据流的交相互动，且对人类生产生活方式产生巨大影响。数字政府建设是一项复杂的系统性工程，数字政府本身不是子系统的单纯组合，而是一个协调发展的有机整体，需要在体制机制、建设规划、制度保障等多个层面，加以统筹协调、协同推进"。数字政府建设的协同化主要体现为协同治理，具体内涵包括以下两个方面。一是政府层面跨层级、跨地域、跨系统、跨部门、跨业务的协同管理和服务；二是社会层面，非政府机构及广大社会公众广泛参与社会治理，成为新时代社会治理体系的重要组成部分和基本力量，在政府主导之下共同构建社会治理共同体，从而在社会治理中实现更广泛的政社协同。

### 5. 移动化

移动化是指随着各类智能终端（如智能手机、智能可穿戴设备等）的快速普及，人们对随时随地、全程全时、指尖办理的政务服务需求日益强烈，客观上要求数字政府建设的重心必须加快从个人计算机（PC）端向移动端迁移，从而为广大社会公众提供随时、随地、随需的政务服务入口。全国各地现象级移动政务应用不断涌现（如粤省事、浙政钉、鄂汇办等）就是佐证。

### 6. 动态化

政府信息化建设是一个受技术、政策等诸多因素影响并且不断发展的过程，数字政府的建设也是如此，需要随着技术发展、政策环境变化及所在城市现实需求不断进行调整并动态演进。

### 7. 整体性

打造整体政府是新时代政府机构深化改革和行政体制改革的一个重要方向，是克服社会治理能力碎片化、公共服务能力碎片化的重要抓手，也是推进国家治理体系和治理能力现代化的重要途径。因此，现阶段数字政府建设必须深入贯彻整体政府理念，更加注重系统整合、业务融合与能力聚合，从而整体提升执政效能和服务效能。

### 8. 服务性

政府信息化发展到今天，已经从早期的利用信息技术提升政府管理能力上升到利用信息技术进一步提升人民群众幸福感、获得感和安全感的全新阶段，建设以人民为中心的服务型政府已经成为当前数字政府建设的主旋律，服务企业、服务市民成为引领新一轮数字政府改革、建设的一个重要方向标。

### 9. 开放性

数字政府的开放性主要体现在以下两个方面。一是数字政府建设是一项复杂的系统工程，需要政社企多方力量联动，广泛汇聚"政产学研用"各方资源，共同构建多元参与、开放创新的数字政府生态系统，才能把数字政府建设成一个高效支撑全社会创业创新的开源平台。二是数字政府的核心和关键在于数据资源的开放共享，只有始终坚持开放共享发展理念，全面打通政府和社会各类数据汇聚通道，才能对"沉睡"的海量数据资源进行综合开发和深度利用，进而推动数据红利持续释放，持续为全社会创造价值。

## 2.1.4 数字政府与新型智慧城市的关系

数字政府与电子政务、智慧城市是既有联系又有区别的一组概念，如图2.3所示。

| | 电子政务 | 数字政府 | 智慧城市 |
|---|---|---|---|
| 关系 | ◆ 电子政务是数字政府建设的基础 | ◆ 是智慧城市建设中的内核与重点 | ◆ 范畴远大于数字政府，但必须依托数字政府 |
| 特点 | ◆ 强调政务设施与服务信息化、业务流程优化 | ◆ 体现一体化设计，重塑政务信息化管理架构、业务架构、数据架构、技术架构 | ◆ 已进入以人为本、成效导向、统筹集约、协同创新的发展阶段 |
| 本质 | ◆ 政府主导的信息化工程 | ◆ 是数据驱动的新型政府运行模式 | ◆ 政企协同下的改革创新复杂系统工程 |

图2.3　数字政府与电子政务、智慧城市的区别与联系

从图2.3可以看出，电子政务是数字政府建设的基础。例如，前文所述的"两网一站四库十二金工程"就是典型的电子政务，以"十二金工程"来说，这些工程都是"自上而下"的，缺少横向联系，由此就产生了严重的"信息孤岛"，进而导致政府治理能力和公共服务能力碎片化。

数字政府的改革、建设，是对传统电子政务的升级发展。与电子政务阶段相比，数字政府的改革、建设更加强调整体性政府建设，其中一个内在要求就是要在横向上尽可能打通，因此就有了在传统电子政务的基础上建设城市级政务数据中心、城市级政务中台和一体化在线政务服务平台等需求。横向打通的目的也正是为了打破传统电子政务阶段遗留下来的"信息孤岛"，进而解决政府治理能力碎片化、公共服务能力碎片化等制约政府治理体系和治理能力现代化的突出问题。

关于数字政府与智慧城市之间的联系与区别，智慧城市建设的初衷是利用新一代信息技术实现"信息优政、信息兴业、信息惠民"，在信息优政方面基本可以与数字政府对应，由此可以看出智慧城市的范畴要远大于数字政府，而数字政府只是智慧城市建设中的一个内核与重点。

对于数字政府与电子政务、智慧城市之间的关系，需要说明的一点是电子政务

本质上是政府主导的信息化工程，作为一个个的独立工程，项目交付就意味着服务结束。但是数字政府和智慧城市则不同，它们更加强调项目交付之后的持续运营，因此对管理架构和建设运营模式也更加关注，如数字广东提出的"管运分离"建设运营体系。

## | 2.2 新型智慧城市与数字经济 |

### 2.2.1 数字经济的基本概念及发展趋势

如前所述，1993 年 9 月，美国"国家信息基础设施"建设计划的实施开启了全球数字经济发展的新纪元。1996 年，唐·泰普斯科特在其著作《数字经济：网络智能时代的希望与危机》中首次将以数字方式呈现信息流的经济模式定义为"数字经济"。随后，尼古拉斯·尼葛洛庞帝在《数字化生存》一书中预言，数字经济将带来生产力、生产关系及经济活动的全面渗透和变革。自 1998 年起，美国商务部连续 7 年发布《新兴的数字经济》系列年度研究报告，在全球范围内引发了对数字经济的高度关注。由此，世界各国纷纷将数字经济作为新一轮角逐的焦点。

关于数字经济概念的界定，英国研究委员会（RCUK）认为人是数字经济的核心要素，人与技术在应用过程发生相互碰撞的复杂关系，从而创造出极大的社会经济效益与价值。澳大利亚政府在 2009 年发布《澳大利亚的数字经济：未来的方向》，指出数字经济是通过互联网、移动通信技术和传感器网络等来实现社会经济模式全球化、网络化与信息化的一种新型经济模式。数字经济被澳大利亚视为促进提升生产制造效率、提升国际竞争优势、提升国家治理水平、提高社会福利的必然选择。2016 年，欧盟委员会在《2016 年数字经济与社会指数报告》中从使用宽带连接、数字化人力资本结构、互联网发展指数、集成数字技术企业、数字化公共服务 5 个方面对数字经济作出清晰统计描述。中国则在 2016 年 G20 峰会上发布的《二十国集团数字经济发展与合作倡议》中指出"数字经济是以使用数字化的知识和信息作为关键生产要素、以现代化信息网络作为重要载体、以信息通信技术的有效使用作为效率提升和经济结构优化的重要推动力的一系列经济活动"。

自党的十八大以来，数字经济被反复提及，反映了党中央对我国数字经济发展的高度重视。如 2018 年，在全国网络安全和信息化工作会议中，习近平总书记强调，要发展数字经济，加快推动数字产业化，依靠信息技术创新驱动，不断催生新产业新业态新模式，用新动能推动新发展。2019 年，在日本大阪举行的二十国集团领导人第十四次峰会（G20 大阪峰会）上发表的《携手共进，合力打造高质量世界经济》主旨演讲中，习近平总书记明确指出"世界经济已经进入新旧动能转换期。我们要找准切入点，大力推进结构性改革，通过发展数字经济、促进互联互通、完善社会保障措施等，建设适应未来发展趋势的产业结构、政策框架、管理体系，提升经济运行效率和韧性，努力实现高质量发展。"2022 年，习近平总书记在《求是》杂志上发表题为《不断做强做优做大我国数字经济》的重要文章，强调"充分发挥海量数据和丰富应用场景优势，促进数字技术和实体经济深度融合，赋能传统产业转型升级，催生新产业新业态新模式，不断做强做优做大我国数字经济。"

自 2019 年以来，世界范围内数字经济持续高速增长，成为全球经济复苏的主要动力。研究表明数字经济体量与国家、地区、企业综合竞争力正相关，因此，大力发展数字经济，是现阶段地方各级政府加快地区数字化转型的战略选择，更是实施创新驱动发展战略、加速动能转换的必由之路。整体而言，当前数字经济发展面临以下 4 个主要趋势。

一是数字经济因其附加值高、渗透性强、经济韧性强，已成为全球主流高端经济形态。从全球各地数字经济发展实践情况来看，数字经济已成为提升区域创新能级、加快推进自主创新和新旧动能转换的"加速器"。近年来，世界各国传统经济形态遭受严重冲击，而数字经济发展则"逆势上扬"。以我国为例，2020—2022 年，淘宝、京东、美团等数字经济相关企业，不仅为全社会提供了大量就业岗位，而且成为我国经济社会稳就业、稳预期、保民生的重要力量。另外，直播带货、远程办公、云课堂、云商贸、云招聘、云签约等新业态、新模式在此期间也加速涌现并快速壮大。

二是信息技术变革为数字经济发展提供源源不断的内生动力。当前，世界范围内以数字化、网络化、智能化为特征，以 5G、人工智能、大数据等为代表的新一代信息技术正在蓬勃兴起，对城市数字化基础能力重构、数字化治理水平提升、智慧城市应用变革及数字经济发展的带动作用日益增强，同时，信息技术与实体经济深度融合、智慧应用场景创新迭代等不断开辟着新的空间。毫不夸张地说，信息技术正在成为推动世界各国经济发展的新动能和新引擎，也必将加速推动全球价值链重构。

三是数字经济成为城市竞速发展"新赛道"。自党的十八大以来，国家高度重视数字经济发展，不断加强顶层设计和总体布局，有关政策陆续出台。党的十九大提出，推动互联网、大数据、人工智能和实体经济深度融合，建设数字中国、智慧社会。自党的十九大以来国家促进数字经济发展的主要政策（部分）如表 2.1 所示。随着中央支持数字经济发展的各项政策不断加码，地方政府对数字经济发展重视程度空前，纷纷从顶层设计及配套政策等方面加强对数字经济发展的战略性引导，全国主要城市数字经济专项政策（部分）如表 2.2 所示。截至目前，全国 31 个省（自治区、直辖市）中的 90% 已出台促进数字经济发展的专项政策，明确了各自赛道和发展目标。未来，为了在数字经济时代抢占发展先机，各地政府势必将在数字经济发展上进一步加大支持力度，并利用信息技术持续提升有关地区在国际国内舞台上的能见度，从而更好地汇聚全球优势资源助力地区数字经济发展，进而打造新一轮城市竞速的"非对称"优势。

表2.1　自党的十九大以来国家促进数字经济发展的主要政策（部分）

| 时间 | 政策 / 会议名称 | 相关内容 |
| --- | --- | --- |
| 2017 年 | 党的十九大报告 | 建设网络强国、数字中国、智慧社会 |
| 2019 年 | 《关于坚持和完善中国特色社会主义制度、推进国家治理体系和治理能力现代化若干重大问题的决定》 | 推进数字政府建设，加强数据有序共享，依法保护个人信息 |

| 时间 | 政策 / 会议名称 | 相关内容 |
|------|------|------|
| 2019 年 | 《国家数字经济创新发展试验区实施方案》 | 在河北省（雄安新区）、浙江省、福建省、广东省、重庆市、四川省启动国家数字经济创新发展试验区 |
| 2020 年 | 《关于构建更加完善的要素市场化配置体制机制的意见》 | 将数据作为一种新型生产要素写进文件 |
| 2020 年 | 《关于推进"上云用数赋智"行动 培育新经济发展实施方案》 | 在已有工作基础上，大力培育数字经济新业态，深入推进企业数字化转型 |
| 2020 年 | 《关于支持新业态新模式健康发展 激活消费市场带动扩大就业的意见》 | 推出 19 项创新支持政策，加快发展数字经济十五大新业态、新模式 |
| 2021 年 | 《中华人民共和国国民经济和社会发展第十四个五年规划和二〇三五年远景目标纲要》 | 充分发挥海量数据和丰富应用场景优势，促进数字技术与实体经济深度融合，赋能传统产业转型升级，催生新产业新业态新模式，壮大经济发展新引擎 |
| 2022 年 | 《"十四五"数字经济发展规划》 | 部署八大任务 |
| 2022 年 | 《关于构建数据基础制度更好发挥数据要素作用的意见》 | 从数据产权、流通交易、收益分配、安全治理 4 方面初步搭建我国数据基础制度体系，提出 20 项政策举措 |

[ 数据来源：根据公开资料整理（湖北邮电规划设计有限公司）]

**表 2.2　全国主要城市数字经济专项政策（部分）**

| 序号 | 城市 | 数字经济专项政策 |
|------|------|------|
| 1 | 上海 | 《上海市全面推进城市数字化转型"十四五"规划》 |
| 2 | 北京 | 《北京市促进数字经济创新发展行动纲要（2020—2022 年）》 |
| 3 | 深圳 | 《深圳市数字经济产业创新发展实施方案（2021—2023 年）》 |
| 4 | 广州 | 《广州市人民政府关于印发广州市加快打造数字经济创新引领型城市若干措施的通知》 |
| 5 | 重庆 | 《重庆市人民政府关于印发重庆市数字经济"十四五"发展规划（2021—2025 年）的通知》 |
| 6 | 苏州 | 《苏州市推进数字经济和数字化发展 三年行动计划（2021—2023 年）》 |
| 7 | 成都 | 《成都市推进数字经济发展实施方案》 |
| 8 | 杭州 | 《杭州市全面推进"三化融合"打造全国数字经济第一城行动计划（2018—2022 年）》 |
| 9 | 武汉 | 《武汉市突破性发展数字经济实施方案》 |
| 10 | 南京 | 《南京市数字经济发展三年行动计划（2020—2022 年）》 |

[ 数据来源：根据公开资料整理（湖北邮电规划设计有限公司）]

四是数字经济核心产业成为"十四五"经济发展硬指标。在党中央的高度重视下，"十四五"规划设置数字经济独立篇章，对关键数字技术创新应用、数字产业化和产业数字化进行系统部署，并且将数字经济核心产业增加值占 GDP 比重纳入"十四五"时期经济社会发展主要指标，如表 2.3 所示。

表2.3　"十四五"时期经济社会发展主要指标（部分）

| 类别 | 指标 | 2020 年 | 2025 年 | 平均 / 累计 | 属性 |
|---|---|---|---|---|---|
| 经济发展 | GDP 年均增长 | 2.3% | | 保持在合理区间、各年度视情提出 | 预期性 |
| | 全员劳动生产率 | 2.5% | | 高于 GDP 增长 | 预期性 |
| | 常住人口城镇化率 | 60.6% | 65% | | 预期性 |
| 创新驱动 | 全社会研发经费投入 | | | 年均增长 7% 以上、力争投入强度高于"十三五"时期实际 | 预期性 |
| | 每万人口高价值发明专利拥有量 | 6.3 件 | 12 件 | | 预期性 |
| | 数字经济核心产业增加值占 GDP 比重 | 7.8% | 10% | — | 预期性 |

（数据来源：《中华人民共和国国民经济和社会发展第十四个五年规划和二〇三五年远景目标纲要》）

## 2.2.2　数字经济核心产业及其主要构成

　　为科学界定数字经济及其核心产业统计范围，全面统计我国数字经济发展规模、速度和结构，进而指导各级各地政府更好地落实"十四五"数字经济发展有关目标任务，国家统计局于 2021 年 5 月 27 日制发了《数字经济及其核心产业统计分类（2021）》，对我国数字经济核心产业进行了全面界定。目前官方认定的数字经济核心产业分类及构成如表 2.4 所示。

表2.4　我国数字经济核心产业分类及构成

| 序号 | 统计类别 | | 行业构成 | | | | | | | |
|---|---|---|---|---|---|---|---|---|---|---|
| 1 | 数字产业化 | 数字产品制造业 | 计算机制造 | 通信及雷达设备制造 | 数字媒体设备制造 | 智能设备制造 | 电子元器件及设备制造 | 其他数字产品制造业 | | |

续表

| 序号 | 统计类别 | | 行业构成 | | | | | | | | |
|---|---|---|---|---|---|---|---|---|---|---|---|
| 2 | 数字产业化 | 数字产品服务业 | 数字产品批发 | 数字产品零售 | 数字产品租赁 | 数字产品维修 | 其他数字产品服务业 | | | | |
| 3 | | 数字技术应用业 | 软件开发 | 电信、广播电视和卫星传输服务 | 互联网相关服务 | 信息技术服务 | 其他数字技术应用业 | | | | |
| 4 | | 数字要素驱动业 | 互联网平台 | 互联网批发零售 | 互联网金融 | 数字内容与媒体 | 信息基础设施建设 | 数据资源与产权交易 | 其他数字要素驱动业 | | |
| 5 | 产业数字化 | 数字化效率提升业 | 智慧农业 | 智能制造 | 智能交通 | 智慧物流 | 数字金融 | 数字商贸 | 数字社会 | 数字政府 | 其他数字化效率提升业 |

（数据来源：《数字经济及其核心产业统计分类（2021）》）

从表 2.4 可以看出，现阶段我国政府对数字经济核心产业的统计范围界定及统计口径主要包括数字产业化和产业数字化两个基本部分。其中数字产业化部分具体包含数字产品制造业、数字产品服务业、数字技术应用业和数字要素驱动业共 4 个大类 20 多个子类，产业数字化部分则包括数字化效率提升业 1 个大类和智慧农业、智能制造、智能交通、智慧物流、数字金融、数字商贸、数字社会、数字政府及其他数字化效率提升业 9 个子类。值得注意的是，虽然数字产业化部分在大类数量和子类数量上均远远超过产业数字化部分，但并不代表数字产业化必然在我国数字经济核心产业中占据主导地位。实际上，无论从政策导向还是当前实际来看，产业数字化在数字经济核心产业中的主导作用都是更加突出的。如《"十四五"数字经济发展规划》中就明确指出我国数字经济发展要以数字技术与实体经济深度融合为主线，其中的"实体经济"对应的正是产业数字化。从国家统计局《数字经济及其核心产业统计分类（2021）》对我国数字经济核心产业定义的有关表述（数字经济核心产业是指为产业数字化发展提供数字技术、产品、服务、基础设施和解决方案，以及完全依赖于数字技术、数据要素的各类经济活动）中同样可以看出，我国发展数字经济的总体策略或基本导向还是为产业数字化发展服务。

### 2.2.3　数字经济增长动力分析

现阶段，数字经济已成为提振全球经济的关键力量。从全球范围来看，2020 年全球数字经济总体规模已达 32.6 万亿美元，我国数字经济规模也已上升至全球第二。同年，全球数字经济平均增长 3%，全球 GDP 受市场等不确定因素影响与 2019 年相比下降 3.1%。而同期，我国作为全球唯一实现经济正增长的主要经济体，GDP 增长率为 2.3%，而数字经济增长率则高达 9.7%。统计数据表明，全球数字经济增长率都已远超 GDP 增长率，说明数字经济发展已成为推动全球经济稳定复苏的关键动力。

从数字经济组成结构上来看，2021 年，在全球 47 个经济体中，产业数字化规模在整个数字经济规模中的比重已接近 85%。国内方面，2016—2020 年统计数据表明，我国数字产业化规模和产业数字化规模结构占比与全球趋势基本一致，同样呈现出典型的二八分布特征，即产业数字化规模在整个数字经济规模中占比约为 80%，预计这一趋势将至少延续到"十四五"时期末，如图 2.4 所示。

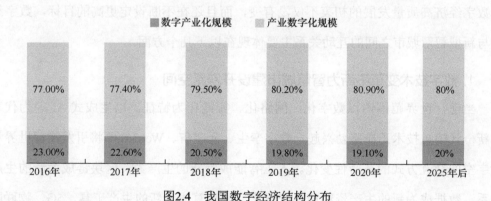

图2.4　我国数字经济结构分布

从数字经济在第一产业、第二产业、第三产业中的渗透率来看，2021 年，在全球范围内，第一产业、第二产业、第三产业的数字经济渗透率分别达到 8.6%、

24.3% 和 45.3%，表明第二产业、第三产业的数字化转型对数字经济整体功能的贡献率已超过 2/3。国内方面，2022 年第一产业、第二产业、第三产业的数字经济渗透率则分别达到 10.5%、24.0% 和 44.7%，第二产业、第三产业对数字经济的贡献率相近，整体贡献已超过 70%，说明工业和服务业的数字化转型已成为现阶段数字经济的主战场，同时也充分说明我国第二产业、第三产业数字化转型仍有较大发展空间。

### 2.2.4 数字经济与新型智慧城市的关系

发展数字经济是新型智慧城市建设的应有之义。我国各级各地政府在早期智慧城市建设中，普遍坚持"优政、兴业、惠民"3 条工作主线。而现阶段的新型智慧城市建设，则更加倾向于将"兴业"工作主线置于首位，即"兴业、惠民、优政"。如《"十四五"国家信息化规划》就将建设现代化经济体系置于指导思想的突出位置，并明确提出"以建设数字中国为总目标，以加快数字化发展为总抓手，发挥信息化对经济社会发展的驱动引领作用，推动新型工业化、信息化、城镇化、农业现代化同步发展，加快建设现代化经济体系"。可见，我国发展进入新时代，智慧城市建设的思路和理念正在从之前"智慧政务引领"加快向"数字经济统领"转变。但无论建设理念如何升级，各级各地政府通过智慧城市建设助力产业经济数字化转型、赋能数字经济高质量发展的初衷不仅没有变，而且还在不断设定更高的目标。数字经济与新型智慧城市之间的互动关系主要体现在以下几个方面。

**1. 数字技术变革不断为智慧城市建设开辟新空间**

当前，世界范围内以数字化、网络化、智能化为特征，以生成式 AI 等为代表的新一代信息技术正在蓬勃兴起，数字孪生、元宇宙、Web3.0 即将引发物理世界和数字空间交互方式的革命性变化。人工智能成为新的生产力，区块链成为新的生产关系，数据成为新的生产资料和生产要素，云计算成为新的生产工具，5G、物联网成为新的生产环境，软件和算法正定义新的生产方式，为城市信息基础设施升级、大系统大平台搭建及应用场景建设等不断开辟着新的空间。

面对信息技术变革，应依托国家创新型城市建设，坚持自主创新与技术引进相结合，促进人工智能、5G、物联网、区块链等新技术的创新应用，加快建立以企业为主体、以市场为导向、产学研用深度融合的产业技术创新体系，支持引导创新要素向企业集聚，加强产业共性技术平台建设，推动行业企业、平台企业和技术服务企业跨界创新，推动新一代信息技术与第一产业、第二产业、第三产业深度融合，推动数字经济突破性发展。因此，各级地方政府在智慧城市建设中对本地数字技术创新体系的构建和完善的重视程度也在日益提高，突出表现为"两个更加"，一是越来越多的地方政府在新型智慧城市建设中更加强调通过开放数据、开放场景以支持地方数字技术创新发展；二是越来越多的地方政府在新型智慧城市建设中更加倾向于坚持自主创新与技术引进相结合，通过在本地合资成立平台公司以带动本地人工智能、5G、物联网、区块链等新兴技术加快发展的做法正在成为主流。

### 2. 数字经济发展为新型智慧城市建设持续提供新动能

数字经济是智慧城市可持续发展的重要依托。现阶段，以互联网为底层技术，以人工智能、大数据、云计算、区块链等为主攻方向的数字经济，正在不断引领城市发展转型，不断催生新模式新业态，并为智慧城市建设及持续运行注入源源不断的内生动力。全国各地智慧城市的建设经验表明，离开本地数字经济发展的支持，智慧城市建设将在交付质量、服务延续性、响应及时性等方面面临巨大考验，并且在项目进入运营阶段以后，将面临售后服务到期后服务断档的巨大挑战，对绝大多数信息化资金相对有限的政府和单位而言挑战更加严峻，对智慧城市的长效运营也更加致命。

### 3. 智慧城市为数字经济发展提供空间载体和多点支撑

空间是世间万物存在和发展的基本条件之一，数字经济的发展也不例外，突破性发展数字经济离不开物理空间和应用空间两大空间的有力支撑。其中物理空间主要是指产业园区、产业基地、产业集聚区等实体化产业承接平台，主要负责为数字经济高质量发展集聚各类生产要素，以强化产业协同和上下游联动。应用空间是指将数字化技术及应用转化为能够为政府、企业和公众所接触和接受的市场化产品的应用环境，如当前的智慧城市及未来的"元宇宙"等都是数字经济发展重要的应用空间。归根结底，数字经济从技术走向应用，再到真正落地生根，需要充分发挥智慧城市对数字经济发展的空间载体功能、多点支撑功能、场景培育功能、财政资金"撬动"功能及政府示范效应。因此，地方政府在加快数字化发展的过程中，要紧紧围绕发展数字经济，一方面进一步加大新型智慧城市建设力度；另一方面要在智慧城市"兴业、惠民、优政"等有关领域，针对拟重点发展的数字技术加快推进场景开放，为区域数字经济发展及新技术产业化提供足够的应用空间和成长土壤。

### 4. 智慧城市建设和数字经济发展是城市数字化转型的一体两翼

智慧城市要实现可持续发展，必须高度重视与区域数字经济发展之间的良性互动，二者唯有相互融合、一体发展，才能真正推动智慧城市建设从"纯投入"向"要产出"转变。针对这一命题，笔者在《区域数字经济发展对策研究》一文中就曾指出，新时代，我国智慧城市建设具有平台化、数字化和场景化三大突出特征。其中平台化的本质在于强化共用、整合通用、开放应用；数字化的作用在于重塑城市治理模式、服务模式和发展方式，打造新的竞争力；场景化的目的在于提升群众获得感和城市能见度，关键在于平台整合、数据共享。因此，缺少城市级平台无以构建城市大数据，缺少城市大数据无以打造融合应用场景，而脱离融合应用场景则无以提升城市竞争力和能见度。然而现阶段，尽管各地区在发展数字经济方面均有一定基础和特有优势，但城市级平台不够完善、数据要素"聚通用数据汇聚、联通、应用"水平不高、数字经济应用场景不够丰富等突出问题同样严重制约地区数字经济发展。对此，笔者从智慧城市与数字经济融合发展的角度，探索性地构建了"区域数字经济与智慧城市融合发展的逻辑框架"，如图 2.5 所示。

同时，围绕突破性发展区域数字经济，提出以下 9 条建议。

① 发展数字经济，提升网络运力是前提。

② 发展数字经济，激活数据价值是关键。

③ 发展数字经济，平台建设是基础。

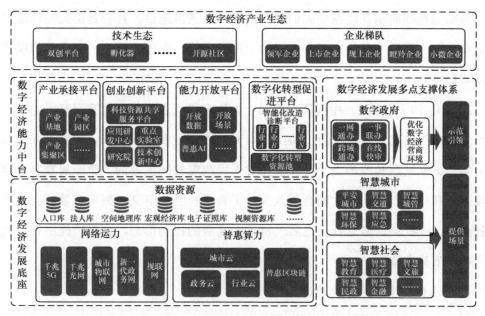

图2.5  区域数字经济与智慧城市融合发展的逻辑框架

④ 高度重视激发数字政府、智慧城市和智慧社会对数字经济发展的应用牵引和多点支撑作用。

⑤ 高度重视数字经济营商环境建设。

⑥ 高度重视数字经济技术生态建设。

⑦ 高度重视多层次企业梯队培育。

⑧ 积极推行数字经济"链长"责任制。

⑨ 打造助推数字经济突破性发展的政策合力。

## | 2.3  新型智慧城市与智慧社会 |

### 2.3.1  智慧社会的概念及特征

关于"社会"的概念及构成，国际上，功能主义、功利主义、建构主义、结构主义等多个学术流派分别从不同视角对"社会"进行了深入研究，但截至目前尚无统一定论。马克思主义认为，社会在本质上是生产关系的总和，它是以共同的物质生产活动为基础而相互联系的人们的有机总体。通俗地讲，社会是由人与环境形成的关系总和，从这个角度来看，人类的生产、消费、娱乐、政治、教育等都属于社会活动范畴。

2017 年 10 月 18 日，中国共产党第十九次全国代表大会在北京召开，党的十九大报告首次提出建设智慧社会。2018 年 4 月，由工业和信息化部、国家互联网信息办公室、国家发展和改革委员会、福建省人民政府共同主办的"第一届数字中国建设峰会"在福州召开，本次峰会深入探讨了智慧社会的定义，提出智慧社会是继农业社会、工业社会、信息社会之后一种更为高级的社会形态，并明确提出智慧社会应具备以下基本特征。

① 标志性技术向智能化演进。

② 重要基础设施从物理世界进入虚拟空间。

③ 主要生产特征出现全定制、柔性化、实时协同、主体多元的新趋势。

④ 生产力三要素从自然禀赋发展到比特禀赋。

⑤ 社会关系越来越多地打破空间和时间限制。

⑥ 人与自然走向共生共融。

⑦ 社会治理方式向着透明化的多元协同进步。

⑧ 文化体系愈加鼓励寻找生命个体的乐趣和意义。

## 2.3.2　智慧社会的推进现状

虽然目前社会各界对智慧社会的概念和内涵尚未形成统一共识，国家层面针对智慧社会的顶层设计也尚未出台，但是从相关政策文件来看，党和国家加快推进智慧社会建设的决心正在不断加大，步伐也在不断加快。

### 1. 党和国家高度重视智慧社会建设

自党的十九大报告首次提出建设智慧社会以来，习近平总书记先后在多个场合多次重申要加快智慧社会建设。如 2020 年，习近平总书记在中央财经委员会第七次会议上的讲话《国家中长期经济社会发展战略若干重大问题》指出："我们要乘势而上，加快数字经济、数字社会、数字政府建设，推动各领域数字化优化升级，积极参与数字货币、数字税等国际规则制定，塑造新的竞争优势"。2021 年，《习近平向2021 年世界互联网大会乌镇峰会致贺信》中再次指出，"数字技术正以新理念、新业态、新模式全面融入人类经济、政治、文化、社会、生态文明建设各领域和全过程，给人类生产生活带来广泛而深刻的影响""中国愿同世界各国一道，共同担起为人类谋进步的历史责任，激发数字经济活力，增强数字政府效能，优化数字社会环境，构建数字合作格局，筑牢数字安全屏障，让数字文明造福各国人民，推动构建人类命运共同体"。

### 2. 政策文件逐渐明确"数字社会"建设路线图

"十四五"时期，我国进入新发展阶段，在新的历史起点上，国家已经在多个政策性文件中对"数字社会"建设进行了明确部署。如《中华人民共和国国民经济和社会发展第十四个五年规划和二〇三五年远景目标纲要》第十六章"加快数字社会建设步伐"中就从"提供智慧便捷的公共服务""建设智慧城市和数字乡村""构筑美好数字生活新图景"3 个方面对我国"数字社会"建设进行了详细论述，为"十四五"期间各级地方政府加快推进"数字社会"建设提供了指引和依据。根据《中华人民共和国国民经济和社会发展第十四个五年规划和二〇三五年远景目标纲要》，我国"十四五"数字社会建设的重点内容主要包括以下几个方面，实践中可根据各级地方政府自身信息化发展的实际统筹规划、分步实施。

① 教育数字化服务。

② 医疗数字化服务。

③ 养老数字化服务。

④ 抚幼数字化服务。

⑤ 就业数字化服务。

⑥ 文体数字化服务。

⑦ 助残数字化服务。

⑧ 新型智慧城市分级分类建设。

⑨ 数字乡村建设。

⑩ 购物消费、居家生活、旅游休闲、交通出行等各类数字化场景。

⑪ 智慧社区建设。

⑫ 便民惠民智慧服务圈建设。

⑬ 数字家庭建设。

第 3 章

新型智慧城市
顶层规划设计
新方法新体系

# | 3.1 新型智慧城市顶层规划设计概述 |

"顶层设计"起源于系统工程学领域，本义是统筹考虑项目各层次和各要素，追根溯源，统揽全局，一般是指在最高层次上寻求问题的解决之道，是一种"自上而下"的系统谋划与战略布局。其所代表的是一种系统思维和全局观念，现已成为一个被各行各业广泛使用的名词。

新型智慧城市顶层规划设计是采用系统论的观点和方法，将有关政府部门、企业、市民等各类主体和基础设施、资源环境、产业经济、市政管理、公共服务等核心功能视作一个完整的生态系统，并根据特定时期、特定阶段城市经济社会发展的总体战略，在综合性、前瞻性地考虑城市各领域数字化转型需求的基础上，以统筹集约的建设管理为抓手、以开放共享的融合应用为重点、以整体智治的体系构建为目标，从城市、社会、技术等多个层面，对未来一段时间（通常为3～5年）城市信息化发展的目标、架构、任务、路径等进行的系统性谋划和制度性安排。

## 3.1.1 顶层规划设计缺失导致的主要问题

传统的智慧城市建设模式的一个突出特点就是在城市整体层面缺少信息化统管部门，以致智慧城市顶层规划长期缺位，进而导致各区（县）、各部门普遍采取分散建设模式推进各自的信息化建设。由此带来的挑战和"后遗症"主要体现在以下几个方面。

### 1. 面向整合融合的城市级顶层规划设计缺位

高水平推进智慧城市建设必须坚持规划先行。国际上，许多国家和地区都已把智慧城市建设列入中长期发展战略，制定了相关政策与计划。如新加坡早在20世纪90年代，就提出"IT2000—智慧岛"计划，随后在2006年、2014年又分别提出"智能城市2015"计划、"智慧国家2025"计划。我国在开展智慧城市建设之初，试点城市基本上都开展了智慧城市顶层规划设计，但仍有相当数量的非试点智慧城市顶层规划设计长期处于缺位状态，部分城市虽然在智慧政务等领域开展了顶层规划设计工作，但统筹范围仅限于政务信息化，对公共服务、产业经济发展的系统性考虑不足，整体上仍缺乏智慧城市建设的统一行动纲领，导致各地智慧城市建设虽在持续推进，但在城市层面对系统对接及整合融合的指导不足，智慧城市建设始终未能真正形成发展合力，无法彻底将区位、产业、文化等优势全面转化为发展胜势，"纵强横弱"的矛盾普遍存在。因此，迫切需要加强智慧城市顶层规划设计，以确保建设运营的整体性、协调性和延续性。

### 2. 集约支撑的城市级基础平台缺位

强化共用、整合通用、开放应用是新型智慧城市平台化特征的本质。但在传统建设模式下，领导重视程度不足、顶层规划设计缺失及体制机制等方面的制约，导致部分城市在基础云网、协同办公、综合运行指挥及大数据等共性支撑平台建设方面缺乏统筹谋划、统一部署和集约支撑，各区（县）、各部门在基础云网等基础设施和基础平台建设上不得不重复投入，由此导致"云网林立""信息孤岛"。

### 3. 数据共享渠道不畅

在传统建设模式下，由于顶层规划设计和城市级基础平台的缺位，数据共享缺乏有力的制度保障，部门之间的数据共享缺乏统一规则，数据共享难以达成共识。此外，由于采取分散建设模式，各部门选择的软件开发厂商标准不一、软件系统架构不同、对外接口不规范、政务服务平台与各业务系统间的对接难度大、数据共享存在严重技术障碍等，客观上增加了政府各类公共信息资源共享开放和综合利用的难度。

### 4. 智慧应用融合度不高

智慧城市建设"点多、面广、线长"，在前期分散建设模式下，互联互通不足、异构系统对接困难等现实难题普遍存在，信息化融合发展的部门壁垒、系统壁垒、制度壁垒尚未有效破除，部门间技术融合、数据融合、业务融合尚不充分，各业务系统协同水平整体不高。如在政务服务上，许多城市的街道政务服务中心、网格中心现有系统和平台众多，但各平台缺乏整合，同一案件如遇多渠道上报，则需要在多个平台上重复处理、回复，基层工作量大，群众服务感知不佳。在企业服务上，有的城市在发改、经信、招商等有关部门的推动下，已经建设了"政企通"服务平台等诸多平台、小程序及微信公众号，这些平台和渠道看似为企业提供了便利，但入口众多、服务分散，难以形成合力，实则导致企业和群众患上"网上办事选择困难症"，服务效能尚有较大提升空间。

### 5. 群众获得感不强

在传统的分散建设模式下，顶层规划设计缺位，导致政府部门间一体化协同手段较少，跨部门事件流转不够顺畅。另外，以人为中心的高效连接也因为各区（县）、各部门分散建设而难以实现，数据驱动的全程网办能力与群众"随时办""智能办""指尖办"等现实需要还存在较大差距。

## 3.1.2 加强新型智慧城市顶层规划设计的现实意义

### 1. 有利于实现"一张蓝图绘到底"

新型智慧城市顶层规划设计是未来一定时期城市信息化发展的总体蓝图和行动指引。加强新型智慧城市顶层规划设计是推进各区（县）、各部门整体衔接和科学实施战略的重要前提。新型智慧城市顶层规划设计应坚持将整体统筹和分级建设相结合，围绕市区一体化推进新型智慧城市升级建设，统筹规划、通盘考虑未来一定时期新型智慧城市的基础云网、基础平台、数据资源、融合应用及综合保障体系，进而指导各区（县）、各部门在新型智慧城市顶层规划设计的总体蓝图和总体框架的统一要求下，按照"立足当前、兼顾长远、急用先上"原则，完成好规划衔接，健全全市智慧城市的统一规划体系并开展分级建设，最终实现全市"共绘一张图""同下一盘棋"。

### 2. 有利于推动共性基础设施集约共享

通过新型智慧城市顶层规划设计，深入研究传统建设模式下的"信息孤岛""云网林立"等历史遗留问题，在充分整合各部门、各单位现有数字基础设施资源的基础上，按照强化共用、整合通用、开放应用的创新发展理念，系统谋划云计算、大数据等数字基础设施、通用平台、共性应用及保障体系总体布局，深入推进统建共享，不仅能够在全局层面实现统一支撑、统一管理、统一运维，而且能够更好地支撑各区（县）、各单位资源共建共享、信息深度融合及应用敏捷开发，有助于进一步破除"信息孤岛"，实现信息平台、业务系统、数据资源等高效协同共享，避免重复投资和重复建设。

### 3. 有利于数据融合、应用融合，提升业务统一支撑能力

数据融合、应用融合是新型智慧城市顶层规划设计需要探索研究的重点问题之一。通过新型智慧城市顶层规划设计，助力地方政府加快完善公共数据的全生命周期治理链条，能够促进"部门数据资源"转变为"城市数据资源"，形成面向全市经济各领域的数据共性支撑服务，进而真正发挥数据的生产要素作用，为全市经济各领域赋能赋智。同时，通过多元数据融合，全栈技术融合，复杂场景融合和全方位服务、生态、产业融合等全面融合，能够赋予城市自主运行、自动进化的能力，从而加快实现城市治理体系及治理能力现代化。

### 4. 有利于深化应用场景建设，打造数据驱动智慧城市应用集群

打造务实管用的应用场景是新型智慧城市具有长久生命力的重要保证。脱离应用场景的智慧城市建设，将注定沦为信息技术或信息系统的简单叠加，前沿信息技术原本应具有的巨大优势、大数据资源的巨大潜在价值都将无法彻底转化为现实生产力。当前应用场景不完善、不能有效疏解经济社会生活中各类难点堵点、企业群众感觉不好用进而不爱用等现实问题已成为部分地区新型智慧城市建设的最大痛点。因此，极有必要通过新型智慧城市顶层规划设计，以更高效能服务社会、便民利民为目标，结合政务服务、民生服务、城市治理等重点领域实际需求，在深刻把握业务、数据等关键环节的基础上，全面加强对政务、产业、民生等各领域应用场景的统一谋划。唯有如此，才能统筹兼顾提升民生服务、优化营商环境、提高行政效能、创新社会治理等

各方面需要，又快、又好地打造一批效率高、服务优的智慧城市典型应用场景。

### 5. 有利于创新建设运营模式，提升新型智慧城市"自我造血"功能

设计科学有效的建设运营模式，同样是新时期新型智慧城市顶层规划设计工作面临的一个重要课题。在新型智慧城市顶层规划设计中，应高度重视建设运营模式研究。在深入研究全国各地新型智慧城市建设运营创新实践、科学审视自身资源条件的基础上，研究提出长效运营的有关建议，包括统一领导、建设管理、技术支撑、专业运维及智库支撑等。如在专业运维上，可在新型智慧城市顶层规划设计中研究提出开放相应数据资源、数据应用场景、政府购买服务等政策措施，通过整合资源，引入优质企业成立平台公司等方式，构建利益共享、风险共担的新型合作伙伴关系，一方面为城市提供从平台建设到资源整合、从技术服务到创新应用的专业运维和增值服务；另一方面逐步实现本地化建设运营能力的培育和打造。

## 3.2 新型智慧城市顶层规划设计的方法论

顶层设计的理念是站在一个战略制高点，首先确立要实现的目标，然后从上至下把每一层次的子系统设计好，使得所有层次和子系统都能够围绕总体目标，产生预期的总体效应。由此不难看出，新型智慧城市顶层规划设计具有以下几个方面的显著特征。

① 新型智慧城市顶层规划设计首先是一种宏观层面的战略设计。强调高屋建瓴，即从顶端着眼开展总体构想，需要从全面促进经济社会各领域加快转型出发，对未来整体性、长期性、战略性问题进行系统性、前瞻性思考和研究，需要对新型智慧城市建设运营管理的各方面、各环节、各要素、各层次进行统筹考虑。

② 新型智慧城市顶层规划设计需要兼顾战略性和可操作性。Top-Down Design 的思想从字面意义上可以看出，包含了宏观、中观、微观 3 个层面。但在被翻译成"顶层设计"以后，令一些人产生了一种误解，即"顶层设计"就是在宏观层面进行的

战略设计，从而忽略了微观层面上的可操作性。

③ 新型智慧城市顶层规划设计强调价值理念一致、功能协调、结构统一、资源共享等系统论方法，需要集中各职能部门专业经验，经过周密、详细、全方位总体论证的设计，理顺关系，凝聚力量，形成合力。

## 3.2.1　基本流程及关键节点

新型智慧城市顶层规划设计工作通常以接受任务委托为起点，以规划设计咨询成果交付为终点，期间按照工作流程和行业惯例大致可划分为前期研究、摸底调研、诊断评估、方案起草、衔接论证及方案报审 6 个阶段，这 6 个阶段的工作环环相扣、衔接紧密，原则上应按照工作计划依次推进，既不能有缺失，亦不能前后倒置。

### 1. 前期研究

前期研究是指设计单位在商机跟踪阶段或接受委托方委托后的一定期限内，在正式启动规划设计工作的摸底调研之前，以本地区城市发展战略为统领，针对本地区未来 3 ～ 5 年经济社会发展总体布局中的热点问题，对本地区新型智慧城市建设可能关注的重点主动预先开展的一项研究工作。前期研究的目的是与委托方就本地区新型智慧城市总体发展方向、主要任务等关键问题达成初步共识，并为后续摸底调研工作提供指导，确保摸底调研工作有的放矢、少走弯路。前期研究的工作内容主要包含以下几个方面。

① 需求预分析，即深入分析国家、省、市有关上位规划和专项规划，其中需要重点对本地区经济社会发展规划、政府年度工作报告、有关部门专项规划进行解读和分析。

② 从需求预分析中研究、梳理上级政府有关信息化发展的规定动作，分析预判本地区经济社会发展中主要决策者可能关注的重点。

③ 了解委托方对规划设计工作的真实需求，据此界定规划设计工作范围、需求重点、时间要求、报审流程等关键问题。如遇委托方需求不明、思路不清等情况，

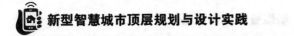

则可根据需求预分析对委托方进行引导，在此基础上即可逐步明确上述有关问题。

④ 在初步明确委托方需求的基础上，结合需求预分析结果，针对性输出本地区新型智慧城市规划设计工作提案。

⑤ 在与委托方就工作提案达成初步共识后，即可正式启动摸底调研工作。

### 2. 摸底调研

摸底调研是基于新型智慧城市规划设计工作提案，在初步确定新型智慧城市规划设计工作重点、调研内容、调研范围的基础上，重点就初步确定的工作重点与有关部门进行深度沟通和碰撞，并以摸底调研为契机，深入了解有关部门信息化发展现状、存在的主要问题、上级主管部门工作要求及本部门个性化需求。摸底调研主要有"部门自查＋资料报送""实地走访＋集中座谈"两种调研形式，在具体工作中可根据实际情况进行选择或者组合使用。但无论采取哪种调研形式，都需要咨询设计单位完成好以下基础工作。

① 针对各部门核心履职领域，科学设计调研问卷。

② 提前就调研重点与有关部门进行充分沟通，给有关部门留有充足的预热、准备和思考时间。

③ 针对有关部门需求不明、思路不清等特殊情况，事前做好调研预案及引导工作。

④ 事前明确需要收集的基础资料，如部门信息化工作年度总结、信息化专项规划、重点项目清单及项目概况等。

⑤ 与有关部门明确双方接口人并建立常态化沟通联系渠道，以便收集资料和后续对接。

### 3. 诊断评估

诊断评估是指在摸底调研工作结束后，以在实际调研工作中收集的基础信息和资料为基础，结合国家、行业主管部门有关工作要求，城市总体发展战略和新型智慧城市统筹建设、统一管理等实际需要，从全局层面对城市信息化发展的基础条件、主要问题、共性需求及有关部门重大项目、个性化需求的合理性进行系统分析，从中剔除弱需求和伪需求，并找出本地新型智慧城市建设需要解决的真问题、真痛点和真需求。如针对各部门较为普遍的行业专网、行业数据中心等硬件基础设施建设需求，需要科学分析是否符合各级政府有关政策要求，确有建设必要的，还需要从集约共享的视角去分析统筹建设的必要性或互联互通的可行性，并提出科学合理的对策建议。又如在各条线行业性综合运行指挥中心建设上，需要根据"务实管用"的基本原则，深入分析是否存在仅进行简单的硬件堆砌而忽视核心功能建设的现象。如有，则需进一步加强与相关部门的沟通和对接，在对其核心功能进行深入研究的基础上，评判项目建设的必要性及合理性。诊断评估工作的质量直接关系到新型智慧城市顶层规划设计的科学性、可行性和可操作性。通常，为确保诊断评估工作质量，应具备以下基本条件。

① 在技术力量上，要具备专业的专家团队和智库支撑。

② 在实践经验上，要具备丰富的智慧城市顶层规划咨询、设计、施工、集成案例，确保从规划设计到落地实施全流程、各环节都具有可行性。

③ 在思维理念上，要具备战略思维能力，能够统筹兼顾各级政府、各有关部门、各用户群体的现实关切，并善用系统性思维去分析解决新型智慧城市建设中的系统对接、互联互通、场景搭建、业务协同等关键问题。

### 4. 方案起草

方案起草是新型智慧城市规划设计咨询成果的具体编制及输出的整个过程，它是新型智慧城市规划设计工作中，投入人力最多、工作量最大的一个阶段。在具体工作中，参与方案起草的人员众多，为了确保每一位参与人员都能充分理解工作要求及输出目标，并确保各参与人员行文风格一致、所写部分结构篇幅相当，通常需要在方案起草前，由项目总负责人或项目经理研究提出整个方案的编制提纲及核心要点，与委托方主要负责人商定后将其作为方案起草人员的工作指南。新型智慧城市规划设计方案主要包括以下内容。

① 发展基础与主要形势。

② 指导思想和总体目标。

③ 总体架构及关系定位。

④ 主要任务与重点工程。

⑤ 信息安全及运营管理。

⑥ 实施路径和保障措施。

⑦ 重点项目及投资匡算。

⑧ 责任分工及进度要求。

## 5. 衔接论证

完成方案初稿编制后，经项目组内部论证、委托方内部论证后，即可形成征求意见稿，正式进入衔接论证阶段。本阶段的主要工作是通过网络、视频会议、座谈等方式，广泛征集有关部门、有关单位、行业专家对征求意见稿的有关建议，并结合各部门、各单位相关意见，对征求意见稿进行完善，在此基础上形成送审稿。本阶段的主要工作流程及工作内容如下。

① 委托方通过函件等形式向有关部门、有关单位就征求意见稿发起意见征集，明确意见征求工作的信息反馈渠道、接口人、时间节点及信息反馈的形式（通常是经有关部门签字或盖章后的书面反馈意见）。

② 对收集到的反馈意见进行研判，分析反馈意见是否合理可行，并决定是否采纳，必要时需针对反馈意见与有关单位进行深入沟通和研讨。

③ 根据决定采纳的有关意见，修改完善征求意见稿，并再次征求有关单位书面意见，直到委托方、有关单位、规划设计单位达成一致为止。

④ 编制有关部门意见及意见采纳情况汇总表，并对不予采纳的意见作出书面说明。

⑤ 组织召开专家评审会，听取行业专家有关意见并完善方案。

⑥ 通常，完成有关部门、有关单位意见征集和专家评审后，衔接论证工作即宣告结束。

## 6. 方案报审

完成意见征集和专家评审后，经修改完善形成送审稿，即可交由委托方提请有关部门发起报审及公开印发流程。在本阶段，地方政府主要领导或分管领导通常会听取专题汇报，因此一切工作的重点都必须围绕专题汇报进行周密部署。本阶段的主要工作包括但不限于以下内容。

① 规划设计编制起草说明。

② 明确会议议程及时间地点。

③ 编制汇报材料。

④ 确定汇报方案。

⑤ 预判领导关切。

⑥ 事前汇报演练。

## 3.2.2　顶层规划的工作方法

### 1. 一条主线

加快数字化发展，推动经济社会各领域数字化转型是"十四五"期间我国在更高层次推进信息化发展的一项重要任务。"十四五"时期，我国新型智慧城市建设要坚持以数字化转型为主线，在顶层规划设计阶段就要充分发挥数字技术对数字政府、智慧社会、数字经济的总体牵引作用，通过 5G、大数据、人工智能、区块链等新兴数字技术与经济社会各领域的深度融合，助力各级各地政府充分释放数字技术、数字经济等的放大、叠加、倍增效应，为地区经济社会各领域的智慧化应用全面赋能。

### 2. 双轮驱动

数据资源和应用场景是新型智慧城市建设能否取得显著成效的两个至关重要的决定性因素，新型智慧城市建设要高度重视数据资源规划设计和应用场景规划设计。在数据资源规划设计上，要紧紧围绕激活数据价值，充分释放数据潜能这一核心工作目标，综合考虑数据资源的采集、治理、管理，数据服务，以及数据要素的流通等全流程统筹管理需求，通过数据资源平台建设，持续加强各类公共数据资源的全口径归集和全周期治理，为地区数字化转型及数字经济高质量发展做好数据要素储备，提供数据要素支撑。在应用场景规划设计上，要高度重视"一网通办""一网统管""协同办公平台"等"抓总型"融合应用的建设，通过这些"抓总型"融合应用的建设，推动有关领域相对独立的系统平台逐步实现整合融合，逐步形成具有地方特色的惠企便民综合应用集群。

### 3. 3个导向

新型智慧城市顶层规划设计要坚持"问题、民生、创新"3个导向。首先，要以问题为导向，完整把握、准确理解、全面贯彻落实"创新、协调、绿色、开放、共享"新发展理念，通过体制机制的科学设计和技术手段的合理应用，着力根除"各自为政、条块分割、烟囱林立、信息孤岛"等信息化建设管理难题。其次，要以民生为导向，统筹推进医疗、教育、养老、社区等各领域加快数字化转型，让新型智慧城市建设成果惠及全民，切实提高企业、群众幸福感和满意度。最后，要以创新为导向，更加主动顺应新一代科技革命浪潮和绿色低碳发展要求，推动新一代信息技术与地区实体经济发展深度融合，助力产业体系升级和发展动能转换，使数字技术和数字经济成为地区创新发展的重要驱动力。

### 4. 四大领域

从顶层规划涉及的主要内容来看，新型智慧城市顶层规划一般需要包含优政、惠民、兴业、善治四大核心领域。

（1）优政

数字优政是新时代数字政府改革建设的必然要求，也是地方政府"创新行政方式，提高行政效能，建设人民满意的服务型政府"的重要途径。优政的主要建设内容是围绕"放管服"改革和"互联网＋政务服务"工作需要，利用数字化技术和数字化思维，统筹推进政府对内办公、对外服务、营商环境等集成应用平台建设、流程优化及制度重塑等。通常在市级层面，需要重点加强两个平台（政务服务一体化平台、政务协同办公平台）、一个门户（政府网站集约化）、一个专区（移动政务专区）

和两个大厅（线上大厅与线下大厅集成融合）建设。

（2）惠民

数字惠民就是要把满足人民对美好生活的向往作为新型智慧城市建设的出发点和落脚点，通过协调推进智慧教育、智慧健康、智慧养老、智慧文旅、智慧人社等在内的城乡一体化特色应用体系建设，加快打造泛在可及、智慧便捷、公平普惠的数字化服务体系，让百姓少跑腿、数据多跑路，从而提升人民群众的获得感、幸福感和安全感。

（3）兴业

新型城市建设能够为地方数字经济创造发展空间，是数字经济发展的重要载体之一，信息兴业就是要高度重视智慧城市对数字经济发展的应用牵引和多点支撑作用。从政府层面来讲，在信息兴业上可以从提升产业承接平台能级、深化科技资源共享服务、加强数字化转型资源池建设、打造企业服务直通车等方面进行谋划。

（4）善治

城市治理水平对城市功能品质提升具有至关重要的影响，推进城市治理体系和治理能力现代化，实现从"行业智治"到"整体智治"是现阶段新型智慧城市建设的一个重要趋势。对于地方政府而言，在新型智慧城市顶层规划和设计中要围绕提升城市功能品质，通过建设以"一网统管"为抓手的城市治理集成应用平台，驱动社会治安综合治理、平安城市建设、智慧城管、智慧交通、智慧应急、社区治理等相关领域信息化应用整合融合，在此基础上逐步探索优化精准精致、常态长效的城市治理新模式，进而实现治理高效、常急兼备的韧性城市建设。

### 3.2.3　总体架构的设计方法

#### 1. 国外电子政务基本框架简介

新型智慧城市顶层规划设计应从全局层面统筹考虑政务服务、公共服务、产业发展各领域信息化需求。现阶段，许多发达国家或经济体，如美国、英国、德国、加拿大、澳大利亚、日本、韩国，以及欧盟等都已制定了本国（经济体）的电子政务总体框架，可供我国各地政府在推进新型智慧城市建设时参考借鉴。以美国为例，美国联邦政府在电子政务建设上于 20 世纪末正式开始着手开发联邦政府总体框架，并于 2002 年正式启动联邦企业架构（FEA）项目。

FEA 是美国政府电子政务顶层设计的一套参考模型，它起源于企业架构（EA）在企业信息化领域中的成功实践，后经美国联邦政府引入电子政务顶层设计工作中，用于指导美国联邦政府优化其对信息技术的投资策略，促进信息技术资源在美国联邦政府范围内共享复用。FEA 参考模型主要包括绩效参考模型（PRM）、业务参考模型（BRM）、服务组件参考模型（SRM）、数据参考模型（DRM）、技术参考模型（TRM)5 个参考模型，它们的内在逻辑关系如图 3.1 所示。

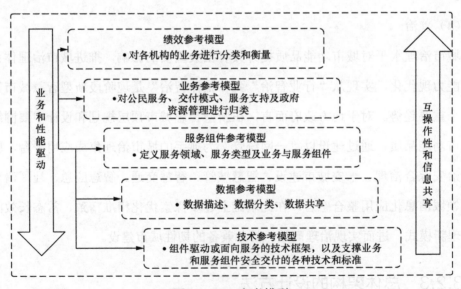

图3.1　FEA参考模型

在上述 5 个参考模型中，最具参考意义的是业务参考模型和技术参考模型。

（1）业务参考模型

业务参考模型为美国联邦政府的各条业务线（LoB）提供了一个功能性的视图，

它既包括各机构的内部运营行为，也包括其为公民提供的各种服务。

业务参考模型从公民服务、交付模式、服务支持及政府资源管理 4 个业务领域对美国联邦政府的各条业务线进行了归类，如图 3.2 所示。其中公民服务是美国联邦政府推进电子政务建设的最终目标，是美国联邦政府通过电子政务建设计划为公民提供的各种智慧化服务。交付模式主要包含政府为实现公民服务所采用的各种机制，具体可分为政府服务的交付及筹资工具两个部分。服务支持是指用于支持政府运行的各种关键政策、计划及管理基础，以便政府能够更加高效地向公民交付上述各类服务。政府资源管理是指为支持美国联邦政府高效运行而针对所有领域资源的管理功能。

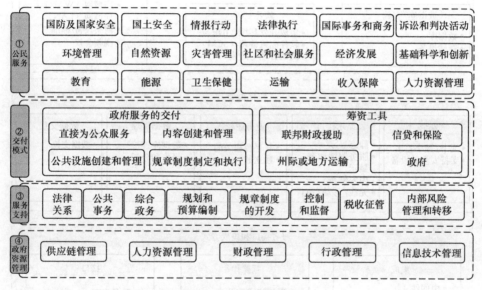

图3.2 业务参考模型

（2）技术参考模型

技术参考模型是一个组件驱动或面向服务的技术框架，它对全面支撑业务和服务组件安全交付的有关标准、规范及技术进行了总体概括。技术参考模型以提高美国联邦政府服务交付效率、提升公民服务访问感知为导向，并以此为前提合力设计美国联邦政府电子政务的服务访问和交付、服务平台和基础设施、组件框架及服务接口和集成方式，如图 3.3 所示。

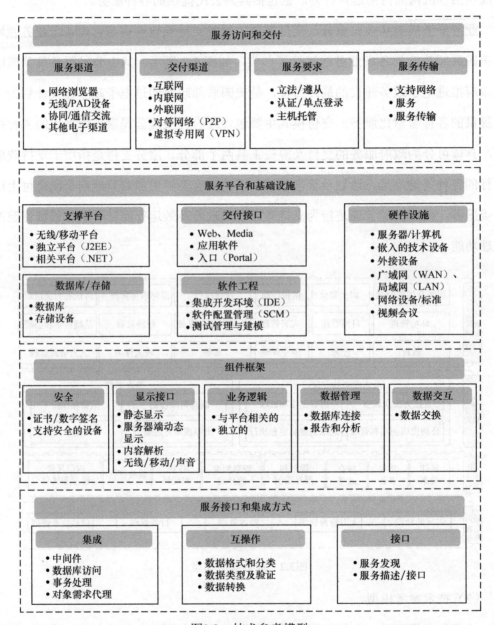

图3.3 技术参考模型

纵观各主要发达国家（经济体）电子政务总体框架，虽然各有侧重，但都有以下几方面的共同特点，一是都无一例外高度重视公共服务及服务型政府建设；二是都高度重视系统整合及业务协同，进而推进整体型政府建设；三是都引入了面向服务的体系结构（SOA）、EA 等先进理念，既重视信息化架构的整体联动性，又重视对松耦合应用组件的灵活调用。以上这些特点和先进理念值得我国各地新型智慧城市顶层规划和设计参考借鉴。

### 2. 总体架构设计有关核心问题

在新型智慧城市顶层规划的架构设计阶段，需要科学回答以下 6 个核心问题。

① 新型智慧城市的核心服务对象是谁？

进入新时代，党和国家的全部理论和实践都紧紧围绕着以人民为中心的发展理念全面展开，从脱贫攻坚到全面建成小康社会，再到实现全体人民共同富裕皆是以人民为中心的发展理念在我国的生动实践。2020 年，习近平总书记在参加十三届全国人大三次会议内蒙古代表团的审议时，在谈到以人民为中心的发展理念时再次明确指出"必须坚持人民至上、紧紧依靠人民、不断造福人民、牢牢植根人民，并落实到各项决策部署和实际工作之中"。近年来，在我国各地的新型智慧城市建设中出现的一个明显趋势就是"市民即用户"的建设理念日益凸显，从各地政务服务平台和移动端的建设（如广东省的粤省事、浙江省的浙政钉、湖北省的鄂汇办、上海市的随申办等）不难发现，各地在推进新型智慧城市建设时，更加关注广大企业和市民的一体化全程网办服务，体现了我国新型智慧城市建设正在加快从"以管理为中心"向"以人民为中心"转变。

此外，从国家有关部委联合发布的《新型智慧城市评价指标》的演变过程同样可以发现以人民为中心的新型智慧城市建设理念正在不断强化。对比 2016 年（GB/T 33356—2016）和 2022 年（GB/T 33356—2022）两个版本的《新型智慧城市评价指标》，如图 3.4 所示，不难看出惠民服务（包含政务服务、交通服务、社保服务、医疗服务、教育服务、就业服务、城市服务等）和市民体验在 2016 年版《新型智慧城市评价指标》中，两者的指标的权重分别为 37% 和 20%，合计为 57%；而在2022 年版，两者的指标的权重分别为 24% 和 40%，合计达到 64%，指标权重整体上升了 7 个百分点。

| 指标 | 2016年 | 2022年 | 指标说明 |
|---|---|---|---|
| 惠民服务 | 37% | 24% | 交通服务、社保服务、医疗服务、教育服务、就业服务、城市服务等 |
| 精准治理 | 9% | 11% | 城市管理、公共安全等 |
| 生态宜居 | 8% | 6% | 智慧环保等 |
| 智能设施 | 7% | — | 宽带网络设施、时空信息平台 |
| 信息基础设施 | — | 6% | 信息网络、时空信息平台、政务设施 |
| 信息资源 | 7% | 6% | 开放共享等 |
| 产业发展 | — | 2% | 数字经济 |
| 网络安全 | 8% | — | 网络安全管理、系统与数据安全 |
| 信息安全 | — | 0% | 扣分项，刚性要求，考核保密工作、密码应用、网络安全、数据安全 |
| 改革创新 | 4% | — | 体制机制 |
| 创新发展 | — | 5% | 体制机制、改革创新实践 |
| 市民体验 | 20% | 40% | 市民体验调查 |

图3.4　《新型智慧城市评价指标》2016年版和2022年版对比

②针对不同群体计划提供何种类型的业务或场景化服务？

在明确了新型智慧城市的核心服务对象以后，新型智慧城市顶层规划和设计工作就需要针对不同类别的核心服务对象，按照"4R原则"，深入研究每一类服务对象在方便、快捷地获取各类政务服务、公共服务的过程中存在的难点、堵点和痛点；深入研究政务、交通、医疗、教育、社保等上级垂管部门的改革方向；深入研究全国各地在解决上述有关问题时的创新做法和成功实践；结合本地实际，深入研究如何通过创新的体制机制和技术手段，围绕广大企业和群众普遍面临的难点、堵点和痛点，着眼加快构建"以人为中心的高效连接"，以"一件事一次办"为建设导向，确定需要具体打造的"务实管用"的应用场景，以进一步提升广大企业和群众的获得感、幸福感和安全感。

③业务或服务场景实现所需的公共数据有哪些？数据从哪里来及如何规范管理和使用数据？

在明确场景需求的基础上，新型智慧城市顶层规划和设计工作接下来需要思考和解决的下一个问题就是数据，即为了更加高效地实现上述应用场景，需要哪些公共数据？目前有哪些数据及这些数据的可用性如何？还缺少哪些数据，数据源在哪里？在明确数据需求及数据源的基础上，新型智慧城市顶层规划和设计工作还需要对数据归集共享的机制、手段及数据治理有关的重点工作进行系统谋划，以便对省域、市域或县域数据资源"聚通用"的全流程贯通进行科学指导。

④ 考虑资源约束和本地实际情况，新型智慧城市建设采用何种技术架构更有利于业务实现？

厘清与数据有关的几个核心问题以后，新型智慧城市顶层规划和设计工作接下来就需要紧紧围绕服务对象，针对服务对象的场景化服务及支撑业务实现和场景化应用的必要数据，结合本地实际情况，有针对性地开展新型智慧城市技术架构设计。由于各地在经济发展水平、城市发展战略、信息化基础条件等方面存在客观差异性，因此新型智慧城市建设并无放之四海而皆准的统一范式。换言之，新型智慧城市顶层规划和设计工作也必须因地制宜、因城施策，这点在有关政策性文件中已经反复提及。如国家发展改革委明确要求有序引导各地区因地制宜推进县城智慧化改造。此外，《中华人民共和国国民经济和社会发展第十四个五年规划和二〇三五年远景目标纲要》再次重申要"分级分类推进新型智慧城市建设，将物联网感知设施、通信系统等纳入公共基础设施统一规划建设，推进市政公用设施、建筑等物联网应用和智能化改造"。其中分级分类、因地制宜的有关提法，就是要求各地在推进新型智慧城市建设时务必做到紧密结合本地实际情况。因此，对新型智慧城市顶层规划和设计在技术架构建立阶段的工作来讲，就是要在综合考虑城市发展定位、当前基础条件及后续资金保障能力等因素的基础上，按照经济适用、适当超前、安全可控的原则，科学谋划城市信息基础设施体系、数据资源体系、平台及应用体系、标准规范体系、运营管理体系及信息安全保障体系等有关体系，尽量契合城市发展战略导向，尽量体现城市人文及历史特性，尽量避免出现"摊大饼""千城一面"的情况。

⑤ 新型智慧城市建设过程中如何进行科学管理？建成后如何实现长效运营？

长期以来，"重建设，轻运营"始终是我国各地智慧城市建设中的"顽疾"之一。在实际调研中发现，即使到现在，仍有不少地区（尤其是欠发达地区）对智慧城市的后期运营重视程度不足，突出表现为许多单纯依赖财政资金开展智慧城市建设的部门，虽然前期已经通过各级渠道落实智慧城市建设资金并促成项目上马，但在维保期后却没有足够的运行维护力量支撑或缺少运行维护资金安排，造成财政资金的巨大浪费。因此，新型智慧城市顶层规划和设计要高度重视长效运营，并协助地方政府从组织领导、业务管理、技术指导、日常运营等方面做出科学合理的制度安排，助力专业化运行维护知识和技术力量逐步在本地沉淀，以免除新型智慧城市长效运营的后顾之忧。

⑥ 如何有效确保大数据时代新型智慧城市的网络和信息安全？

随着数智时代的加快到来，大数据成为与石油同等重要的国家基础性战略资源。2020 年 4 月中共中央、国务院印发的《关于构建更加完善的要素市场化配置体制机制的意见》已明确将数据作为与土地、劳动力、资本和技术同等重要的生产要素，并对其健康快速发展予以大力支持。然而大数据在持续释放"数据红利"的同时，也为数据安全带来了一系列严峻挑战。进入新世纪以来，党和国家对网络安全的重视程度日益提高，2018 年 3 月，根据中共中央印发的《深化党和国家机构改革方案》，国家层面正式设立中央网络安全和信息化委员会办公室，负责统筹管理国家计算机网络与信息安全管理有关工作，网络安全牵一发而动全身，没有网络安全就没有国家安全。虽然国家层面对网络安全的重视程度在不断提高，《中华人民共和国数据安全法》也已于 2021 年正式出台，但是在现阶段的新型智慧城市建设中，由于各地新型智慧城市顶层设计和统筹力度等方面的局限性，仍有不少地区、部门在安全认知、制度执行、资金投入、措施保障上漏洞明显，网络平台"一攻即破"甚至"不攻自破"。因此，全面加强网络和信息安全保障体系设计，加快构建新型智慧城市全方位安全保障体系已成为新时代智慧城市顶层规划和设计难以规避的一道重要课题。

## 3. 新型智慧城市ADTMS架构简介

参考全国各地智慧城市建设经验，结合过去 10 多年在数十个地方政府的成功实践，以上述 6 个核心问题为重点，我们认为一个完整的智慧城市总体架构设计应包括业务（Application）架构、数据（Data）架构、技术（Technical）架构、管理（Management）架构和信息安全（Security）架构五大核心模块，即 ADTMS（取自业务架构、数据架构、技术架构、管理架构和信息安全架构的英文首字母）架构，如图 3.5 所示。

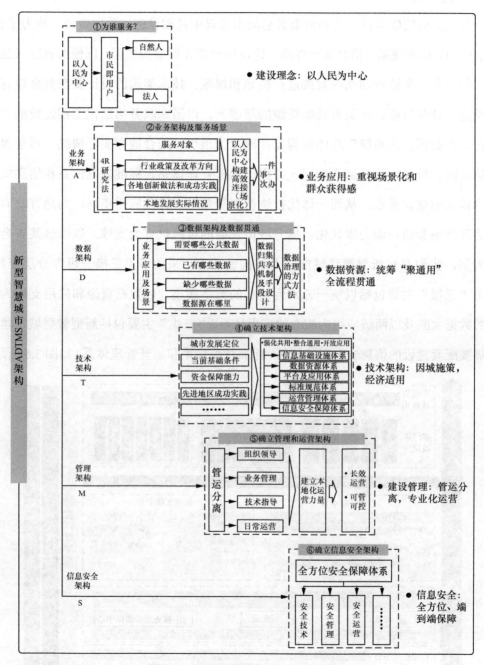

图3.5　新型智慧城市ADTMS架构

## 3.2.4 顶层规划的总体框架

### 1. 技术架构

技术架构的确立旨在明确新型智慧城市建设中基础设施、数据资源、能力平台、前端应用、标准规范、信息安全保障、建设运营的分层架构模型，以便对各区（县）、各部门智慧应用建设和系统对接进行指导和规范。技术架构的设计要在整合现有基础设施、公共数据、应用系统等资源的基础上，以国家政务信息化工程建设的"大平台、大数据、大系统"总体架构设计理念为指引，结合地方实际情况，科学谋划基础云网、数据大脑及综合应用，并提出运营管理体系、标准规范体系和信息安全保障体系的建设重点，从而一体化打造新型智慧城市特色应用集群，为地方政府推进治理体系和治理能力现代化，提升城市发展能级提供有力支撑。以西部某省会城市为例，我们在其新型智慧城市技术架构设计上，采用了"三横三纵"分层架构，其中"三横"主要包括以统一云网为核心的数字底座、以数据资源和应用支撑为核心的数据大脑及以两级应用为核心的应用体系。"三纵"主要包括新型智慧城市建设中需要配套建设的信息安全保障体系、标准规范体系和运营管理体系，如图3.6所示。

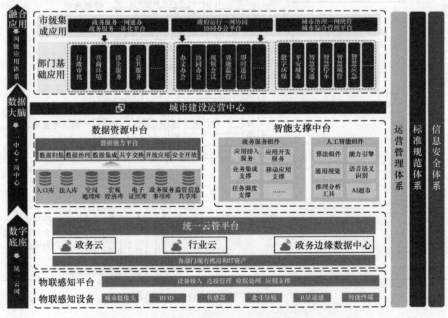

图3.6 西部某省会城市新型智慧城市技术架构

从图 3.6 可以看出，该省会城市新型智慧城市技术架构可以概括为"1123+N"，各部分的建设要求如下。

1 套云网（统一云网）：按照"云网融合、全域互联"原则，以政务网、物联网为核心，统筹建设 1 套集约共享的云网基础设施。通过数字化基础设施的集约化建设和共享复用，有效破除各类"信息孤岛""数据壁垒"，逐步推动实现"网络通、平台通"。

1 个数据大脑：以"一中心、两中台"为技术支撑，通过逐步构建城市数据大脑，利用数据大脑聚数赋智，进而为各区（县）、各部门、各行业新型智慧城市建设及经济社会发展注入大数据、人工智能等信息技术新动力。

2 级应用体系：结合城市发展实际，以政务服务、政府运行、城市治理等领域的"抓总型"融合应用为统领，驱动各部门、各单位按照全市统一架构开展基础应用建设及系统平台互通，逐步形成"市级集成应用 + 部门基础应用"联动发展的特色应用体系。

3 大保障体系：围绕锻造新型智慧城市持续运营能力，建立健全运营管理体系、标准规范体系和信息安全体系 3 大保障体系，加强建设、管理、运维全方位一体化保障，实现依法依规开展数字政府建设和运营。

N 项应用：按照"成熟一个部署一个，部署一个集成一个"的原则，依托新型智慧城市 2 级应用体系和政务服务"一网通办"、政府运行"一网协同"、城市治理"一网统管" 3 大集成应用平台，逐步打造 N 项"务实管用"的特色应用，建成全方位、宽领域、服务型数字政府综合应用体系。

### 2. 管理架构

管理架构的作用在于纵向理顺省、市、区（县）信息化主管部门之间的关系，横向明确新型智慧城市行业主管部门与有关职能部门之间的工作界面。现阶段，新型智慧城市管理架构发展的主要趋势是"管运分离"，这种模式最早起源于广东省，随后逐渐在全国推广，目前已逐渐成为各地新型智慧城市建设管理运营的一种主流模式。这种模式的主要特点一是成立由地方政府主要领导挂帅的新型智慧城市建设工作领导小组，负责统筹推进新型智慧城市建设有关重大项目；二是对新型智慧城市的建设管理和后期运营进行剥离；三是行业主管部门负责新型智慧城市的建设管理；四是引入专业化的平台公司或市场主体共同成立新型智慧城市运营中心，负责重大项目交付后的持续运营。城市级常见的"管运分离"管理架构如图3.7所示。

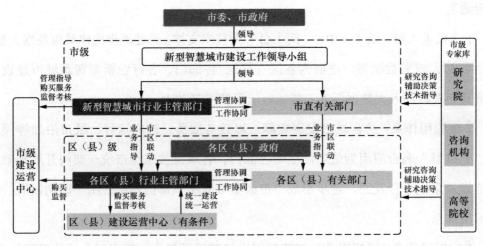

图3.7 城市级常见的"管运分离"管理架构

从图3.7可以看出，在建立城市级"管运分离"管理架构时，需要重点做好以下几个方面的体制机制建设。

（1）统一领导

成立由市委、市政府主要领导组成的新型智慧城市建设工作领导小组（以下简称"领导小组"），领导小组通常需要下设一个办公室，实践中领导小组办公室通常与新型智慧城市行业主管部门合署办公。领导小组负责新型智慧城市建设的组织领导，负责审议新型智慧城市重大建设项目并协调解决跨部门、跨领域重大问题。通过地方政府主要领导的介入，能够实现从根本上解决传统建设模式下"各自为政""信息孤岛"等问题。

（2）统筹管理

通过明确一个行业主管部门，实现对本地区新型智慧城市建设工作的日常管理和组织推进。参照先进省市实践经验，新型智慧城市统筹管理部门的主要职责建议设置如下。

① 负责本地区新型智慧城市顶层设计、规划建设、协调统筹和监督指导等工作。

② 负责统筹各部门信息化项目管理，代表地方政府有效甄别各行业、各战线新型智慧城市建设中可能存在的弱需求、伪需求，建立政务信息化项目储备库，持续提升信息化项目对人民群众需求的适配能力，并推动共性信息化需求项目集约化建设和共享复用。

③ 负责指导各区（县）、各部门按照全市新型智慧城市统一架构，依法依规开展新型智慧城市建设与管理相关工作，并做好系统和平台对接。

④ 负责公共类项目的具体实施和部门协调，统筹全市政务信息化项目管理、相关标准制定。

⑤ 负责牵头建立政务信息化项目建设与管理联席工作机制。

⑥ 负责牵头市级信息化规划、信息化项目申报审批、方案审查、项目立项、绩效评价。

⑦ 负责统筹推进城市大数据资源体系建设及管理有关工作，包括政务数据和公共服务数据资源的整合应用及共享开放等。

⑧ 负责组织开展新型智慧城市相关标准规范建设及完善工作。

（3）专业化运营

现阶段，各地在新型智慧城市建设中仍然普遍面临着不同程度的"重建设、轻运营""缺技术、缺人才"等现实难题，导致很大一部分新型智慧城市建设项目投入巨大而收效甚微。针对这一现实难题，越来越多的地方政府更加倾向于按照"政府主导、企业主建、部门主用、长效运营"的原则，通过合资成立运营平台或引入外部专业化运营团队，并以购买服务的方式为新型智慧城市建设所需的基础设施平台和重点应用项目提供本地化的建设和运行维护服务，进而确保新型智慧城市建设运营持续可靠。

（4）常态化智库支撑

新型智慧城市建设和运营是一项涉及多学科、宽领域的系统工程，需要专业机构、科研院所、骨干企业的有关专家学者甚至是广大社会公众共同出谋划策。在近期实践中，为加强新型智慧城市建设运营的智库支撑，主流的做法是通过广泛吸纳各地新型智慧城市建设领域知名专家，建立专家智库，让广大专家学者深度、全程参与本地区新型智慧城市建设咨询、论证评审、技术指导、课题研究等工作，并在顶层设计、项目建设、技术应用、标准规范制定、产业升级和项目验收等各个环节为领导小组、行业主管部门及有关责任单位开展新型智慧城市建设提供必要的决策咨询和实施建议。

### 3. 数据架构

随着大数据时代的来临，数据在创新活动中的地位逐步提升，已成为当前科技创新的重要驱动力。数据架构的作用就是为了帮助地方政府用好数据这一国家基础性战略资源。在新型智慧城市顶层规划设计中，围绕广泛归集政务数据、激活数据价值、释放数据潜能，通常需要开展以下工作。

① 规划设计城市数据共享交换平台，若前期已建数据共享交换平台，则需考虑是否需要进行平台升级。

② 规划设计城市数据资源体系，包括基础库、主题库、专题库等。

③ 摸排有关部门数据资源和共享交换需求，明确政务公共数据需求清单、责任清单、负面清单及数据资源目录，汇总形成城市公共数据资源目录。

④ 厘清各有关部门生产数据库、部门数据资源池、城市基础数据资源池、主题数据库资源池之间的流转关系，明确对应责任部门。

⑤ 规划设计城市公共数据资源汇聚和共享机制，加强数据资源统筹管理，提升城市公共数据资源"聚通用"水平。

⑥ 规划设计城市公共数据资源目录管理及更新维护机制。

⑦ 提出城市公共数据共享开放建设要求，包括统一管理要求、共享要求、开放指引等，从而形成城市公共数据"归集 - 治理 - 融合 - 共享 - 核查 - 反馈"应用闭环。

除此以外，在新型智慧城市数据架构规划设计中，还需要对城市数据资源平台在纵向和横向上的对接进行明确，以市级数据资源平台建设为例，在互联互通和数据回路建设上通常应遵循以下原则。

① 市级数据资源平台向上需要与省级数据共享交换平台对接，向下需要与各区级平台对接；横向需要与市直部门和社会数据对接。

② 按照省级统一相关标准规范，通过省市两级数据共享交换平台的互联和省市两级的数据资源目录对接，实现与省级大数据能力平台互联互通、资源共享。

③ 根据市政务信息资源共享要求和部门职能，市直各部门梳理本部门数据资源共享责任清单、数据需求清单、负面清单和数据资源目录，以数字化形式，向大数据中枢提供可共享的政务数据资源，确保业务数据库与大数据中枢之间的实时连通和同步更新。各部门可根据政务数据资源目录和社会数据资源目录依规申请数据服务。

④ 遵循"需求导向、安全可控、分级分类、统一标准"的原则，向社会提供具备原始性、可机器读取、可供社会化再利用的公共数据。鼓励社会企业利用公共数据开展科技研究、提供咨询服务、产品开发、数据加工等活动，并将利用公共数据形成的各类成果用于行政监管和公共服务，提升公共管理的科学性和有效性。

⑤ 与区级平台对接，实现各区数据汇聚，并满足区数据共享、数据服务的需求。市区两级部门的数据共享交换在市级数据共享交换平台完成。

第 4 章

# 04

新型智慧城市
数字基础设施
体系规划设计

城市数字公共基础设施是指以通信网络为基础，以数据算力设施为核心，以城市物联感知为主要动态数据来源，以城市信息模型（CIM）为空间架构，以市政基础设施智能化建设与改造为支撑，以提升城市数字公共平台能力和数据资源规模质量为核心的新型基础设施体系。它是面向数字孪生城市搭建的公共性、集约性基础设施，更是建设数字社会、发展数字经济、探索数字化治理方式变革的重要基础。

## | 4.1　城市数字基础设施体系规划设计的工作范围 |

在提出"城市数字公共基础设施"概念之前，传统模式下常见的信息基础设施类型如图 4.1 所示，具体如下。

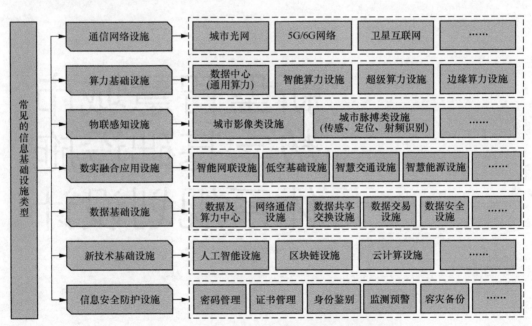

图4.1　传统模式下常见的信息基础设施类型

① 以光纤宽带网络、5G/6G、卫星互联网等为代表的通信网络设施。

② 以通用算力、智能算力、超级算力、边缘算力为代表的算力基础设施。

③ 以城市影像、城市脉搏监测为重点的物联感知设施。

④ 为现代产业构建紧密相连的工业互联网、智能网联、低空无人机、智慧水利、

智能能源等融合应用设施。

⑤ 围绕开发及利用公共数据资源开发利用而部署的数据及算力中心、数据共享交换、数据交易等数据基础设施。

⑥ 以人工智能、云计算、区块链等新一代信息技术为代表的新技术基础设施。

⑦ 为新型智慧城市安全可靠运行构建的全方位、多层次、一致性网络和信息安全防护类设施。

城市数字公共基础设施与传统信息基础设施相比，无论是在建设理念、建设内容还是建设模式等方面均已发生巨大变化。

① **建设理念不同**：传统信息基础设施建设强调对国民经济和社会发展过程中信息化进程的基础支撑作用，主要关注点是信息基础设施的正常运行。城市数字公共基础设施建设的基本出发点和落脚点是为全社会数字化转型提供基础性的数字公共服务的设施体系，主要关注点是数字基础设施的"公共性"和"城市性"，以及数字基础设施体系的"整体韧性"，主要趋势体现为"基础公共化"。因而，城市数字公共基础设施体系规划设计更加注重各类信息基础设施之间的整体性、系统性和协同性。

② **建设内容不同**：传统信息基础设施主要指光缆、微波、卫星、移动通信等网络基础设施。为了适应城市全域数字化转型对数字化共性基础的需要，特别是人工智能、大数据、智能网联车、低空经济等新兴产业和数字经济发展，城市数字公共基础设施除了上述网络基础设施，还逐渐将物联网基础设施、新型算力设施、数实融合基础设施、地理信息设施等纳入其中。

③ **建设模式不同**：传统信息基础设施建设多数是在行业主管部门整体规划的基础上，由基础电信企业负责具体组织实施。而城市数字公共基础设施建设不仅涉及众多类别，还需要实现存量和新建各类数字基础设施之间的整合及互通，因此在建设统筹上通常需要组建高规格的数字公共基础设施建设工作专班进行整体协调和调度，具有统筹力度更大、参与部门更多的突出特点。而在具体建设上，除了基础电信企业，往往还需要物联网、智算、超算等相关领域的设备商，整体解决方案提供

商等多元主体参与。传统信息基础设施与城市数字公共基础设施的主要区别如表 4.1 所示。

表4.1　传统信息基础设施与城市数字公共基础设施的主要区别

| 对比项 | 传统信息基础设施 | | 城市数字公共基础设施 |
|---|---|---|---|
| 建设理念 | 强调对国民经济和社会发展过程中信息化进程的基础支撑作用 | | 为全社会数字化转型提供基础性的数字公共服务的设施体系 |
| 关注点 | 信息基础设施的正常运行 | | 数字基础设施的"公共性"和"城市性" |
| | | | 各类数字基础设施之间的整体性、系统性和协同性 |
| | | | 数字基础设施体系的"整体韧性" |
| 建设内容 | 网络基础设施 | 光缆设施 | 网络基础设施 |
| | | 微波设施 | 物联网基础设施 |
| | | 卫星设施 | 新型算力设施 |
| | | 移动通信设施 | 数实融合基础设施 |
| | | | 地理信息设施 |
| | | …… | …… |
| 建设模式 | 行业主管部门整体规划＋基础电信企业组织实施 | | 组建高规格数字公共基础设施建设工作专班＋多元主体参与 |

# | 4.2　城市数字基础设施体系规划设计的基本原则 |

城市数字基础设施是我国经济社会发展的战略性公共基础设施，是建设网络强国、数字中国的重要基石，也是不断做强做优做大区域数字经济，加快发展新质生产力的重要保障。数字基础设施体系规划设计要以"创新、协调、绿色、开放、共享"新发展理念为指引，坚持以下基本原则。

① **有效衔接**。数字基础设施体系规划设计在国家层面上要主动衔接网络强国、数字中国等重大战略。在行业层面上要有效衔接国家有关部委现行的各类专项规划。在区域层面上要广泛衔接地方政府制发的国民经济和社会发展规划，人工智能、大

数据、数字政府、数字经济、智慧城市等各类相关政策及工作方案。

② **产城融合**。数字基础设施体系规划设计要充分考虑城市的未来发展定位、空间格局、产业布局和资源分布情况，全面考虑地区的经济特点、人口分布、资源禀赋等因素，以需求为导向，推动互联互通和资源共享，构建与产业布局、城市发展相匹配的信息基础设施体系。

③ **统筹规划**。数字基础设施体系规划设计要坚持统分结合，加强顶层设计，强化数字基础设施顶层规划和各部门、各区县专项规划之间的衔接。要高度重视存量和增量信息化项目的建设统筹，推进数字基础设施与传统基础设施协同发展，实现设施连通、数据融通、平台互通、业务贯通，严格限制低水平重复投资。

④ **前瞻布局**。数字基础设施体系规划设计要准确把握全球信息技术革命和产业变革趋势，因地制宜推动信息基础设施升级演进，前瞻布局5G-A、6G、量子通信、全光网络、工业互联网、智能车联网、低空信息网、先进算力、人工智能、卫星互联网等新一代信息技术，为地区全域数字化转型、战略性新兴产业和未来产业发展预留足够发展空间。

⑤ **共建共享**。数字基础设施体系规划设计要坚持信息化项目源头统筹，坚定基础技术支撑体系一体化、集约化建设路径，加强政府部门和国有企业信息化项目建设管理。统筹建设云网数算等数字基础设施，物联网、大数据等基础平台，城市公共服务、企业综合服务等应用统一入口，强化统一支撑、统一管理、统一运营能力，进一步破除数据壁垒，逐步打通各部门信息孤岛，有效避免重复投资和低水平重复建设。

⑥ **安全可靠**。数字基础设施体系规划设计要正确处理信息安全与信息化发展的关系，坚持项目建设与信息安全同步规划、同步建设、同步运维。要坚持技术发展与安全发展并重，在兼顾完整性、安全性、国产化和先进性的前提下，设好信息安全"红绿灯"，实现网络和信息安全端到端管理，切实防范、控制和化解信息化进程中可能产生的风险。

# | 4.3 网络基础设施规划设计 |

## 4.3.1 全光网络规划设计

"十四五"期间,数字经济成为推动经济社会发展的新引擎,传统经济与数字经济加快融合,数字化转型成为必然趋势。F5G作为以光纤为介质的第五代固定网络通信技术,其超大带宽、安全可靠、传输效率高、抗干扰性强、低时延等特点,能够提供高速传送的光底座能力,是千行百业数字化转型、智能升级和融合创新应用场景的重要基石。近年来,党中央和国务院高度重视5G和千兆光网建设发展,2020年4月,国家发展改革委首次明确将F5G纳入新基建。2021年3月,工业和信息化部印发的《"双千兆"网络协同发展行动计划(2021—2023年)》,不但首次明确了千兆城市评价指标,并且着力推进"双千兆"网络建设互促、应用优势互补、创新业务融合。

目前,全国多个城市正加速推进"全光城市"落地。上海不断提高网络基础设施能力和覆盖水平,加速千兆网络业务的创新和应用,并创造了良好的政策发展环境。上海移动构建了"6(数据中心)8(核心枢纽)20(区域枢纽)N(普通枢纽)X(接入点)"的全光城市网络架构,推动光传送网络(OTN)节点覆盖所有综合业务接入点,持续提升城市的运力水平,赋能应用创新。广东结合国家大湾区战略,采用创新的光交叉连接(OXC)建成目前全球领先的1-2-3毫秒大湾区全光城市群,并结合产业需求,以品质光联接为基石助力大湾区经济腾飞,持续打造全球光网领域创新模板。江苏提出开展"双千兆宽带城市"试点,浙江重点关注光纤网络扩容等网络建设,重庆提高千兆光纤覆盖质量、扩大千兆光纤覆盖范围打造"双千兆"网络之城,成都则将"双千兆"网络覆盖重点放在产业功能区和龙头企业。

### 1. 技术优势

全光网(AON)是一种基于光纤技术的网络架构,它利用光信号在整个网络中进行数据传输,无须或仅少量依赖电子转换。在全光网络中,从源头到目的地的信号传输几乎完全通过光纤完成,意味着数据可以在不经过电信号转换的情况下,以光速在网络中传播。

相较于以往的技术，F5G 在联接容量、带宽和用户体验方面有飞跃式提升，呈现出"极简架构、超宽链路、经济节能"等技术优势。F5G 通过全光接入、全光锚点、全光交换，基于光纤高可靠、高性能、易部署、大容量等特性，以算力、运力的有效协同和扁平化的网络架构，能够实现边到云、云到云、边到边的 1 毫秒网络时延圈，为数据交互，政务、金融等专线用户提供超低时延传输。此外，F5G 技术支持长期平滑演进，一网用两代，生命周期内整网总拥有成本（产品采购、使用、维护的成本）降低 50% 以上。

### 2. 建设策略

全光网络虽然优势明显，但在当前世界经济整体相对低迷的经济大环境之下，还需坚持因地制宜、应用驱动的原则进行总体规划布局。具体到新型智慧城市建设中，一是要发挥政府部门政策引导作用，鼓励基础电信企业深入推进全光网城市建设，持续推动骨干网、城域网、局域网扩容提速，持续开展 OLT 上联组网优化和老旧小区、工业园区等光纤到户薄弱区域光分配网（ODN）改造升级。二是鼓励结合行业需求，灵活开展网络建设应用，具体可依托城市和区（县）核心重点区域（如市民中心、产业基地、产业园区、众创空间等）及重点行业（如交通运输、制造业、商业地产、教育、医疗等）试点开展 F5G 建设，利用核心重点区域的应用示范效应，带动各行各业 F5G 深度应用。三是要围绕促进信息消费，提升市民获得感幸福感，每年稳妥推进一批示范小区建设，促进全光接入网进一步向用户端延伸。

### 3. 典型场景

全光网络采用固定光纤连接，具有传输带宽大、抗干扰性强等优势，可为家庭、企业、工厂、医院等固定性和复杂场景提供强有力的网络支撑。

（1）F5G+ 数字政府

随着城市大脑、数字孪生城市建设的推进，以及"一网通办、一网统管"等管理和服务的应用不断向纵深发展，各部门在数字化履职能力体系建设过程中，对电子政务网络专线资源和承载需求提出更高要求，迫切需要充分利用 F5G 技术构建统

一、高速、稳定、安全的政务网络环境，以支撑政府各部门云桌面建设，并在确保政府数据安全的前提下，实现桌面操作无延迟，从而为提升政府日常管理和政务服务效率提供有效支撑。

（2）F5G+数字医疗

依托 F5G 技术，推动"互联网＋医院"和医疗影像数据资源建设，最大化提升医疗部门检测诊断准确率、支撑药物研发、医学影像数据归集共享、助力远程诊疗，能够有效发挥有限的卫生医疗资源价值。通过在医疗机构部署基于 F5G 的医疗网络，可以省去传统 LAN 网络多层次分布，实现从单点管理整个网络及各病房内的智能终端，整体运维效率能够提升约 60%。

（3）F5G+智慧校园

F5G 技术可为智慧课堂、线上教学等提供支撑，并有力保障校园安防设施、校园行政管理工作的高效推进。全光架构的校园网可更好地承载智慧课堂、电子班牌、视频监控、IP 数字广播与无线 AP 等多种业务系统，为师生提供更便利的教学、管理、服务体验。

（4）F5G+智能制造

全光网络在大型园区的应用有利于园区企业搭建多业务、大带宽的工业级网络，实现生产管理更加精细可视，制造水平和产品质量大幅提升。以长飞科技园为例，全光网络技术的应用，不仅能够突破铜缆 100 米的距离限制，而且能够实现建网成本下降 45% ～ 60%，能耗节省 40% ～ 60%。

### 4. 标杆案例

（1）北京：光网之都

2023 年 8 月，北京市通信管理局、北京市经济和信息化局联合印发关于印发《"光网之都，万兆之城"行动计划（2023—2025 年）》的通知，在全国率先以政策文件形式推动通信基础设施向"万兆光网"方向演进升级。

① 发展目标：行动计划提出，北京将大力推动 F5G-A 光通信技术发展应用。该技术在当前千兆网络基础上新增光感知与可视化、实时韧性联接、绿色全光网三方

面特性，实现十倍带宽、十倍能效、工业级时延与高可靠性和光通感一体的全面能力提升。北京市计划通过三年时间，在进一步夯实千兆基础设施底座基础上，率先开展万兆光网创新技术试点应用，使北京逐步成为万兆光网为基础的网络能力领先、创新应用领先、前沿示范领先的"全光万兆"样板城市。其发展目标涵盖光网建设规模、光网应用普及、F5G-A 万兆光网试点等多个方面。北京市"光网之都，万兆之城"主要指标及发展目标如表 4.2 所示。

**表4.2　北京市"光网之都，万兆之城"主要指标及发展目标**

| 序号 | 类别 | 指标 | 2025 年目标 |
| --- | --- | --- | --- |
| 1 | 光网建设规模 | OTN 底座 | 全市泛在覆盖 |
| 2 | | OTN 站点数 | 3 个 / 万人 |
| 3 | | 高速直连网络覆盖 | 市内算力间、环京算力间和京津冀国家算力枢纽间 |
| 4 | | OXC（全光交叉）市内重要站点覆盖率 | 90% |
| 5 | | 骨干链路 400G 端口占比 | 70% |
| 6 | | 10G PON 端口占比 | ≥ 80% |
| 7 | | FTTR（光纤到房间）用户占比 | ≥ 20% |
| 8 | 光网应用普及 | 典型行业应用案例 | ≥ 2000 个 |
| 9 | | 行业应用 | 政务、金融、医疗、教育、制造、文旅、酒店、中小企业、办公园区等 |
| 10 | | 家庭应用 | 智能家居、远程办公、远程教育及直播带货等 |
| 11 | F5G-A 万兆光网试点 | 50G PON、800G 等 F5G-A 万兆光网创新技术试点 | 打造 10 个万兆应用示范标杆 |
| 12 | | | 推进 50G PON 技术在企业园区、工业制造等应用场景的商用部署 |
| 13 | | | 加快单波 800G 高速光传输技术在算力互联场景的试点部署 |

②主要任务：北京市"光网之都，万兆之城"行动计划主要任务涉及全光底座、全光城市、全光企业、全光家庭、全光乡村、全光算力和安全保障七个方面 11 项任务，其主要任务视图如图 4.2 所示。

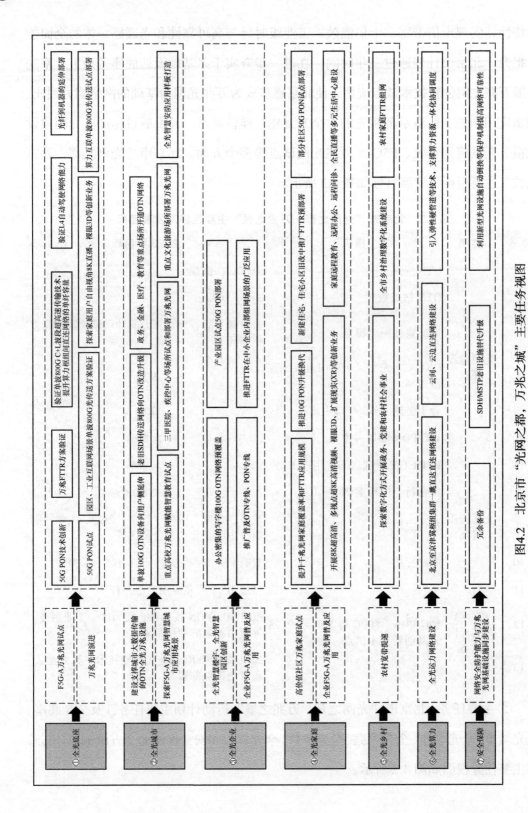

图4.2 北京市"光网之都、万兆之城"主要任务视图

（2）上海：光耀申城

2024 年 5 月，上海市通信管理局、上海市经济和信息化委员会联合印发《上海市"光耀申城"万兆启航行动计划（2024—2025 年）》，旨在促进万兆光网技术演进和应用创新发展，推动全光网络向绿色敏捷、实时韧性、可视感知的万兆光网迈进，实现传输带宽、光连接数、绿色能效十倍以上增长，助力上海发展新质生产力、建设具有世界影响力的"国际数字之都"。

① 发展目标："光耀申城"行动计划将按照"建用研"工作思路，适度超前打造具有国际领先水准的万兆光网基础设施。行动计划在宏观层面设置的发展目标包括全面赋能与支撑上海城市数字化转型，推动 50G PON、Wi-Fi 7、400G 光传输、OXC、10G 以太光等 F5G-A 关键技术成熟商用，抢占高价值万兆光网融合应用新赛道，推动高潜力万兆光网创新企业加快集聚，推动上海市新质生产力发展和建设具有世界影响力的"国际数字之都"。在具体落实上，行动计划将以上宏观目标细化分解为万兆光网设施能力、万兆光网融合应用、万兆光网技术创新和关键技术商用等 4 个方面。上海市"光耀申城"万兆启航行动主要指标及发展目标如表 4.3 所示。

表4.3　上海市"光耀申城"万兆启航行动主要指标及发展目标

| 序号 | 类别 | 指标 | 2025 年目标 |
|---|---|---|---|
| 1 | 万兆光网设施能力 | 50G PON 端口数 | 率先达到万级规模 |
| 2 | | 50G PON 和 FTTR 部署 | 新建住宅、商务楼宇及产业园区全面部署，全市特色产业园区万兆光网接入能力全覆盖 |
| 3 | | OTN 节点数 | ≥ 4.5 个 / 每万人 |
| 4 | | "一跳入算"的数据中心全光直连网络 | 基本建成 |
| 5 | | 400GE 超融合数据中心 | ≥ 3 个 |
| 6 | 万兆光网融合应用 | 万兆光网融合应用 | ≥ 2 万户 |
| 7 | | 万兆光网小区 | 100 个 |
| 8 | | 万兆光网商务楼宇 | 100 个 |
| 9 | | 万兆光网标杆园区 | 10 个 |

| 序号 | 类别 | 指标 | 2025 年目标 |
|---|---|---|---|
| 10 | 万兆光网融合应用 | 万兆光网行业应用场景 | 覆盖智能制造、智慧文旅、智慧交通、智慧医疗、数字金融、智慧教育、数字政务等行业 |
| 11 | 万兆光网技术创新 | 新型光纤、50G PON 多模演进、800G+超高速传输、VoWi-Fi、城域池化波分、光自智网络、通感一体等技术 | 技术创新取得显著进展 |
| 12 | 万兆光网技术创新 | 标准体系 | 基本构建万兆光网技术和应用领域标准体系 |
| 13 | | 万兆光网产学研平台 | 打造 3 个以上 F5G-A 万兆创新中心 |
| 14 | 关键技术商用 | 50G PON、Wi-Fi 7、400G 光传输、OXC、10G 以太光等 F5G-A 关键技术 | 全面成熟 |

② 主要任务："光耀申城"行动计划按照基础设施建设→融合应用→产业创新的底层逻辑，共设置提升万兆光网全光接入能力、打造万兆光网泛在全光通道、构建万兆光网算力调度网络、强化万兆光网智能管理能力等 15 项任务，其主要任务视图如图 4.3 所示。

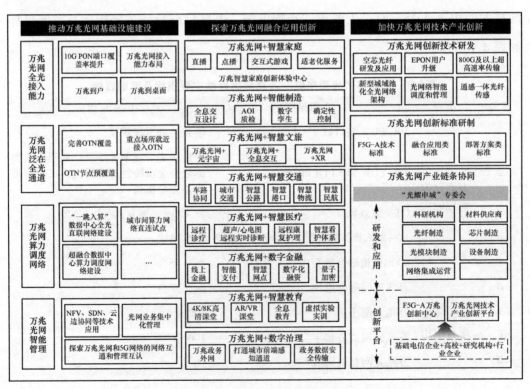

图4.3 上海市"光耀申城"行动计划主要任务视图

（3）贵州：千兆黔省

为促进全省数字经济与实体经济深度融合，赋能各行业转型升级，加快推动贵州省建设数字经济发展创新区，2024年7月贵州省人民政府办公厅印发贵州省"千兆黔省、万兆筑城"行动计划（2024—2025年）。行动计划包括总体要求、"千兆黔省"主要任务（全省）、"万兆筑城"主要任务（贵阳）及保障措施4个部分16项主要任务。

① 发展目标：贵州"千兆黔省、万兆筑城"行动计划的战略路径是：围绕"四新"主攻"四化"，全力打造"四区一高地"。直接目标是：完善贵州全省数字基础设施和服务体系；将贵州省打造成为全国首批千兆省份之一，2025年贵州全省城镇、农村基本实现千兆光网、5G网络全覆盖；率先将贵阳市打造成万兆城市。到2025年，贵阳市光纤网络具备"万兆到户"、移动网络具备万兆下行能力。间接目标包括促进贵州全省数字经济与实体经济深度融合、赋能各行业转型升级和助力贵州省数字经济发展创新区建设。

贵州"千兆黔省、万兆筑城"行动战略路径如图4.4所示。

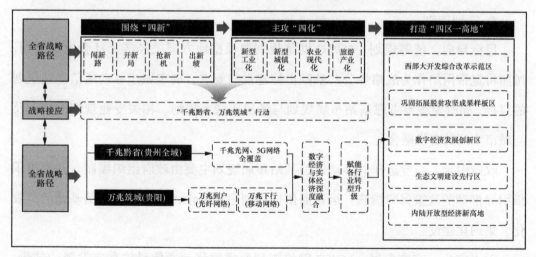

图4.4　贵州"千兆黔省、万兆筑城"行动战略路径

② 主要任务：贵州"千兆黔省、万兆筑城"主要任务视图如图4.5所示。围绕打造"千兆黔省"，贵州省部署了光网强基、5G网络提升、"IPv6＋"创新及"双千兆"应用深化4项行动。同样，围绕贵阳市"万兆筑城"，安排了"扬帆之城"、

算力固基、运力筑基和产业提升 4 项行动。

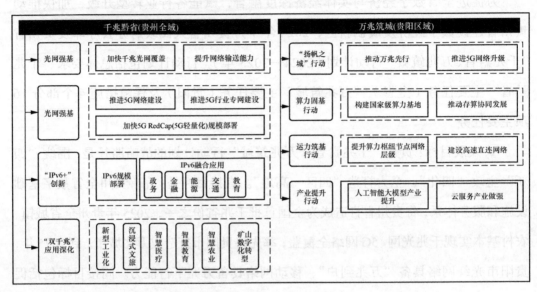

图4.5　贵州"千兆黔省、万兆筑城"主要任务视图

## 4.3.2　5G/6G 网络规划设计

### 1. 规划原则

目标导向，统筹规划。5G/6G 网络规划要根据地方国民经济及社会发展规划，按照将宽带网络作为战略性公共基础设施建设的要求，确定城市移动通信基站规划的目标；同时要统筹考虑基站布局规划与各层次城乡规划、相关专业规划的协调及与城市空间的有机融合。

政府引导，企业运作。移动通信基站布局规划主要由政府组织编制、并提出积极引导推动的政策保障措施。运营商依据规划主动运作，实现移动通信基站的高效化、集约化建设。

重点突出，有序发展。5G/6G 网络规划要根据移动通信科技高速发展的趋势，按照问题导向与目标导向兼顾的原则，突出不同规划片和期限内的重点内容，坚持规划的管控职能与可操作性并重，从而指导各区（县）移动通信基站的有序建设。

资源共享，绿色生态。5G/6G 网络规划中的基站设置不仅涉及空间资源，同样也涉及能源供应、传输等方面的一系列要素。在具体规划中要以站址集约为切入点，进一步强化多要素的集约利用。在空间上倡导移动通信行业内的共享；倡导移动通信行业与其他城市公共设施行业的共享，实现移动通信设施的节约绿色发展

### 2. 关键影响因素

影响 5G/6G 网络规划的关键因素主要有以下几个方面。

（1）城市人口规模

5G/6G 网络规划要充分考虑城市常住人口现状及增长率、各区（县）常住人口现状及增长率。

（2）城市空间层次和空间结构

5G/6G 网络规划要紧密结合城市总体规划划定的中心城区、城市规划区、核心组团、外围组团开展。

（3）城镇等级规模与主要职能

城镇等级规模重点考虑中心城区、中心城镇、重点镇、一般镇的数量和常住人口；城镇职能结构重点需结合工业型、商贸加工型、商贸旅游型、农贸旅游型等不同城镇类型进行综合考虑。

（4）基站现状

5G/6G 网络规划要充分考虑不同区县城区有效面积、宏基站密度、微基站密度及宏微基站比例、基站共享现状、社会资源（杆塔资源、建筑物资源等）共建共享现状及各运营商站址需求等因素。

### 3. 规划目标设置

5G/6G 网络规划是在城市总体规划框架内，在统一整合城市基站现状和新增基站需求的基础上，统筹布局 5G/6G 基站空间布局。目的是通过 5G/6G 通信基站的科学选址和规范建设，持续深化信息基础设施共建共享，持续提高城市基础承载、枢纽汇聚和网络服务能力，实现 5G/6G 规模组网、规模应用和节能减排。5G/6G 网络

规划的具体目标应包括以下内容。

（1）信号覆盖目标

信号覆盖目标要结合城市总体规划及人口分布，明确城区有效面积各年度信号覆盖率、城区人口各年度信号覆盖率及城市分年度深度覆盖率等指标。

（2）信号覆盖指标

在 5G/6G 网络规划中需明确提出城区、郊区等室外、室内网络上下行平均速率等指标。

### 4. 站址选择

5G/6G 基站站址选择应符合现行行业标准的相关规定。并应结合城市或区县气象、地理、地形、地质、地震、交通、城市规划、土地利用、名胜古迹、环境保护、投资效益等因素及生活设施综合比较选定。在符合相关要求的前提下，宜优先选择在公共建筑、公共场地或公共设施上。

### 5. 铁塔建设

铁塔设施建设应遵循以下基本原则。

① 铁塔设施建设应遵循"集约利用存量资源、能共享不新建"原则。基站建设方要充分统筹区内基础电信运营商的需求，优先改造利用存量设施，持续提升共建共享水平。

② 本地电信企业如遇租用站址、机房等各种设施的，不得通过签订排他性协议阻止其他通信运营商进入。

③ 拟新建铁塔如当期仅承接一家基础电信企业租用需求的，必须及时将拟建铁塔所属片区、站点名称、经纬度、塔型及可共享内容等信息向铁塔建设所及有关主管部门报备，作为后续控制同址新建铁塔设施的相关依据。同时应及时告知其他基础电信企业以便共享租用。

④ 基站杆塔资源应同步向公安、市政、交通运输、电力等部门开放共享，各行业在信息化建设时应优先使用基站杆塔资源，最大程度实现"一杆多用""一塔多用"。

#### 6. 工程配套

城市或区县范围内建设工程配建 5G/6G 移动通信基础设施，应遵循共建共享原则，统筹考虑建设方案，并应满足多家通信运营商平等接入的要求。

存在移动通信网络覆盖需求且需要建设移动通信设施的建筑物的，应结合移动通信设施的建设方案同步配建移动通信基础设施。

房屋建筑工程应按建设用地面积配建移动通信基站。配建的移动通信基站基础设施包括基站机房、支撑设施、通信用外市电引入及防雷与接地装置等，以及连接上述设施的线缆路由可以通过建筑物的内外部管道贯通衔接。

# | 4.4　算力基础设施规划设计 |

算力是集信息计算力、网络运载力、数据存储力于一体的新型生产力，主要通过算力基础设施向社会提供服务。统计数据显示：算力需求每 12 个月将增长一倍，在算力上每投入 1 元，将带动 3～4 元 GDP 经济增长。根据工业和信息化部有关数据，截至 2023 年底我国算力总规模已达到 230EFLOPS，近五年年均增速接近 30%。预计到 2025 年，全国算力规模将超过 300EFLOPS。

## 4.4.1　算力基础设施的主要形态

根据《数字中国建设整体布局规划》，现阶段我国算力基础设施的形态主要包括通用算力、超级算力、智能算力和边缘算力四大类。

（1）通用算力

通用算力一般指基于 CPU 芯片输出的计算能力，主要用于处理广泛的计算任务，是目前最常见的算力类型。通用算力的载体是通用数据中心，主要面向政府或企业提供低成本的数据处理、传输、存储服务。

（2）超级算力

超级算力指由超级计算机输出的极高性能计算能力，主要通过分布式高性能集群计算系统进行大规模计算任务。超级算力在尖端科学领域发挥着重要作用，如行星模拟、基因分析、药物分子设计等。超算中心的基础架构通常包括数千个高性能计算机节点、存储系统和网络设备，注重计算性能、存储能力和网络带宽。

（3）智能算力

智能算力指由 GPU、FPGA、ASIC 等加速计算平台提供的 AI 计算能力，主要用于人工智能的训练和推理计算，比如语音、图像和视频的处理。它采用大量的流处理器和并行计算单元，可以同时执行多个线程或计算任务，以加快图形和图像数据的处理速度。智能算力在人工智能的训练和推理计算中发挥着关键作用，不仅推动了人工智能技术，也为各行各业带来了前所未有的变革。智算中心是提供智能算力的主要载体，它是基于 GPU、FPGA 等芯片构建智能计算服务器集群，提供智能算力的基础设施，主要应用于多模态数据挖掘，智能化业务高性能计算、海量数据分布式存储调度、人工智能模型开发、模型训练和推理服务等场景。智算中心注重 AI 特定的计算需求，其基础架构通常包括 AI 芯片、高性能算力机组、大规模存储系统和高速网络设备。

（4）边缘算力

边缘算力即边缘计算，通常是指在靠近物或者数据源头的网络边缘侧，融合网络、计算、存储、应用核心能力的开放平台，就近提供边缘智能服务，满足行业数字化在敏捷联接、实时业务、数据优化、应用智能、安全与隐私保护等方面的关键要求。边缘算力在成本、时延、隐私上相对于云端算力具有天然优势，可以作为云端算力的补充，将 AI 的多样化、海量复杂需求进行本地化预处理，并将其导向大模型，实现 AI 触及万千场景。因此它是云计算在面向 AIoT 大流量、即时性等要求下，为满足更广连接、更低时延、更好控制等需求，向终端和用户侧延伸形成的一种新型算力解决方案。边缘数据中心规模较小，单体规模一般不超过 100 个标准机架，通常部署在网络边缘、靠近用户侧，实现对边缘数据计算、存储和转发等功能，支撑具有极低时延需求的业务应用。

## 4.4.2　算力基础设施的衡量指标

算力是数据中心的服务器通过对数据进行处理后实现结果输出的一种能力，是衡量数据中心计算能力的一个综合指标，数值越大代表综合计算能力越强。包含以 CPU 为代表的通用计算能力，以 GPU 为代表的高性能计算能力。最常用的计量单位是每秒执行的浮点运算次数（FLOPS，EFLOPS=$10^{18}$FLOPS）。据测算，1EFLOPS 约为 5 台天河 2A 或者 50 万颗主流服务器 CPU 或者 200 万台主流笔记本的算力输出。

## 4.4.3　算力基础设施布局规划

### 1. 国家整体布局

算力基础设施的区域整体布局必须与国家整体布局相适应相衔接。2021 年 7 月，工业和信息化部印发《新型数据中心发展三年行动计划（2021—2023 年）》的通知，在全国范围内启动新型数据中心建设布局优化行动，囊括建设国家枢纽节点、建设各省新型数据中心、灵活部署边缘数据中心、改造升级"老旧小散"数据中心、布局海外新型数据中心 5 项任务。2022 年 2 月，国家发展改革委等多部委联合印发通知，同意在京津冀、长三角、粤港澳大湾区、成渝、内蒙古、贵州、甘肃、宁夏等 8 地启动建设国家算力枢纽节点，在全国范围内规划建设 10 个国家数据中心集群，标志着我国"东数西算"工程拉开序幕。

全国新型数据中心建设整体布局如图 4.6 所示。

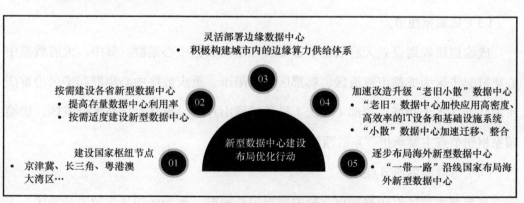

图4.6　全国新型数据中心建设整体布局

全国一体化算力网络国家枢纽节点整体布局如图4.7所示。

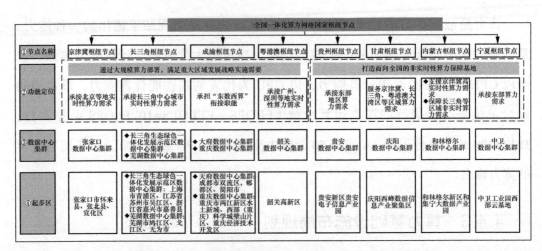

图4.7　全国一体化算力网络国家枢纽节点整体布局

（1）京津冀枢纽节点

京津冀枢纽规划设立张家口数据中心集群。起步区为张家口市怀来县、张北县、宣化区。主要承接北京等地实时性算力需求。辐射范围为华北、东北乃至全国。

（2）长三角枢纽节点

长三角枢纽规划设立长三角生态绿色一体化发展示范区数据中心集群和芜湖数据中心集群。其中，长三角生态绿色一体化发展示范区数据中心集群起步区为上海市青浦区、江苏省苏州市吴江区、浙江省嘉兴市嘉善县。芜湖数据中心集群起步区为芜湖市鸠江区、弋江区、无为市。长三角国家枢纽节点主要承接长三角中心城市实时性算力需求。

（3）成渝枢纽节点

成渝枢纽规划设立天府数据中心集群和重庆数据中心集群。其中，天府数据中心集群起步区为成都市双流区、郫都区、简阳市。重庆数据中心集群起步区为重庆市两江新区水土新城、西部（重庆）科学城璧山片区、重庆经济技术开发区。成渝国家枢纽节点主要承担"东数西算"衔接职能。

（4）粤港澳枢纽节点

粤港澳大湾区枢纽规划设立韶关数据中心集群，起步区边界为韶关高新区。主要承接广州、深圳等地实时性算力需求，引导温冷业务向西部迁移。辐射范围为华南乃至全国。

（5）贵州枢纽节点

贵州枢纽规划设立贵安数据中心集群，起步区边界为贵安新区贵安电子信息产业园。贵州枢纽以支持长三角、粤港澳大湾区等为主，主要负责承接东部地区算力需求。

（6）甘肃枢纽节点

甘肃枢纽规划设立庆阳数据中心集群，起步区边界为庆阳西峰数据信息产业聚集区。国家对甘肃枢纽节点的定位是重点服务京津冀、长三角、粤港澳大湾区等区域的算力需求。

（7）内蒙古枢纽节点

内蒙古枢纽规划设立和林格尔数据中心集群，起步区边界为和林格尔新区和集宁大数据产业园。内蒙古枢纽节点因具有与京津冀毗邻的区位优势，主要定位一是为京津冀高实时性算力需求提供支援；二是为长三角等区域提供非实时算力保障。

（8）宁夏枢纽节点

宁夏枢纽规划设立中卫数据中心集群，起步区边界为中卫工业园西部云基地。国家对宁夏枢纽节点的主要定位是：一是承接东部算力需求；二是发挥宁夏地区可再生能源富集的优势，引导数据中心走高效、清洁、集约、循环的绿色发展道路。

### 2. 区域布局原则

（1）需求牵引原则

省域、市域算力基础设施布局规划当以市场需求为导向，以业务应用为牵引，在充分考虑盘活存量算力资源的基础上，紧密结合重点行业、优势行业对算力应用的潜在需求，科学预测国民经济和社会发展对新增算力的建设需求，合理布局通用计算、智能计算、超级计算、边缘计算等多元算力资源。

（2）区域协同原则

省域、市域算力基础设施布局规划应坚持全国、全省一盘棋，充分融入全国一体化算力网,深化东西部算力协同合作,促进省域、市域数据中心合理布局,强化算网存用协调发展,避免区域间盲目无序竞争。

(3)多元供给原则

省域、市域算力基础设施布局规划要强化政府引导作用,充分发挥市场在资源配置中的决定性作用,调动各类市场主体积极参与算力基础设施建设运营,通过政社联动共同打造通用计算、智能计算、超级计算等多元算力资源协同发展的供给体系,实现区域算力资源布局优化、供需联动、开放竞争。

(4)赋能产业原则

省域、市域算力基础设施布局规划应加强算力服务产业链顶层设计和建设,围绕算力芯片、先进存储等有关领域,推动核心技术攻关和关键软硬件产品国产化,催生更多全栈自主可控解决方案,提升普惠算力供给服务水平,激发千行百业智能算力、边缘算力等全场景应用创新活力,推动算力与实体经济融合发展。

(5)绿色低碳原则

省域、市域算力基础设施布局规划应坚持绿色发展理念,强化绿色低碳技术、绿色产品、清洁能源推广应用。针对低效存量数据中心,宜综合运用政策性和市场化手段逐步引导"老旧小散"数据中心完成升级改造或腾退。针对新建大型数据中心,按行业有关规定对省域、市域整体上架率偏低的地区加强规划引导,并明确数据中心建成投产后电能利用效率(PUE)。

(6)安全可靠原则

省域、市域算力基础设施布局规划应坚持安全与发展并重,坚定不移走自主可控发展路线,高度重视网络、应用、数据、产业链等各领域各环节安全管理和能力建设,推动构建完善的安全保障体系和本地自主可控算力生态,全面提升算力基础设施自主防护水平,切实保障算力基础设施和重要信息系统安全稳定运行。

### 3. 发展目标设计

算力基础设施目标体系总体框架如图4.8所示,即结合地区实际,从计算能力、存储能力、网络运载能力、利用效率、应用赋能、产业发展、绿色低碳等不同维度展开。实际工作中目标设置应尽量做到定性与定量相结合，且指标维度不宜过多，一般以 3 ～ 5 个维度为宜。

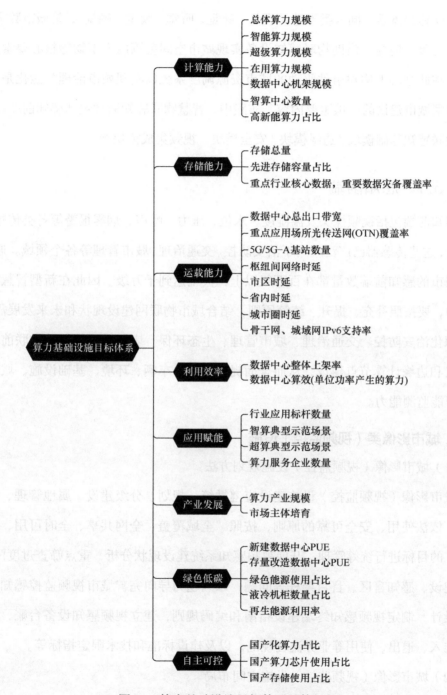

图4.8　算力基础设施目标体系总体框架

# | 4.5 物联感知设施规划设计 |

物联感知体系如同人类五感（视觉、味觉、听觉、嗅觉、触觉），是城市数字化、智能化的重要前提。借助物联感知设备实现城市空间范围内人事物等核心要素的数字化，在此基础上构建事件驱动的城市资源调度系统以实现城市治理智能化是当前新型智慧城市建设的一项重要内容。实践中，智慧物联感知通常包括感知前端建设、智慧物联感知基础模块 / 边缘模块 / 安全模块、视频集成模块等。

## 4.5.1 感知前端

感知前端包括视频探头及温湿度、水位、压力、噪声、烟雾报警等各类传感器。现阶段，这些传感器已广泛应用于治安防控、交通治理、城市管理等各个领域。通常，一个城市的感知前端数量都在百万级以上，甚至达到千万级。因此在新型智慧城市建设中，要按照补充、提升、统筹原则，结合城市物联网建设现状和未来发展需求，持续深化治安防控、交通治理、城市管理、生态环保、应急管理等领域物联前端感知节点和边缘计算节点建设，从而全面提升人脸、车辆、环境、基础设施、城市部件等智能监测能力。

### 1. 城市影像类（视频监控）设施

（1）城市影像（视频监控）设施规划方法

城市影像（视频监控）设施建设应遵循统一规划、分级建设、属地管理、资源共享、依法使用、安全可靠的原则，按照"全域覆盖、全网共享、全时可用、全程可控"的目标进行统筹管理，开展视频感知系统建设现状分析，重点筛查过度配置、重复建设、感知盲区、盲目架杆等问题，以问题为导向完善城市视频监控感知体系顶层设计，制定视频感知终端建设指南和编码规则，建立视频感知设备台账，明确申请准入、退出、使用等业务流程规范，以及建设标准和技术限定指标等。

（2）城市影像（视频监控）设施空间布局

下列涉及公共安全、公共服务和管理的场所或者区域，其重要出入口、主要通道或者要害部位应当建设安装公共视频系统。

① 国家机关和广播电台、电视台、报社等重要新闻单位，通信、邮政、金融单位和国家重点建设工程单位。

② 机场、港口、车站等重要交通枢纽，高速公路、国省干道、城市街道和中心城镇区域的重要交通路段，大型桥梁、隧道、地下通道等重要交通路口，地铁、轻轨、客运车船等重要交通工具。

③ 大型能源动力设施、水利设施和城市水、电、燃油、燃气、热力供应设施。

④ 幼儿园、学校、科研、医疗机构，博物馆、档案馆和重点文物保护单位。

⑤ 大型商贸、物流、物资储备中心，大型广场、停车场、公园、森林、湿地、旅游景区，文化娱乐、体育健身、餐饮、宾馆、民宿、网吧等场所。

⑥ 研制、生产、销售、储存危险物品或者实验、保藏传染性菌种和毒种的单位。

⑦ 国防科技工业重要产品的研制、生产单位。

⑧ 货币、贵金属和有价证券的制造、储存场所和运输设备。

⑨ 应急疏散场所、大型地下空间等设施。

（3）监控点位的选择

城市影像（视频监控）设施监控点位选择一般应遵循以下原则。

① 根据建设对象进行科学性选择。前端报警监控点的位置、区域及数量，应根据辖区社会治安实际情况，经认真勘查、分析、论证后，按照"先重点，后一般"的原则确定。

② 根据监控对象进行选择。应根据监控对象和治安特点分别采取全天候、多方位、固定、定时或移动侦测的方式对目标进行实时、有效、清晰的监视。

③ 根据监控范围和位置进行选择。前端摄像机应根据监控现场环境和监控范围合理地选择摄像机，配置合适的镜头及辅助光源等，保证对监控区域的有效覆盖。

（4）监控设备布设

① 在城市道路、路口、广场等有实时巡控需求的开放性区域，可以使用球型摄像机。

② 在不规则路口或特殊环境区域,可选择枪型摄像机和球机摄像机配合使用,采用"一杆两机""一杆三机"的方式,灵活组合,提升视频采集效率。

③ 城区出入口监控系统:主要作用是对车辆进行监控,适合使用固定摄像机,可以选择结构化相机和普通相机,对于监控点的视频清晰度要求高,需配置性能较好的摄像机和镜头(能准确地记录交通情况、交通事故、交通流量、车牌号码等)。摄像机采用低照度宽动态高清晰机型,在逆光环境下采用逆光补偿技术来清晰地看到背景下的物体,在夜间光照不足的情况下采用辅助光源来看清物体。

④ 候车厅、车站广场等场所:宜采用高速智能球型摄像机实现快速定位与跟踪,监控半径大于300米宜选用30倍或以上光学变焦,少于300米的根据现场实际情况选用26倍或以上光学变焦,为方便操作可以选择带三维智能定位功能的高速一体化球型摄像机。

⑤ 候车厅、车站广场、售票大厅:需要设立具有变焦、变距的摄像机用于拍摄特写,并能看清票面上的颜色,分析票面的大小。摄像机水平分辨率建议达到480线以上。

⑥ 商业区、步行街、农贸市场、证券交易市场、人才(劳动)市场、商业批发市场、水上船只停泊点、流浪乞讨人员聚集区宜采用低照度彩色转黑白一体化摄像机。

⑦ 娱乐场所监控系统:使用时间一般在夜间(存在光线不足的情况),可以采用带红外夜视功能的摄像机或者在摄像机配红外灯模式,红外灯的有效距离应该在5米以上。

**2. 城市脉搏类(传感、定位、射频识别)设施**

城市脉搏类(传感、定位、射频识别)设施建设,宜按照社会安全、城市管理、自然环境等行业进行划分,重点关注城市建筑、道路桥梁、园林绿地、地下管廊、水利水务、燃气热力、环境卫生、城市停车、城市公交、能源微网等领域,由各行业主管部门牵头统筹开展行业感知体系建设,完善本行业感知体系顶层设计,明确终端编码规则,摸清终端家底,制定建设标准和技术限定指标,明确申请准入、退出、使用等业务流程规范，以及相关单位终端建设边界和范围，在此基础上统筹推进行业内感知终端建设工作。

### 4.5.2　智慧物联感知基础模块

智慧物联感知基础模块需提供安全可靠的设备连接通信能力，以帮助用户将海量设备数据采集上云。同时还需要提供功能丰富的设备管理能力和 API 以帮助用户实现物联网应用的快速集成及设备的远程维护。

功能要求：模块应包含设备连接、设备通信、设备管理、服务使能、设备安全、数据转发、场景管理、集成实施等核心功能。

能力要求：模块应具备异构通信支持、多类型设备连接、多协议与数据标准化统一、物模型应用的标准化集成、端到端安全可信链等基本能力。

### 4.5.3　物联感知边缘模块

随着万物互联从概念走向落地，物联网设备数量、物联网数据体量正处于爆发式增长中。由于物联网设备在地理位置上的分散性，以及对响应时间、安全性的要求越来越高，要求越来越多的物联网数据需要在边缘侧进行分析、处理与存储，而物联感知边缘模块的主要作用正是实现更多数据在边缘进行处理。实践中，物联感知边缘模块应具备批量管理、容器应用管理、边云数据通道等能力。

### 4.5.4　智慧物联感知安全模块

智慧物联感知安全模块负责提供设备安全、用户安全、接入安全、数据安全、连接安全、安全分发、安全认证、安全运营管理等能力。

（1）设备终端与边缘安全

应提供积木式多重安全套件，包括多种安全等级、多类安全载体的可信安全套件，应满足可信身份认证、安全存储环境、安全执行环境、容器安全保护、边缘安全审计等要求。

（2）网络连接安全

应提供全终端安全连接能力，在保障传输过程数据机密性、完整性、可用性同时，并可适用于轻资源占用的智慧物联感知终端。

（3）设施设备运营安全

应能通过对设备行为的持续监控、持续分析，为 IoT 系统的管理者提供全周期、一站式、可视化的安全风险监控能力，这些能力通常包括风险感知、风险分析、风险预警、风险处理、安全漏洞检测修复、异常行为阻止等。通过设施设备安全运营能力建设，能够帮助 IoT 系统的管理者全面评估各个节点和终端设备运行过程中的各类安全风险。

## 4.5.5　视频集成模块

视频集成模块负责为业务应用提供视频服务，主要包括：

① 在视频设备与视频应用之间建立安全加密的数据传输通道与存储服务；

② 提供 IPC 直连或通过边缘节点接入能力；

③ 提供视频直播、录像、存储、报警、语音、控制等基础视频功能；

④ 提供丰富的 API 与 SDK，帮助有关部门快速完成视频场景搭建；

⑤ 提供视频算法云端训练、配置、算法容器下发能力，使摄像头具备大脑分析功能；

⑥ 提供视频结构化分析能力，实现视频非结构化数据向结构化数据转变，便于通过视频量化分析具体情况。

# | 4.6　数据基础设施规划设计 |

## 4.6.1　政策环境分析

### 1. 数据要素相关政策

人类社会发展到今天，已先后经历了农业化、工业化和信息化时代，正在加快迈入"万物智能时代"，经济社会各领域正在迎来一场由数据驱动的深层次、全方位数字化变革。其中最典型特征就是数据资源呈现爆发式增长和海量式集聚的发展态势，不仅一跃成为重要的劳动对象和关键的生产要素，更是成为当今时代决定全社会经济产出水平的关键变量之一。由此推动工业化时代的经济产出函数 =F（技术进步、资本、劳动力、土地）正加快为"万物智能时代"F'（技术进步、数据要素、资本、劳动力、土地）所替代。大数据作为"万物智能"时代永不枯竭的"资源富矿"特质更加凸显，因此也顺理成章成为国家基础性战略资源和推动经济社会发展的关键要素。社会不同发展阶段的经济产出函数如图 4.9 所示。

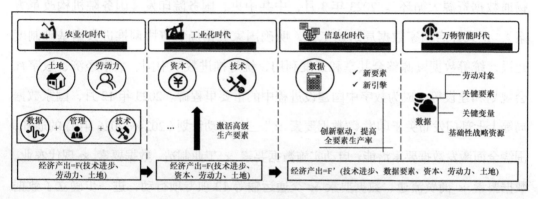

图4.9　社会不同发展阶段的经济产出函数

近年来，以数字中国战略的提出为起点，党中央、国务院和有关部委对数据资源顶层设计的重视程度不断提升。2015 年 8 月，国务院出台《促进大数据发展行动纲要》，是我国大数据领域第一份权威性、系统性的政策文件，标志着大数据正式上升至国家战略层面。2016 年 12 月，工业和信息化部出台《大数据产业发展规划（2016—2020 年）》，聚焦大数据产业发展中的关键问题，提出"打造数据、技术、应用与安全协同发展的自主产业生态体系"，目的在于全面提升我国大数据的资源掌控能力、技术支撑能力和价值挖掘能力。2017 年 12 月，习近平总书记在十九届中央政治局第二次集体学习时强调"要加快建设数字中国，构建以数据为关键要素的数字经济"。2020 年 4 月，中共中央、国务院印发《关于构建更加完善的要素市场化配置体制机制的意见》，明确将数据资源上升到与资本、土地、劳动生产要素同等重要的战略地位，提出要培育数据要素市场，这是国家层面首次对数据要素市场建设进行系统性规划，标志着数据要素市场化改革正式启动。2021年12月，国务院办公厅印发《要素市场化配置综合改革试点总体方案》，正式拉开"探索建立数据要素流通规则"工作序幕。2022年12月，中共中央、国务院印发《关于构建数据基础制度更好发挥数据要素作用的意见》，从数据产权、流通交易、收益分配、安全治理四方面初步搭建我国数据基础制度体系，提出让高质量数据要素"活起来、动起来、用起来"的20条政策举措。2023年2月，中共中央、国务院印发《数字中国建设整体布局规划》，要求"夯实数字中国建设基础，打通数字基础设施大动脉，畅通数据资源大循环"。2023年3月，中共中央、国务院印发《国务院机构改革方案》，正式开启国家数据局组建工作，明确国家数据局负责协调推进数据基础制度建设，统筹数据资源整合共享和开发利用，统筹推进数字中国、数字经济、数字社会规划和建设等，成为数字中国建设进程中的重要里程碑。2023年12月，国家数据局等十七部门发布关于印发《"数据要素×"三年行动计划（2024—2026年）》的通知，围绕全面激发数据要素潜能，启动实施数据要素×工业制造、数据要素×现代农业、数据要素×商贸流通、数据要素×交通运输等12项专项行动，进一步确立了数据要素在经济社会发展有关重点领域的关键地位，标志着多元数据融合的时代正式到来。进入2024年，《数字社会2024年工作要点》《数字商务三年行动计划（2024—2026年）》《数字经济2024年工作要点》《关于深化智慧城市发展 推进城市全域数字化转型的指导意见》等系列文件陆续出台，推动数据资源利用与数字中国建设的融合进程不断加速。

**2. 数据基础设施相关政策**

国际范围内，美国政府于1993年率先提出"国家空间数据基础设施"概念，并于1994年启动国家空间数据基础设施建设，此举引发世界各国高度关注并纷纷规划建立自己的国家空间数据基础设施。此后，美国先后于2003年启动了《国家空间数据基础设施远景规划》、2014年出台了《美国国家空间数据基础设施（NSDI）战略规划（2014—2016）》。2020年，欧盟委员会出台欧盟顶层数据发展战略——《欧盟数据战略》，提出重点发展以数据空间为核心的数据基础设施，计划建设制造业、交通、健康、金融、能源、农业、公共管理等10余个领域的公共数据空间。

2024 年 7 月 18 日，中国共产党第二十届中央委员会第三次全体会议通过《中共中央关于进一步全面深化改革　推进中国式现代化的决定》（以下简称《决定》），首次明确提出"建设和运营国家数据基础设施，促进数据共享"。虽然，我国政府在正式文件中明确提出建设国家数据基础设施相对较晚，但实际上我国对国家数据基础设施的建设布局已持续多年，在《决定》出台之前，国家有关部委已陆续出台了多个有关文件，一方面为我国建设和运营国家数据基础设施奠定了坚实基础，另一方面也为各级地方政府开展数据基础设施规划设计提供了总体遵循。我国数据资源领域主要政策脉络如图 4.10 所示。

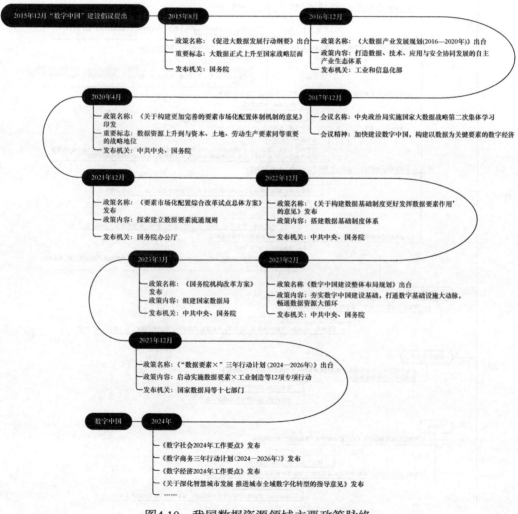

图4.10　我国数据资源领域主要政策脉络

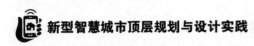

我国数据基础设施相关政策如图 4.11 所示。

图4.11  我国数据基础设施相关政策

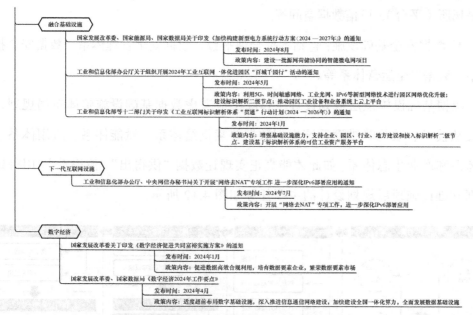

图4.11　我国数据基础设施相关政策（续）

## 4.6.2　规划设计的工作范围

国家数据局提出，数据基础设施是从数据要素价值释放的角度出发，在网络、算力等设施的支持下，面向社会提供一体化数据汇聚、处理、流通、应用、运营、安全保障服务的一类新型基础设施，是覆盖硬件、软件、开源协议、标准规范、机制设计等在内的有机整体。根据定义，数据基础设施顶层规划设计工作的核心工作范围应至少包括以下内容。

① 通信网络基础设施：包括 5G/6G、光纤、卫星互联网等。

② 物联感知基础设施：包括城市影像、城市脉搏类感知设施，物联网感知平台等。

③ 新型算力基础设施：包括数据中心、数据资源池、通用算力、智算中心、超算中心、云计算等。

④ 数实融合基础设施：包括工业互联网、智能网联设施、数字低空基础设施、智慧市政设施、智慧能源设施等。

⑤ 数据流通基础设施：包括政务服务数据共享平台、公共数据开放平台、数据

交易场所（平台）、可信数据空间等。

⑥ 数据安全基础设施：包括数据合规平台、数据安全管理体系、数据安全技术体系、数据安全运营体系等。

数据基础设施顶层规划设计工作除了应考虑数据基础设施整体布局规划，还需要从技术、政策等维度系统谋划数据要素供给体系、赋能体系、应用体系、运营体系和产业生态体系，如此才能真正实现让数据"供得出""流得动""用得好"。数据基础设施顶层规划设计的主要任务如图4.12所示。

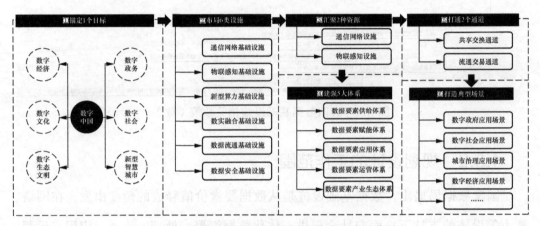

图4.12　数据基础设施顶层规划设计的主要任务

## 4.6.3　数据流通设施规划设计

数据的高效流通是数字经济快速发展的基础。中共中央、国务院《关于构建数据基础制度更好发挥数据要素作用的意见》明确提出"构建集约高效的数据流通基础设施，为场内集中交易和场外分散交易提供低成本、高效率、可信赖的流通环境"。当前，国内以5G、光纤、卫星互联网等为代表的网络设施建设已较为成熟，国家发展改革委、国家数据局等部门通过发布《关于深入实施"东数西算"工程加快构建全国一体化算力网的实施意见》对算力设施也做了明确部署。因此，加快数据流通交易设施部署，加快打通数据共享流通堵点，将是下阶段我国数据基础设施体系建设的工作重点。

现阶段我国数据要素市场建设整体仍处于起步期，行业内对数据要素高效流通的探索大致可分为开放、共享、交易 3 种模式，典型的数据流通交易设施包括政务服务数据共享平台、公共数据开放平台、数据交易机构（国家级数据交易场所、区域性数据交易场所、行业性数据交易平台）及作为数据流通交易前提的可信数据空间。数据开放、共享、交易 3 种流通模式的特点对比如图 4.13 所示。

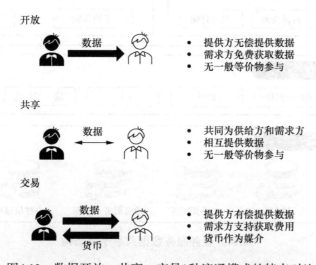

图4.13　数据开放、共享、交易3种流通模式的特点对比

### 1. 政务服务数据共享平台

政务服务数据共享平台是面向各级政务部门，维护政务数据资源目录、汇聚基础信息资源、管理共享交换需求，提供数据安全与运行监控保障，支撑跨部门、跨地区开展政务数据共享交换的关键数据基础设施。作为支撑互联网政务服务门户、政务服务管理平台、业务办理系统运行的基础数据平台，包括集中汇聚的政务服务事项库、办件信息库、社会信用等业务信息库和共享利用的人口、法人、地理空间信息、电子证照等基础信息库，以及政务服务数据共享交换的支撑系统。

根据国务院办公厅"互联网＋政务服务"技术体系建设指南，政务服务数据共享平台通常由基础资源层、平台支撑层、共享交换层、平台前置层组成，其架构如图 4.14 所示。

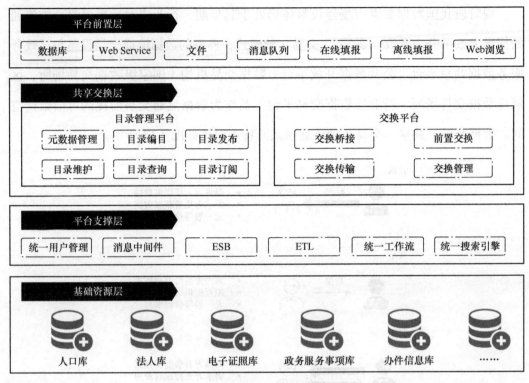

图4.14　政务服务数据共享平台架构

① 基础资源层：汇聚人口库、法人库、电子证照库、政务服务事项库、办件信息库等基础资源库。

② 平台支撑层：主要提供统一用户管理、消息中间件、ESB、ETL、统一工作流、统一搜索引擎等工具，实现接口封装、数据抽取、数据清洗、数据转换、数据关联、数据对比等功能。

③ 共享交换层：由目录管理平台和交换平台构成。目录管理平台提供元数据管理、目录编目、目录发布、目录维护、目录查询、目录订阅等功能；交换平台提供交换桥接、前置交换、交换传输、交换管理等功能，为信息定向交换传输和形成基础信息资源库提供支撑。

④ 平台前置层：指跨地区、跨部门、跨层级交换共享的政务信息数据前置区域，承担着整个平台的对外服务，包括数据库、Web Service、文件、消息队列、在线填报、离线填报、Web 浏览等交换方式。

## 2. 公共数据开放平台

公共数据开放平台是基于公共数据开放目录汇聚政务部门和公共服务组织可开放数据，面向社会提供可机读、可下载数据服务的信息化管理系统，是促进数字经济发展的关键信息基础设施，也是政务部门和公共服务组织在安全保密、公共利益导向前提下，面向自然人、法人和非法人组织以非排他形式提供公共数据的重要载体。

（1）平台功能

公共数据开放平台的主要功能包括：开放数据目录展示、数据检索、分类导航、数据内容预览、开放条件展示、数据请求、数据接口、数据地图、数据统计分析、数据开放管理、数据纠错、生态接入、开发者工具等。

（2）数据资源

公共数据开放平台数据资源可按照领域、主题、行业、政府部门、核心场景等进行分类。按照所属领域，公共数据资源规划设计的参考维度包括商贸流通、气象服务、科技创新、教育文化、资源能源、医疗卫生、安全生产、信用服务、城建住房、财税金融、市场监督、生态环境等；按照所属主题，公共数据资源规划设计的参考维度包括劳动、人事、民政、社区、文化、卫生、体育、科技、教育、商业、贸易、国防、军事等；按照所属行业，公共数据资源规划设计的参考维度包括农、林、牧、渔业，制造业，建筑业，批发和零售业，住宿和餐饮业等；按照核心场景，公共数据资源规划设计的参考维度包括交通出行、城市安全、培训就业、教育、婚育、就医、社会保险等。

某市公共数据开放平台的数据分类示意如图 4.15 所示。

图4.15　某市公共数据开放平台的数据分类示意

### 3. 国家级数据交易场所

数据交易机构是各级各类数据交易所和数据交易平台的统称。根据中共中央、国务院《关于构建数据基础制度更好发挥数据要素作用的意见》的文件精神，我国数据交易机构可分为国家级数据交易场所、区域性数据交易场所和行业性数据交易平台3类。

国家级数据交易所是全国性法定数据交易场所，主要职责是在突出和强化其公共属性和公益定位的前提下，负责数据交易市场的合规监管和基础服务，推进数据交易场所与数据商功能分离，鼓励各类数据商进场交易等。区域性数据交易场所和行业性数据交易平台原则上必须与国家级数据交易场所互联互通。

### 4. 区域性数据交易场所

区域性数据交易所是一定区域内公共数据及特色数据产品和服务的流通交易场所。近年来，随着人工智能、大数据、大模型、数字经济的迅猛发展，数据交易需求快速兴起，各地区、各行业数据交易市场建设进程不断加快。国家数据局《数字中国发展报告（2023年）》显示：目前全国已有数十个省市上线公共数据运营平台，其中20多个省市成立了专门的数据交易机构，主要分布在华东、华北和华南沿海地区经济发展较快的城市，典型的有贵阳大数据交易所、北京国际大数据交易所、上海数据交易所、深圳数据交易所、广州数据交易所等。

（1）核心职能

区域性数据交易所设立的初衷在于为数据交易参与方提供资源整合、信息发布、交易撮合等服务提供场所。因此，数据交易所的职能主要包括三方面。一是作为资源整合者，将数据供给方、数据需求方及法律咨询、资产评估、数据清洗等服务方整合到平台上，推动供需之间实现高效配置。二是作为产品及服务提供者，主要提供原始数据、数据产品及数据清洗、数据标识、数据挖掘等数据服务。三是作为行业审查者，在数据交易前，审查交易双方的准入资质，确保供给方的数据合规，需求方的使用合规；在交易进行时，通过数据确权、数据价值评估、数据交易等相关规则与制度规范数据交易事项；在交易完成后，通过相关规范文件，确保数据使用合规合法。

（2）数据来源

现阶段区域性数据交易所的数据来源主要有以下渠道：政府公开数据、企业内部数据、网页爬虫数据、数据供应方提供的数据等。

（3）产品类型

参考北京、上海、深圳、贵阳等地数据交易所建设经验，区域性数据交易所的产品类型通常包括气象、电力、燃气、交通、地理等数据产品，数据标注、数据分析、数据挖掘、内容检测、质量校验等数据工具，数据治理、隐私计算、数据接口等数据服务，以及数据模型、分析报告、应用程序等。除此之外，随着人工智能应用的快速发展，算力、算法等新型数据产品正在加速涌现。如贵阳大数据交易所已上线包括算力基础设施和算力技术服务在内的算力资源，以及企业生产风险监控分析、企业用电波动分析等算法模型。上海证券交易所也于近期挂牌糖尿病、垂体瘤、冠心病、颈椎病等多个专病数据模型。

### 5. 行业性数据交易平台

行业性数据交易平台定位于服务行业数字化转型和行业数据开发利用，助力数实融合发展。中共中央、国务院《关于构建数据基础制度更好发挥数据要素作用的意见》明确支持"探索用于产业发展、行业发展的公共数据有条件有偿使用"，"大力培育贴近业务需求的行业性、产业化数据商"，这些都为行业性数据交易平台的发展提供了良好的政策环境。目前，国内数据确权等基础制度尚不完善，定价模式和价格形成机制仍处于探索阶段，数据交易缺乏成熟有效商业模式等原因，导致国内数据交易平台大多选择提供综合数据服务作为发展路径，行业性数据交易平台多依附于区域性数据交易平台开展建设，如浙江省数据交易服务平台即采取区域专区＋行业特色专区＋综合专区融合建设模式，其中浙东南工业数据专区围绕"工业产业大脑、工业经济值统计、工业企业信息、工业外贸数据"四大主题，已上架包括

水暖阀门行业 - 产品采购主数据、水暖阀门行业 - 产品主数据标准、水暖阀门行业 - 产品生产主数据和水暖阀门外贸数据等多款可交易的数据产品，已经具有明显的行业性数据交易平台属性。此外贵阳市数据交易所开设的气象、电力、电信、水文等行业数据专区等从严格意义上来看也可视为行业性数据交易平台的一种早期形态。未来随着全国要素市场的逐步成熟，行业性数据交易平台有望成为下一个增长热点。

### 6. 可信数据空间

可信数据空间是基于共识规则，联接多方主体，实现数据资源共享共用的数据流通利用基础设施，是数据要素价值共创的应用生态，是支撑构建全国一体化数据市场的重要载体。国家数据局《可信数据空间发展行动计划（2024—2028 年）》（征求意见稿）明确提出：实施可信数据空间能力建设、开展可信数据空间培育推广、推进可信数据空间筑基三大行动，力争到 2028 年，建成 100 个以上可信数据空间。

（1）可信数据空间运营者能力要求

根据"可信数据空间能力建设行动"，可信数据空间运营者能力建设主要包括 3 方面内容，如图 4.16 所示。一是可信管控能力，包括接入认证体系、空间资源合作规范、履约机制、空间行为和数据存证体系、数据资源开发利用全程溯源等。二是资源交互能力，包括提供数据资源封装、数据资源目录维护等必要技术手段；提供数据产品和服务统一发布、高效查询渠道；建立数据空间参与方跨主体互认机制，推动各类数据空间互联互通和跨空间身份互认、资源共享、服务共用等。三是价值共创能力，包括共性应用场景应用开发环境的建设，共建共治、责权清晰、公平透明运营规则的建立，以及数据开发、数据经纪、数据托管、审计清算、合规审查等数据服务生态的建设等。

（2）可信数据空间的建设方向

根据"可信数据空间培育推广行动"，现阶段我国可信数据空间建设主要包括五大方向，分别是企业可信数据空间、行业可信数据空间、城市可信数据空间、个人可信数据空间和跨境可信数据空间，具体如图 4.17 所示。

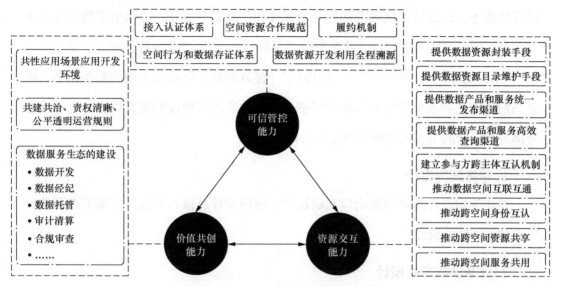

图4.16　可信数据空间运营者能力建设内容

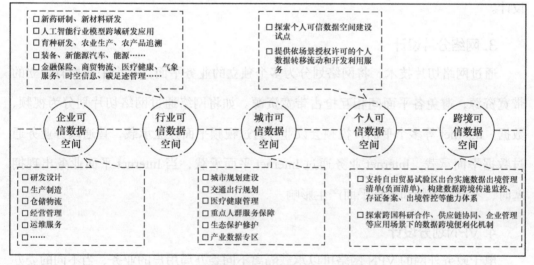

图4.17　可信数据空间建设的五大方向

# 4.7　数字政务基础设施规划设计

## 4.7.1　政务外网规划设计

电子政务外网主要承载政务部门面向社会的专业性服务业务和不需在涉密内网

运行的业务，以满足各级政务部门社会管理和公共服务需要。加强电子政务外网统筹建设、推进多级互通、打通政务服务"最后一公里"，是实现政务服务"最多跑一次""一网通办""一网统管""一网协同""接诉即办"等创新应用的重要抓手，也是当前各级政府新型智慧城市建设特别是数字政府改革建设的重要内容。电子政务外网规划设计的主要内容通常包括以下内容。

### 1. 总体架构设计

总体架构设计具体包括出口互联设计、链路设计及接入节点、汇聚节点和核心节点的逻辑结构设计。

### 2. 业务承载方案设计

业务承载方案设计具体包括互联网接入区、公用网络区、专用网络区等的规划设计。

### 3. 网络分片设计

通过网络切片技术，将网络划分为多个独立的业务平面，每个平面拥有独立的带宽资源，避免各平面间相互抢占带宽资源。如将网络通过网络切片划分为视频、数据、Internet 等多个平面，视频会议业务通过视频平面独立承载，普通政务业务通过数据平面承载，Internet 业务通过 Internet 平面承载，当 Internet 平面业务出现拥塞时，不会对视频和数据平面产生影响。

### 4. VPN划分设计

电子政务外网的 VPN 网络可以承载隔离不同委办局用户的业务，当不同的委办局之间需要做业务的隔离时，可将不同的委办局划分到不同的 VPN 实例，各 VPN 实例仅维护自己的路由，而看不到其他 VPN 的路由，从而达到互相隔离的目的。

### 5. QoS保障设计

为了保证关键业务的应用，需要在网络中实施 QoS 技术以保证关键业务在网络上传输的带宽和时延。政务外网 QoS 保障设计需根据 Internet 上网、普通办公、语音信令、流媒体、应急、网络管理等不同业务类型，科学合理设置各类业务优先级。

## 4.7.2　政务云规划设计

云计算是新型智慧城市建设中广泛使用的一种前沿信息技术，利用云计算技术统筹搭建存算融合的城市级云计算资源池，一方面能够有效避免各部门、各区县在云计算基础设施上的重复建设，达到节约投资的目的；另一方面能够基于统一搭建的云计算资源池在后续应用建设上获取敏捷部署红利，实现业务应用快速开发、快速上线，因此已经成为现阶段各级各地政府推进信息基础设施统建共享的普遍选择。在新型智慧城市建设中，政务云规划设计主要有以下几个重点。

### 1. 需求测算

需要结合现有存量计算存储资源、业务应用现状及未来建设需求等因素，分项详细估算每项业务对 CPU、内存及存储等资源的需求量。分析重点须包括大访问量应用系统（如门户网站、公众服务平台等）、大计算量应用系统（如数字城管、GIS 地理信息系统等）、大数据量应用系统（如视频共享平台、物联网管理平台等）。

### 2. 架构设计

通过对云计算平台的基础设施层、平台服务层、应用服务层进行科学规划和设计，以确保云计算平台建成后能够具备良好的 IaaS、PaaS、DaaS、SaaS 连续体服务能力。

（1）基础设施层

基础设施层是利用虚拟化技术，对主机、存储、网络及其他硬件设备进行整合，以形成计算池、存储池、网络池、安全池等基础资源空间，使统筹建设的云计算基础设施具备从计算、存储、网络到灾备、管理、安全等全部基础能力，从而实现对外提供数据存储、备份容灾及运行环境等基础服务。

（2）平台服务层

平台服务层主要是在基础设施层之上提供统一的平台化系统软件支撑服务，包括操作系统、云数据库、云中间件、运行环境、任务调度、开发环境等服务。平台服务层需要满足云架构部署方式，要求能够通过虚拟化、集群、负载均衡等技术提

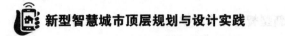

供云状态服务，并可以根据需要随时定制功能及动态扩展。

（3）业务应用层

业务应用层负责承载各类政务应用，为云使用单位提供互联网业务和政务外网业务服务。

### 3. 规划要点

云计算平台规划设计应包括计算资源池设计、存储资源池设计、网络资源池设计、云管理平台设计、云安全方案设计等主要内容，各部分规划设计要点如表4.4所示。

表4.4　政务云规划设计要点

| 方案重点 | 规划设计要点 |
|---|---|
| 计算资源池设计 | 计算资源池配置建议 |
| | 服务器选型建议 |
| | 应用服务器部署建议 |
| | 关键数据库部署建议 |
| 存储资源池设计 | 存储架构设计 |
| | 存储功能设计 |
| | 存储容量设计 |
| | 存储管理系统设计 |
| 网络资源池设计 | 网络架构设计 |
| | 网络分区分域设计 |
| 云管理平台设计 | 云资源管理系统设计 |
| | 云资源服务门户设计 |
| | 云运营管理平台设计 |
| 云安全方案设计 | 计算环境安全 |
| | 通信网络安全 |
| | 区域边界安全 |
| | 虚拟化安全 |
| | 网络安全监控 |
| | 安全运维服务 |

# | 4.8　融合应用设施规划设计 |

## 4.8.1　城市生命线

城市供水、排水、燃气、热力、管廊等重要基础设施,是维系城市正常有序运行、满足群众生产生活需要的生命线。城市生命线的规划设计是否科学,直接影响着后续建设管理工作的精细化水平,以及城市在预防和应对燃气爆炸、桥梁坍塌、城市内涝、管网泄漏及其导致的路面塌陷等重大安全风险时的整体韧性。

(1)规划原则

**安全第一**。城市生命线在规划设计之初就要充分考虑应用物联网、云计算、大数据等信息技术与工程设施管理有机融合,在燃气、桥梁、供水、排水等多领域基础设施布设前端传感器,对其安全运行进行实时监测,发现问题及时预警并分析处置,保障基础设施的安全运行,避免造成城市安全事故的发生,减少人员伤亡和经济财产损失。

**系统治理**。城市生命线规划设计宜将城市作为有机生命体,加强城市地上、地下两个空间内市政基础设施的统筹规划,尤其是立体化监测网络的规划和设计,实现地下设施与地面设施协同建设。

**预防为主**。城市生命线规划设计需在全面摸清地上、地下市政基础设施底数和风险点的基础上,找准市政基础设施风险源。针对年久失修、带病作业的基础设施,分级分类制定更新改造计划。同时要充分依托新一代信息技术搭建监测系统和信息平台,实现市政基础设施运行状态的全面感知、自动采集、监测分析、预警上报与智能处置,推动市政基础设施管理模式从事件应对向事前预防转型。

(2)监测系统规划设计

城市生命线融合应用设施规划设计应从城市地上、地下各类市政基础设施整体安全运行出发,以城市生命线运行状况的透彻感知、风险识别、分析研判、辅助决策为中心,系统谋划城市生命线立体监测网络,从而全面提升城市燃气、桥梁、供水、排水、热力、综合管廊、消防等有关领域安全风险防控能力。参照相关行业标准和实际项目经验，在城市生命线监测感知网规划设计工作中，常见的监测内容如表 4.5 所示。

表4.5　城市生命线监测感知网络常见监测内容

| 序号 | 设施类型 | 监测重点 | 监测内容 |
|---|---|---|---|
| 1 | 燃气管网 | 燃气管线 | 燃气管网压力、燃气管网流量、管道腐蚀情况 |
| 2 | | 燃气场站 | 视频监控 |
| 3 | | 相邻地下空间 | 甲烷气体浓度 |
| 4 | | 用气餐饮场所 | 可燃气体浓度 |
| 5 | 供水管网 | 配水管网 | 流量（累计流量、瞬时流量、峰值流量）、压力、漏水情况、水质（浑浊度、余氯） |
| 6 | | 供水泵站 | 流量（累计流量、瞬时流量、峰值流量）、压力、漏水情况、水质（浑浊度、余氯）、水位、设备状态 |
| 7 | 排水管网 | 雨水管网 | 降雨量、压力、水位（河道、积水点、管道）、流量、井盖位移 |
| 8 | | 提升泵站 | 水位、出口流量、设备状态 |
| 9 | 污水管网 | 关键节点 | 流量、液位、pH值、氨氮、悬浮物、总氮、总磷、井盖位移 |
| 10 | | 污水泵站 / 污水处理厂 | 流量、液位、可燃气体浓度、有毒有害气体、水质 |
| 11 | 热力管网 | 管道 | 流量 |
| 12 | | 疏水阀 | 温度、压力 |
| 13 | | 管道周围土壤 | 温度 |
| 14 | | 井盖异动 | 井盖位移 |
| 15 | 综合管廊 | 廊内环境 | 温湿度、氧气浓度、水位、有毒有害气体浓度、可燃气体浓度 |
| 16 | | 廊体结构 | 结构应变、形变、沉降、裂缝 |

## 4.8.2　智慧桥梁

智慧桥梁是利用布设于桥梁现场的各类传感器、数据采集和传输、数据处理与管理、数据分析和应用等软硬件设备，实时获取桥梁环境、结构、荷载等信息，在此基础上借助人工智能、大数据等技术对有关信息进行处理及分析，进而实现对桥梁结构状态、健康状况等的智能化评估及对桥梁异常状况的智能预警、自动报警和智慧管养。智慧桥梁健康监测应根据桥梁运行环境、结构、受力特点、技术状况及典型病害、风险管控和智慧管养需求进行系统建设和应用。现阶段，业界主流的智慧桥梁监测系统主要由传感器、数据采集传输、数据存储、状态识别、智慧评估、智慧管养、用户端（大屏、PC 端、移动端）等子系统组成。

　　智慧桥梁健康监测的首要任务是根据智慧桥梁系统的监测应用目标（如风险诊断、病害分析、智能预警等）明确桥梁运行环境、交通荷载、结构响应等具体监测内容及各自对应的重点监测项目。图 4.18 所示为智慧桥梁常见的监测项目。但在实际工作中，具体的监测项目还需结合不同类型的桥梁（如斜拉桥、悬索桥、梁桥、拱桥等）进行选择。

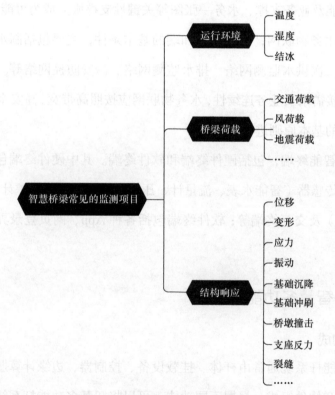

图4.18　智慧桥梁常见的监测项目

### 4.8.3　智慧水务

　　智慧水务是智慧城市的重要组成部分，是智慧城市建设的必然延伸，更是传统水务企业转型升级的重要方向。近年来，随着"两山论"科学论断的兴起及生态文明战略、智慧城市建设、海绵城市建设等利好政策的密集出台，以云计算、大数据、物联网为代表的新一代信息技术也已成为众多水司数字化转型升级的主要驱动力量。其中，融合互联网、大数据、人工智能等技术和产品形成的新型智慧水务基础设施（包括云、网、端），俨然已成为传统水司加快构建"从源头到龙头""从污水处理到再生利用"全流程水安全保障体系的重要手段。

① 云：指云计算及用以支撑云计算的基础设施及资源。通过云计算技术的引入和云基础设施的建设，传统水司机房的能力短板将会被快速弥补，使得传统水司统一部署和共享利用物联网设施设备管理、大数据资源管理、微服务应用管理等信息化核心管理功能及业务支撑、水务一张图等关键性支撑服务成为可能。

② 网：即水务物联网，是连接云和端的基本条件，主要包括制水监测网络、供水监测网络、二次供水监测网络、排水监测网络、治安防控网络等。考虑海量智能设施设备的连接需求及业务连续性，水务物联网应按照高带宽、高安全及可视、可管、可控、可运维的基本原则进行部署。

③ 端：即智能终端，包括硬件终端和软件终端。其中硬件终端包括计算机、智能手机、各种传感器（智能水表、流量计、压力计、液位计、压差计、水质监测仪、智能摄像头等）及交互终端等；软件终端包括各种 App、网页登录界面、软件终端程序等。

## 4.8.4 智慧多功能杆

### 1. 系统构成

智慧多功能杆系统通常由杆体、挂载设备、控制器、边缘计算服务器、远程应用平台等设备和构件组成。根据不同功能，可以将智慧多功能杆系统划分为物联感知层、接入汇聚层、网络传输层、平台应用层四个层级。

① 物联感知层：主要功能是通过在智慧多功能杆上挂载各类设备实现，这些设备包含具有微处理器固件的智能终端、不具有微处理器固件的非智能终端和杆体供电设备等。如智能照明、视频采集、移动通信、交通执法、公共广播、环境监测、

一键呼叫、信息发布等，同时具有权限设置、参数设置、数据采集、计算、推送、对外接口保障、信息安全等的能力。

② 接入汇聚层：负责智慧多功能杆各功能模块终端的信息采集、状态监测、控制策略管理与执行、数据传输等。接入汇聚节点可以具有一定边缘计算功能。网关 / 控制器为多种终端设备提供统一接入，将终端设备采集的数据在本地进行汇总、数据存储，协议转换和协同处理，汇聚交换机对一定区域的智慧多功能杆网关 / 控制器直连的终端设备通信数据进行汇聚。边缘计算服务器作为边缘数据中心的主要计算载体，可支持 CPU/GPU/NPU 等异构协同计算，满足行业数字化在敏捷连接、实时高并发业务、数据多样性，数据优化、应用智能、安全与隐私保护等方面的关键需求。

③ 网络传输层：主要功能是将终端设备通过接入汇聚层设备（包括网关 / 控制器、汇聚交换机 / 边缘计算服务器等）连接到管理平台，或者通过有线或无线通信网络将数据传输至应用平台层。智慧多功能杆组网可分为三层架构（终端间接连接应用平台），或者二层架构（终端直接连接应用平台）。在网关 / 控制器，边缘计算服务器配置不同的情况下，可以采用不同粒度的组网形式（比如树型、星形组网）或者混合组网。

④ 平台应用层：整个智慧多功能杆的控制管理中心，支持多功能杆的应用和业务管理，提供与其他城市系统平台的数据交换和服务连接。

### 2. 关键技术

智慧多功能杆关键技术主要包括物联感知交互（智能感知）技术、系统互联（互联互通）技术、边缘计算技术、数据融合技术、智能决策技术、业务协同技术、数字孪生技术、物联安全技术等。

① 物联感知交互（智能感知）技术：主要为智慧多功能杆挂载设备各类感知信息的采集、交互和互联互通提供支撑，在物联感知层，通过设备与平台间的接口，互操作等智能网络接口，以及感知与执行一体化模型，实现物联信息感知化和多模态的态势感知。

② 系统互联（互联互通）技术：旨在将各类感知设备收集和储存的分散信息及数据连接起来，为信息互联互通与数据共享交换提供支撑，实现数据、算力、网络、平台互联互通，贯穿接入汇聚层，网络传输层。系统互联技术通过各类物联感知设备、网络设备、平台的自组网，以及系统和平台的连接，有力推动云网互联，一网多平面，城市一张网的构建。

③ 边缘计算技术：主要在接入汇聚层，用于将各类感知设备采集的信息在本地进行解析、汇总、协议转换和协同计算处理，为数据实时分析和云边端协同智能决策提供支撑，提升边缘计算设备与云、端侧的互操作能力、计算资源动态调度能力，以满足智慧多功能杆协同算力支撑需求。

④ 数据融合技术：主要在接入汇聚层边缘计算服务节点或者中心平台应用层，针对智慧多功能杆多源异构数据的融合治理与服务进行规范，提升智慧多功能杆挂载设备的数据挖掘及知识学习能力，增强挂载设备数据关联、分析、管理、治理、运维和应用服务等关键能力，以支撑实现信息汇聚、共享、交换和有效利用。

⑤ 智能决策技术：主要在接入汇聚层边缘计算服务节点或者中心平台应用层，用于支撑智慧多功能杆管理者感知、分析智慧多功能杆挂载设备突发事件信息，构建具备事件预警与通知、信息处理和决策支持的联动机制，智能决策技术主要包括突发事件感知与建模、异构数据访问、多类型资源调度、决策过程的表现和评价等方面。

⑥ 业务协同技术：旨在将智慧多功能杆规划建设、运营管理等各领域中涉及的物理设施、信息资源连接起来，贯穿接入汇聚层和平台应用层，为实现智慧多功能杆各业务系统之间的流程整合和协同提供支撑。

⑦ 数字孪生技术：主要在平台应用层，针对智慧多功能杆规划建设中涉及的各类数据模型（数据结构、数据操作和数据约束）进行规范，建立应用领域数据模型、物联网模型等，指导智慧多功能杆数据融合和数据质量提升。

⑧ 物联安全技术：主要为智慧多功能杆各类感知设备、系统互联互通设备、平台系统等提供支撑，贯穿感知层、接入汇聚层、网络传输层、平台应用层，实现智

慧多功能杆软硬件系统的一体化安全。物联安全技术主要包含各类设备的接入安全、互联互通设备的通信安全、智慧多功能杆系统的数据安全、存储安全、管控安全、供配电设备的电气安全等方面。

### 3. 服务功能

（1）通信

移动通信：挂载移动通信基站设备，支持移动通信网络（4G/5G）信号覆盖和容量提升。

公共无线网：通过公共无线网络区域覆盖，用户可实现区域内接入网络。

物联网通信：为物联网系统提供通信连接的功能。

（2）安防

图像信息采集：通过监控摄像机采集图像信息，支持城市交通、公共安全服务的智能化管理和运行。

电子信息采集：通过智能感知设备采集人员、物体等的电子信息，支持城市交通、公共安全服务的智能化管理和运行。

（3）交通

道路交通信号指示：由红、黄、绿三色（或红、绿两色）信号灯向车辆和行人发出通行或者停止的交通信号。

道路交通标志：指导道路使用者有序使用道路的交通标志指示信息，明示道路交通禁止、限制、通行状况、告示道路状况和交通状况等信息。

道路交通智能化管理：通过挂载智能设备实现交通流信息、交通事件、交通违法事件等交通状态感知，支持道路交通智能化管理。

车路协同：通过挂载道路环境的多源感知单元，与车载终端、蜂窝车联网云平台等联合支持车路协同一体化交通体系。

智能停车：通过停车诱导设备等协助智能停车。

（4）环保

环境、气象监测：挂载环境、气象监测设施，支持环境数据的监测采集，包括大气环境数据、气象环境数据和声光环境等。

（5）照明

挂载照明设备和智能照明管理设备，通过智能化设计与精细化管控，支持路灯照明的智慧远程集中控制、自动调节等功能。

（6）其他

智慧联动：通过边缘计算、物联网模块、分布式存储等实现。

其他功能：支持公共信息导向、信息发布、能源供配、有/无轨电车供电线网、无线电监测、一键呼叫等其他功能。

第 5 章

# 新型智慧城市基础平台规划设计

# | 5.1 新型智慧城市基础平台规划设计思路 |

## 5.1.1 基本内涵

新型智慧城市基础平台是在"整合融合、共建共享"的建设理念下，统筹运用数字化技术和数字化思维，打通横向各部门、纵向各层级的业务壁垒，充分推进城市数据资源集约整合、共享复用、高效开发、全面赋能，规避重复投资、重复建设、"云网林立"和"信息孤岛"的一种新型基础平台。其核心特点是统筹规划、统筹建设。根本目的是在推动实现各部门、各层级、各区域信息化应用"网络通、平台通、数据通、业务通"的基础上，支撑城市提供生命体征感知、公共资源配置优化、重大事件预测预警、宏观决策指挥等功能。基础平台通过对城市运行大数据的实时归集、监测和分析，为使用传统管理手段难以解决的城市治理问题提供了新的解决路径和模式，尤其是在突发公共事件管理、城市交通管理、社会治安管理、生态环保等领域效果显著，为城市管理者的指挥调度、决策研判提供了有力支撑。基础平台也成为新型智慧城市建设的关键内容。

## 5.1.2 平台功能

### 1. 城市动态全域感知

基于 5G 网络、物联网、工业互联网、移动互联网等新型基础设施，开展城市生命线工程安全运行监测，推进市政设施智能化改造，实现对供水、供电、供气、供暖基础设施等能源供应设施、道路、地下管线、市政设施等运行状态的全方位感知和动态监测，对政府、企业、用户的多源多态数据资源及时采集汇聚，进一步应用区块链技术，实现感知和采集的数据可信安全共享。打造城市"领导驾驶舱"，构建城市运行监测指标体系，以可视化手段，对人口态势、城市管理、生态环境、产业发展等的变化情况进行动态监测，关注是否有指标超过安全阈值，实现对城市运行潜在安全风险和问题的预警预防。

### 2. 城市演化模拟仿真

基于城市运行态势的全域实时感知，推动城市实现人、物、建筑、事件等要素的数字化，打造"虚拟城市"，形成物理维度上的城市实体与信息维度上的虚拟城市同生共存、虚实融合，构建数字孪生城市。对接城市管理、生态环保、公共安全等业务应用，建立数据图谱和知识模型，提供从知识获取、知识存储、知识计算、知识服务到知识应用的一站式服务。通过"数字孪生城市"的模拟仿真和分析研判，可以对城市运行潜在的不良影响、矛盾冲突、危险问题等进行预警预防，进而指引和优化实体城市的管理。

### 3. 辅助领导科学决策

基于数据智慧化管理的基础平台，进一步加快推进城市数据汇聚，实现城市各类数据集中融合汇聚和综合智能分析，将推动形成"用数据说话、用数据决策、用数据管理、用数据创新"的政府决策新模式，有效提高政府对安全风险的感知、预测、防范能力。同时，基于对城市运行状态的感知和对态势内外因的认知，依托基础平台人工智能迭代计算，提供局部次优、全局最优的决策，赋能城市智能化治理，为制定城市治理策略、优化方案和突发公共事件的预警预报和处置方案等提供全面且科学的决策支持。

### 4. 应用管理协同指挥

基础平台通过整合公共安全、卫生健康、应急管理、交通运输等领域的信息系统和数据资源，对城市运行安全进行事前监测和预警、事中联合指挥和救援、事后总结和评估，通过跨部门数据联动，构建城市运行综合态势一张图。针对城市运行的动态变化和城市管理出现的突发状况，依托基础平台的人工智能分析和服务方案，实现跨部门应急协同指挥及对城市全要素的精细化管理，并提供精准化服务，实时联合多部门协同指挥，形成联合应急指挥能力，支撑城市健康高效运行，对突发事件快速响应和高效处置。

### 5.1.3 平台定位

从以下两个层面对智慧城市基础平台的定位进行介绍。智慧城市基础平台与各省级平台、市直各部门、各区（县）平台之间的关系如图 5.1 所示。

#### 1. 市级层面

智慧城市基础平台是城市数据资源和公共服务能力的承载平台，是城市信息化建设的技术总纲，为城市所有跨部门、跨行业智慧应用提供支撑。

#### 2. 区（县）级层面

智慧城市基础平台是各区（县）智慧城市建设的中心节点和调度枢纽，各区（县）根据实际情况，可自建智慧城市节点，也可复用市级建设成果。

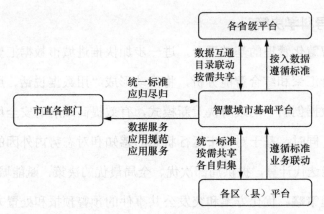

图5.1　智慧城市基础平台与各省级平台、市直各部门、
各区（县）平台之间的关系

## | 5.2　新型智慧城市基础平台规划设计具体内容 |

### 5.2.1 大数据中枢

#### 1. 建设背景

大数据最早在 20 世纪 90 年代被提出。2008 年末，美国科学家明确了大数据的概念，即体量大、数据类型繁多的一个数据集合。大数据时代的到来使信息分析方

式产生了 3 个转变，一是大数据时代的信息存储方式和技术手段使人能够分析更大量的数据样本，而不再依靠简单随机抽样。如果技术手段允许，甚至可以收集、分析针对某项特定议题的所有数据，数据分析的准确性也会提高。二是海量的、即时的数据呈现出来的规律使得数据分析的精确度变得没有那么重要。"让数据自己发声"，可能会得到很多人们以前没有意识到的数据间的联系。三是大数据时代，相关关系比因果关系更能解决问题。正如《大数据时代》书中所述"如果数百万条电子医疗记录显示橙汁和阿司匹林的特定组合可以治疗癌症，那么找出具体的药理机制就没有这种治疗方法本身来得重要。"

信息技术的进步使得城市在运行中产生了大量可归集、可分析的数据，大数据在智慧城市建设中同样也能够发挥重要作用。随着工业化和信息化的推进，城市公共安全监控摄像头、交通安全监控摄像头、多媒体显示屏等都可以捕捉、采集到大量的视频信息，其存储的数据量很大。相关数据表明，一个中等规模城市需要部署 30 万～40 万个监控摄像头，一个月保存的数据量可以达到 500TB。交通、市政、医疗、教育、公共安全、警务等领域的各类信息系统、平台运行产生的流程数据也存在着巨大的价值。各级政府部门掌握着绝大部分城市基础数据资源，但垂直管理、分散建设、不愿共享、不敢共享、不会共享等不利因素的制约，致使"数据壁垒"现象严重，海量数据处于休眠状态，数据价值无法彻底释放。随着国家对数字经济重视程度达到空前高度，我国数字化转型进入数据驱动的新时代，尤其是国家数据局的组建，体现了国家统筹数据资源整合共享和开发利用的坚定决心，标志着数据成为国家数字化转型的核心要素。从近几年新型智慧城市的实际发展情况来看，政府部门间信息资源整合与共享的需求已经越来越紧迫。

《中华人民共和国国民经济和社会发展第十四个五年规划和二〇三五年远景目标纲要》中提出"完善城市信息模型平台和运行管理服务平台，构建城市数据资源体系，推进城市数据大脑建设"。国家发展和改革委员会、中央网络安全和信息化委员会办公室等 4 部委联合印发的《全国一体化大数据中心协同创新体系算力枢纽实施方案》中提出"开展一体化城市数据大脑建设,为城市产业结构调整、经济运行监测、社会服务与治理、交通出行、生态环境等领域提供大数据支持"。城市数据大脑强调城市数据资源的整合与开发过程,融合了数据、算力和算法,是将数据资源转化成数据资产的数字基础设施,为城市数据汇聚、治理、融合提供统一支撑,提升政府大数据分析能力。近年来,各地政府为落实大数据相关政策要求,纷纷组建政府数据治理机构,在数据治理的制度化方面进行了重要创新,如海南省、江西省,杭州市、佛山市、大连市等,通过应用大数据提高了政府工作效率,提升了科学决策能力,打破了"部门数据条块分割"格局,推动跨部门数据共享和开放,带动一批科技创业企业实现数据创新应用,在此过程中不仅实现了政务数据资产的保值增值,同时,基于大数据还能提供政情分析服务、支持政府应对突发事件、提升安全风险防范水平、支持政府政策效果分析评估,为支撑政务部门之间的联动和协同及促进社会治理现代化奠定了坚实基础。

在数据驱动下,城市大数据平台日益成为新型智慧城市的核心组成平台,其内涵和功能正在不断丰富,主要体现在以下 3 个方面。

① 数据资源更加多元化。除了传统的人口、法人、地理空间、宏观经济基础数据外,越来越多的地方政府根据实际需要,已将电子证照、社会信用、物联感知基础信息、视频监控数据、社会治理数据等更多种类数据资源纳入当地新型智慧城市数据资源体系建设范畴。

② 数据质量不断提升。数据质量是衡量数据价值的重要指标之一,数据质量通常体现为共享交换数据的"完整性""准确性""鲜活性""可用性"。因此,数据治理普遍成为当前新型智慧城市建设的一项基础性任务,各地政府对数据格式、属性、更新时限、共享类型、共享方式、使用要求等的标准化、规范化管理正在不断强化。

③ 数据平台不断完善。城市大数据平台起源于早期的数据共享交换平台。近年来,在国家构建开放共享的数据资源体系的指引下,各级地方政府在城市大数据平台建设中对多源异构数据的采集、治理、共享、开放、应用等功能的重视程度正在不断

提高。

### 2. 平台规划与设计思路

智慧城市大数据平台通过沉淀全域数据资产，构建数据服务体系，打通数据"存""通""用"的难题，形成以数据为关键要素的数字经济动能，充分发挥数据资源在智慧城市运营中的重要作用。其主要实现以下两个功能。

（1）推进数据资源全生命周期管理

构建数据汇聚、开发、分析、服务、治理、应用一体化的数据支撑体系，推进集数据采集、汇聚、共享、分析和服务等功能于一体的大数据能力建设，归集沉淀城市全口径数据资源，构建统一对外的数据服务，向城市各类政务及公共服务应用提供统一接口调用，并提供数据治理、数据挖掘分析、数据追溯及数据可视化展示等功能，解决城市公共数据"汇聚难、共享难"等问题，推动实现数据汇通、部门联通、业务融通。

（2）推动各部门数据资源共享

城市数据大脑将连接分散在城市各个部门的数据资源，进行跨部门、跨领域、跨层级的数据资源整合，利用分析洞察能力解决行业发展难题、挖掘产业发展新机会，实现由数据聚变引领产业裂变，让数据帮助城市思考、决策和运营，实现精细化城市管理和精细化社会治理，解决城市管理难题。

### 3. 平台规划与设计内容

（1）建设目标

依托智慧城市数据库系统建设，可有效整合各政府部门所掌握的全市经济社会信息资源，满足政府业务对统一数据资源共享的需求，进而提升形势分析预测水平，为政府进行发展规划、投资布局、管理创新、科学决策等提供强有力的支持，提高政府部门掌控区域经济社会发展态势的能力。

数据全生命周期治理包括数据源（数据采集和归集）、数据治理、数据融合、数据分析和数据应用等环节，如图 5.2 所示。

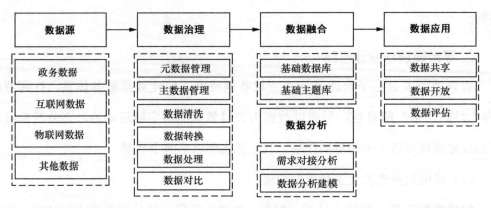

图5.2　数据全生命周期治理

① 全面梳理资源目录，促进数据资源共享交换。

梳理数据需求清单、责任清单、负面清单，构建统一发布、集中管理、动态更新、共享使用的政务数据资源目录，促进全市数据资源的共享交换，为智慧城市基础平台的建设提供数据支撑。

② 全方位数据归集，支撑跨部门应用。

构建全方位获取、全网络汇聚、全维度整合的城市数据资产感知采集体系，明确数据需求，打破"数据壁垒"、拓宽数据获取渠道，对数据挂接和采集过程进行集中统一控制和规范管理，以多种数据采集方式实现各业务主管部门的数据归集，为跨部门的应用提供支撑。

③ 规范数据治理，保障数据资源的可信可用。

数据治理工作在组织规范、制度规范、流程规范、技术规范的制定和执行的保障下，围绕着数据全生命周期治理，通过数据标准设计、数据模型设计、主数据设计、元数据设计、数据质量管理和数据全生命周期管理，保障数据资源的可信和可用。

④ 数据高度融合，支持部门决策。

全面构建智能处理、精细治理、分类组织的大数据资源融合处理体系。建立人口、法人、地理空间、宏观经济、社会信用、电子证照及物联网感知基础信息等基础数据库，为各职能部门提供信息服务和决策支持。围绕政务服务、公共服务、经济运行、社会治理、城市管理、卫生健康、交通运输、市场监管、生态环保、应急管理、监管执法、社区基层服务、教育服务、养老服务、文旅服务及体育服务等领域，满足决策指挥、应急管理、综合服务、内部办公需要。

**人口基础数据库**：包括公民年龄、性别、职业、民族、语言、受教育程度和婚姻信息等，能够为人口预测、制定人口政策和开展国民经济规划提供重要的依据，这些数据一般来自公安部、民政部、人力资源和社会保障部、教育部等相关部门。

**地理空间数据库**：以电子地图、影像等为基础，包括地名地址、道路、行政区划、地籍、建筑物、地下管线、植被覆盖、土地利用等基础数据，这些数据一般来自自然资源和规划局、房屋管理局等部门。

**宏观经济数据库**：聚焦国民账户、财政、社会人口、金融市场、劳动市场、消费品市场、投资、国际贸易等宏观经济主题。数据一般来自统计局、工商局、财政局等相关部门。

⑤ 对接分析场景，释放政务数据价值。

数据分析服务主要满足两类数据应用场景，一类是基础通用型数据分析服务，梳理各业务应用通用分析需求，通过数据分析平台提供统一分析服务，简化上层应用建模过程，降低建模难度，同时避免算力浪费；另一类是场景复杂、技术难度高的计算模型。

⑥ 构建共享服务体系，提供精准数据服务。

全面构建统一调度、精准服务、安全可控的大数据共享服务体系。充分挖掘数据资源潜能、打通数据交换渠道、丰富数据服务模式，有效支撑各部门业务应用。"以共享为原则，不共享为例外"，推进跨系统、跨部门、跨层级、跨地区、跨领域数据的按需互通共享。梳理社会对政务数据开放的需求，制定开放计划，推进政务数据资源以机器可读的方式向社会统一集中开放。

（2）建设内容

数据中枢总体架构如图5.3所示。

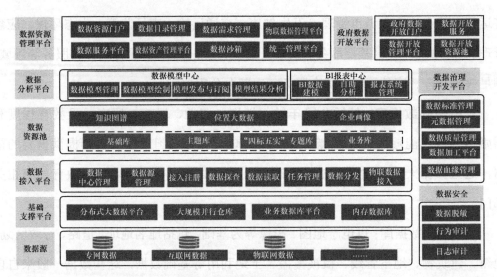

图5.3 数据中枢总体架构

**基础支撑平台**为数据中枢提供了底层平台，包括分布式大数据平台、大规模并行仓库、业务数据库平台、内存数据库，以及云计算资源及边缘计算能力，为数据中枢提供了具有高可用性的应用开发及运行环境、强大的数据存储及计算能力。

**数据接入平台**实现多源异构数据的高效、灵活接入与分发，并以数据应用为导向，进行数据过滤、数据清洗、数据转换等标准化数据处理，提升数据价值密度与可用性。

**数据资源池**以数据服务和业务应用为导向，基于数据归集与数据治理形成基础库、主题库和"四标五实"（标准作业图、标准地址库、标准建筑物编码、标准基础网格和实有人口、实有房屋、实有单位、实有设施、实有物联网数据）专题库，根据智慧应用业务需求建设业务库，依托集中统一的数据资源沉淀形成知识图谱、位置大数据、企业画像等数据服务，通过数据资源集中集约、分级分类的模式为上层应用提供支撑。

**数据分析平台**是一个自助式、定制化的数据建模平台。它可以让业务单位基于大数据资源和基础服务能力，定制出本业务单位所需的数据应用模型，开放基于规则的数据分析挖掘接口，从而促使数据逻辑通过模型从应用汇聚到数据层面，提升业务部门数据与业务的融合效率。

**数据资源管理平台**实现数据的分层和解耦，沉淀公共数据。通过数据建模实现跨域数据整合和知识沉淀；通过数据管控和数据治理从组织保障、工作机制和流程确定、数据战略制定、数据管理和治理、数据开发运维、数据运营等角度保证数据质量；建立全市统一的数据资源门户，通过数据服务实现对数据的封装和开放，支撑全市各部门的信息化。

**数据治理开发平台**从数据治理和开发两个维度进行数据加工。数据治理实现对数据模型表、程序、数据开发的质量检查，以及数据采集、数据稽核同步能力。数据开发主要作为开发者工作模块，实现数据模型开发、程序开发、程序模板开发功能，开发者可快速完成程序、数据模型的高效开发、测试和管理。

**政府数据开放平台**实现政府数据的开放共享，通过建设数据开放平台，有效整合来自政府职能部门、事业单位等的公共数据资源，推动公共数据资源的开放共享。让公共数据资源充分融合，社会对公共数据资源进行充分利用，合力构筑数据基础设施，有利于释放数据能量。

## 5.2.2　应用支撑中枢

应用支撑中枢作为基础性支撑平台，主要定位是为各类信息化应用提供功能完整、性能优良、可靠性高的业务和技术公共组件，解决应用系统建设中的共性问题。应用支撑中枢架构包括应用运营平台、应用接入平台、应用支撑平台、应用开发平台和应用服务平台五大模块，如图 5.4 所示。

**应用运营平台**：提供可视化运营、数字化运营和一站式运维能力，包括数据运营管理、应用权限管理和运营成效分析等功能，满足业务部门"线上一网、线下一窗"式政务服务模式的创新需求。

**应用接入平台**：为上层应用和第三方应用提供基础应用支持，方便应用快速接入应用中枢。

**应用支撑平台**：提供业务层支撑，包括统一身份核验、统一用户中心等。

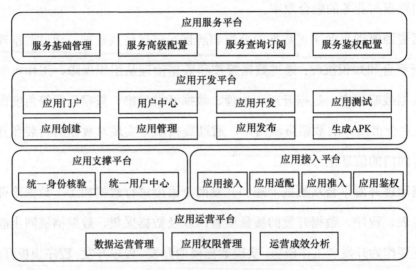

图5.4 应用支撑中枢架构

**应用开发平台**：是集约化、一站式的云端应用开发平台，能够实现"一次开发、多端运行"，支持微信小程序、支付宝小程序、App 等常见移动应用，业务开发方可在平台上快速建设、上线各类移动应用。

**应用服务平台**：提供移动互联网、传统互联网、微信小程序等统一服务入口，为公众提供一站式服务，推动社会公共服务的汇聚。

## 5.2.3 人工智能中枢

### 1.建设背景

2018 年，工业和信息化部在国务院新闻办公室举行的新闻发布会上指出，将强化部省合作联动，加快打造一批特色突出、辐射带动作用明显的人工智能产业集群。人工智能技术被产业界视为极具影响力的智慧城市创新引擎。人工智能基础设施主要包含算力支撑、算法支撑及人工智能开放平台几大部分。人工智能与大数据、云计算等各项技术间的关系密不可分，共同推进智慧城市建设进程。云计算、人工智能、深度神经网络等技术的发展，为大规模数据信息的处理带来新的技术革新。借助人工智能技术，城市管理者能够基于海量城市数据进行知识推理并构建知识网络，以推演事物背后的深层逻辑、形成智能洞察和认知，让城市运行管理平台能够实现智能化地感知城市生命体征，对城市全域进行精准分析、整体研判、协同指挥、科学治理。

（1）人工智能支撑智能应用

利用人工智能技术进一步丰富和完善城市感知系统的信息维度，实现全面感知、宽泛互联和智能融合的应用，形成以各类感知数据结合为支撑的新型智慧城市形态。人工智能平台深度集成大数据、移动互联、云计算、区块链、遥感卫星等前沿技术，在此基础上构建各类人工智能算法模型库，提供模型复用、推理分析、自动转换、快速编排等通用能力，进而成为城市各类人工智能场景快速构建的"通用工具箱"。

（2）数据智能分析

在实现城市全面感知的基础上，应用数据挖掘、自然语言处理和知识图谱等人工智能技术进行认知计算、知识推理等。通过人机交互形式，可以辅助管理者进行预测和决策判断、形成预案或指令，实现跨部门、跨领域、跨层级的全局协同的智能决策支持服务，使城市从人、物、事、设施的聚合体升级为具有类似生命体功能的智能体。

### 2. 平台功能

（1）面向人工智能应用场景提供 AI 算法与模型能力

人工智能中枢基于数据中枢，提供模型 / 算法库、模型设计与训练、复用标注管理、监控服务等一系列 AI 能力支持，主要由算法引擎、算法仓库、算法训练和算法服务开放 API 等组成。智能中枢应具备面向基础平台各种应用场景提供 AI 算法与模型的能力，为人工智能应用构建全生命周期支持，支持各类开发人员全角色协同工作，提供包含机器学习、深度学习和联邦学习的算法级、组件级、引擎级和应用级全栈输出能力。

（2）实现人工智能通用服务共享复用

通过在人工智能中枢建立一套智能算法模型全生命周期管理平台和服务配置体系，可以实现业务智能化和智能业务化，降低各部门、各层级、各行业人工智能使用门槛。作为外部请求（业务平台）的唯一入口，人工智能中枢可以对外提供全结构化服务，通过内部服务调度，对外屏蔽不同算法 API 的差异，并应能支持可视化建模，支持算法模型的共享和复用，加速 AI 在各应用场景落地。按照人类智能和机器智能有机融合的思路，利用机器学习驱动的交互可视分析方法迭代演进，不断优化，提升智能算法执行效率和性能，保证数据决策的有效性，以服务和适应不断变化的城市各种应用场景。

（3）支撑人工智能应用场景快速构建

基于海量数据和高性能算力，全面融合大数据、人工智能等先进技术，建设集智能算法、专家知识库、业务场景管理、监控预警等于一体的人工智能中枢，通过对智能服务组件的共享复用，以及对研发流程的标准化、自动化管理，可极大提升各部门、各行业人工智能业务应用开发和部署效率。

（4）支撑人工智能应用场景动态迭代

人工智能中枢是人类智能和机器智能相结合、专业经验和数据科学相融合的一种新型信息基础设施，能够基于机器学习的不断优化，支撑人工智能应用场景动态迭代。

（5）经济高效地满足人工智能应用对通用算法的共性需求

人工智能中枢提供一站式数据分析与挖掘服务，可以支撑数据挖掘和建模的全部流程。人工智能中枢的算法规划基于城市场景应用中的算法共性需求，具备数据洞察、预测、分类、优化决策等基础能力。它集成主流的机器学习算法库，内置丰富的机器学习算法，包括基础的聚类算法、回归算法等经典机器学习算法，也提供了文本分析、图像处理等深度学习算法。

（6）支持用户自定义算法组件

应用开发用户在需要使用人工智能赋能具体业务时，对于通用功能（如车辆、车型识别）可直接调用既有模型库中的模型。对于定制化功能，可选择合适的算法与数据源搭建训练与推理流程，而不需要关注训练与推理环境搭建与计算资源配置等问题，有利于用户将精力集中在选取最适宜解决问题的算法模型上。此外，在算法模型的使用过程中，人工智能中枢根据预先设定的迭代周期，自动执行算法模型的迭代优化工作。

### 3. 建设内容

人工智能中枢作为智慧能力支撑平台，提供完整的智能模型、全生命周期管理和 AI 应用敏捷开发能力。主要定位为智能模型的共享复用和快速编排，为前台业务提供迅速构建个性化智能服务的支持，为各领域应用提供智能化能力输出，为城市智慧化赋能。人工智能中枢架构包括 AI 中枢门户、AI 资产仓库、AI 工具箱和 AI 支撑平台等模块，如图 5.5 所示。

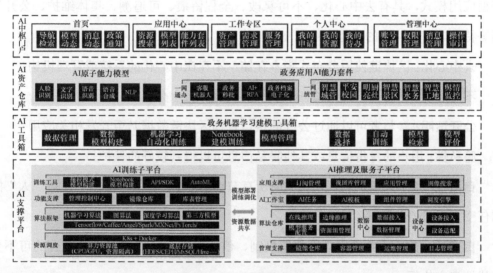

图5.5　人工智能中枢架构

**AI 中枢门户**：提供具有多种自由度的标签体系、分类体系；提供跨部门、跨系统、跨层级的 AI 能力共享工具、向导工具，资源供需对接工具，AI 能力订阅工具等。AI 需求部门找到 AI 供给方，可以在线实现提出申请、签署交换协议、编制数据接口等复杂流程。通过门户完成所需 AI 能力的建设、共享和发布，支持 AI 能力协同建设等共同诉求。

**AI 资产仓库**：承载业务应用所需的 AI 能力。根据业务性质的不同，AI 资产仓库可分为 AI 原子能力模型及政务应用 AI 能力套件两部分。

**AI 工具箱**：提供模型的自动化定制服务。结合自身业务特点快速构建机器学习模型，为业务提供支撑，通过可视化拖拽布局，组合各种数据源、组件、算法、模型和评估模块，进行模型训练、评估及预测。

**AI 支撑平台：** 为整个 AI 中枢提供可靠的技术保障，包括 AI 训练子平台、AI 推理及服务子平台两个子平台。

## 5.2.4 区块链平台

### 1. 建设背景

区块链是分布式数据存储、点对点传输、共识机制、加密算法等计算机技术的新型应用模式，具有去中心化、不可篡改、全程留痕、可追溯、集体维护、公开透明等特点。部分特点的具体介绍如下。

**去中心化：** 区块链使用分布式账本存储，不存在中心化的系统或管理机构。

**不可篡改：** 信息一旦经过验证添加至区块链，将永久储存，难以更改。

**公开透明：** 参与者可以通过公开的接口查询区块链数据乃至开发相关应用。

**隐私性：** 用户的身份信息或其他隐私信息可以得到较好的保护。

**自治性：** 基于共识机制，系统中的所有节点均能安全地交换数据，使对"人"的信任变为对机器的信任。

**自主性：** 借助区块链数据的共识机制、信任机制，区块链上的智能合约可不受干扰地自主执行。

虽然智慧城市经过数年的发展已经取得长足进步，但围绕数据使用方面的问题依旧突出，构建数据分享和共享机制至关重要，而区块链主要围绕"数据"展开，从数据治理及应用创新等方面为智慧城市赋能。区块链平台可实现数据就地加密、签名、验真、标识后上链，基于区块链数据防篡改、数据加密、智能合约等特性，确保信息真实可信，提高数据可信水平和安全保障能力。基于统一区块链平台，可推动区块链技术在应急管理、食品药品安全、电子证照、企业信用等社会治理领域的创新应用。

### 2. 平台功能

区块链中枢的主要作用是赋能基础平台数据管理和智能服务。一是确保各种感知信息的真实可信、安全可靠、不可篡改和可全程回溯；二是为不同行业脱敏数据共享、可信、流通、确权、开放、隐私保护和安全性保障提供有效的技术支撑和解决机制，彻底解决"信息孤岛"问题。根据各行业、各系统需求，建立行业信息联盟链，实现行业内信息上链可信共享、业务协同、开放流通。不同行业之间通过跨链实现数据互信共享、流通确权、安全保密。

区块链技术可提供高质量、多维度的数据共享保障，区块链技术围绕以下 3 个方面赋能新型智慧城市建设。

**数据安全与隐私保护**：确保数据各级互通，并在分享过程中降低数据泄露的风险。

**数据追踪溯源**：实现食品、药品等重要商品的全生命周期数据记录、追溯。

**数据存证与认证**：支撑政务领域的数字身份认证，保证数字身份信息的不可篡改、不可伪造，以及完整性、连续性、一致性。

### 3. 建设内容

区块链中枢将区块链技术的基础能力、应用能力、治理能力标准化，以接口和服务的形式提供给各应用系统使用，具备承载区块链政务应用的能力。区块链中枢总体架构包括区块链基础支撑层、区块链中枢服务和区块链智慧应用服务等模块，如图 5.6 所示。

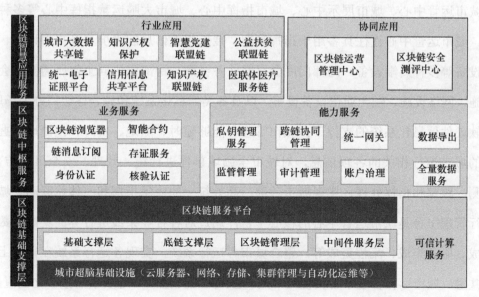

图5.6　区块链中枢总体架构

**基础**：包括基础支撑层、底链支撑层、区块链管理层、中间件服务层、可信计算服务。区块链基础支撑层为区块链中枢提供底层资源、区块链网络、区块链集群管理、权限管理、加解密、消息队列、基础算法和可信计算能力等，是区块链中枢的核心保障层。

**区块链中枢服务**：是将区块链中枢的业务能力、技术能力、运维能力以服务和接口的形式集成后提供给前台业务单元，包括面向应用场景提供的业务服务和面向系统提供的能力服务。

**区块链智慧应用服务**：基于区块链技术去中心化、安全加密、不可篡改、可追溯等特点，推进司法存证、数据共享、知识产权保护、市场监管、信用城市、防伪溯源、电子证照、政务审批等领域的区块链智慧应用，并构建区块链运营管理中心和区块链安全测评中心，提供区块链技术的统一管理和安全服务。

## 5.2.5 城市运行管理平台

### 1. 建设背景及功能

近年来，各地陆续建设各类城市运行（运营）综合管理中心等相关实体，出现了城市运管中心、城市展示中心、城市指挥中心、城市大脑运营指挥中心等多种形式。城市运管中心往往具备用于指挥管理、展示相关信息的大屏幕及桌面设备、移动设备等多种终端设备，跨部门联合召开业务会商与跨部门协同工作所需要的会议设施、网络设施、融合通信设备设施，以及各类信息化系统和综合性会商办公场所。在软硬件信息化系统的支撑下，城市管理者能够随时、随地、及时、便捷地掌握所需的城市运行相关的各项信息，对城市全领域事件进行统一管理、安全风险防范、监测、跟踪和指挥处理，实现城市各部门高效统一的应急指挥和一体化联动。城市运行管理平台是城市运管中心的核心平台，通过对各行业条线进行界面集成、数据集成、服务集成、流程集成等，整合城市各运行系统，实现各运行系统在平台上互联共融。城市运行管理平台实现对"人、地、事、物、组织"等要素的数字化全覆盖，形成城市运行生命体征指标体系，构建以数据为导向的城市运行与管理模式。交通、环保、城市管理等领域的信息化系统受行业划分和管理等方面的局限，侧重解决城市某一领域的问题，城市运行管理平台则更多面向跨部门、跨领域、跨层级的综合性、交叉性的城市问题。城市运行管理平台以城市整体为视角，汇集政府、企业和社会等全量数据构建城市数据资源体系，将已有各领域应用系统的业务进行互联和融合，从城市全局的角度呈现动态的城市运行"体征"，对城市事件全流程监督管理，协调多部门业务协同和应急指挥一体化联动。

城市运行管理平台以"高效处置一件事"为目标，连通城市各领域治理、应急指挥系统，实现"一网统管"全域覆盖、智能派单、分层分级、依责承接、高效处置、规范评价的城市运行监测预警体系和"平战结合"事件处置体系。一般包括建设监测预警模块与调度指挥模块，提高跨部门协同效率、提高决策支持水平。通过信息集中、资源整合、智能分析、仿真预测，分析和处理城市运行的各类信息，及时掌握城市运行状态，逐步建立起以信息为核心，以事件为驱动的城市运行管理平台。

**城市运行"一张图"**：以统一时空信息云平台为基础，构建覆盖城市全域的空间地理一体化城市运行态势图。整合地理空间数据（如地上、地面、地下、行政区划、城市部件、标准地址等）、汇聚全领域运行数据（生态环境、公共安全、民生服务、经济运行等方面的数据）、采集社会管理数据（人口、法人、房屋、通信等）、自然资源数据作为城市管理基础信息，建设面向政务服务、调查评价和监管决策的城市空间地理一体化数据支撑体系，利用可视化技术全面呈现城市运行综合态势，形成城市运行"一张图"。

**监测预警**：以监测城市运行体征为目标，对社会治理、公共服务、产业发展等城市运行指标进行采集、监测、挖掘、关联和分析，设计城市运行关键体征指标体系，统筹建设涵盖城市管理、交通运输、公共安全、应急管理、生态环境、公共服务等领域的全市监测预警模块，统一动态监测全市运行情况，感知城市运行风险和发展趋势。

**城市管理监测模块**：对区域市容秩序进行实时监控与异常报警，提高城管执法效率。

**智慧交通监测模块：**运用视频分析技术，对潜在危害城市道路交通安全的车辆进行实时监管。

**公共安全监测模块：**结合"平安城市""雪亮工程"推进全市重点公共安全区域监控全高清、全方位、全智能部署。

**生态环境监测模块：**部署环境监控网络，重点提升气象灾害的预报预警能力和水资源智能感知能力。利用大数据辅助决策，对各类风险进行综合监测、精准预警、趋势预测和救援辅助决策，提升对突发事件的早期预警监测能力。

**调度指挥：**对接城市 12345 政务服务便民热线及各职能部门调度指挥系统，建立多渠道融合的统一城市呼叫系统，并建立涵盖语音、传真、电子邮件、移动短消息、视频会议等多渠道通信网络，对城市运行过程中发生的各类事件进行快速响应、追踪处置、协同指挥（跨领域、跨镇街、跨部门），通过传回的现场图像和城市运行管理大屏，实时掌握各类事件发生现场态势，高效下达指挥命令，并对各种资源进行统一调度，维持城市的稳定运行，推动城市运行指挥行为向跨部门、跨层级、跨地域协同转变。

**智慧交通调度模块：**进行交通事故指挥调度，缓解交通拥堵。

**应急管理调度模块：**进行区域应急处置和救援力量的统一指挥调度。

**基层治理调度模块与网格化信息平台：**及时发现社区隐患并上报，及时受理、转办、处置、办结和进行评价反馈，实现"社情全掌握、服务全方位"。

## 2. 建设内容

（1）感知中心

感知中心的主要作用是实时化、动态化地呈现城市经济社会各领域运行态势。感知中心通常基于城市范围内的海量多源数据，围绕决策需要，利用数据挖掘、可视化分析、机器学习等手段进行城市运行模型研究，建立适合城市实际管理需要的决策分析体系。以城市运行体征指标数据为基础，整合公众舆情、网络安全、突发事件、公共安全、自然灾害信息、人口流动信息等城市运行状态重点信息，建立关联分析模型和预测预警模型，针对环境保护、城市突发事件应急处理、城市管理、基层治理等城市治理重点场景进行分析和预警预测，对城市运行态势进行宏观把控。

（2）决策中心

决策中心通过对海量信息资源进行综合分析研判，为城市管理决策提供全面、客观、科学的依据。决策中心基于城市运行管理中产生的各类数据（如政府数据、企业数据、互联网数据、物联网数据等），在对数据按主题、成体系加以分析研判的基础上，动态呈现城市运行过程中的特点、规律和变化趋势，为城市精细化管理提供决策依据和新的洞察力。

（3）预警中心

预警中心支持基于时间、空间、数据等多个维度，为各类焦点事件建立阈值触发告警规则，自动监控各类焦点事件的发展状态，对来自不同部门和不同系统的预警信息进行关联分析，结合预测预警模型进行风险研判，确定预警信息风险级别并启动相应的应急预案。通过整合信息、事件与工作流，实现从城市日常整体运行态势感知到突发事件应急联动指挥的无缝对接，辅助管理人员提升安全风险管控力度和处置突发事件的效率。

（4）治理中心

按照"平战结合"理念，治理中心除了对城市日常运行态势进行动态监测外，还需满足跨部门联动的协同指挥需要。治理中心的建设需要深度整合各地区、各部门、各层级联动资源，需要集成基础地图、模型算法、应急预案、智能调度、移动执法终端等，进而实现对大规模联动所需的人员、物资、设施等资源进行可视化管理、"一键直呼"和协同调度，以便跨部门、跨地域、跨行业开展联动协同作战。

（5）指挥中心

指挥中心的主要作用是对城市运行管理各领域的核心指标进行态势监测与可视分析，全面描绘城市发展现状，并可对细分领域的数据指标进行查询、分析。要求能够从宏观到微观，实现城市各类数据的融合贯通与直观可视，辅助管理者从各个层面洞察城市运行态势，提升监管力度和行政效率。城市指挥中心通常包括实体化运行管理中心和管理平台两部分。其中实体化运行管理中心的主要功能是集成城市运行体征监测、态势感知、大数据建模分析、城市规划、综合管理、应急协同、指挥调度等功能，设置联勤联动席位，实现全时空协同处置各类城市运行过程中发生的事件。管理平台通常围绕城市管理者"看全局、看重点、看异常、看发展"的管理需要，运用 CIM，针对城市产业发展、社会治理、城市应急管理、营商环境、民生诉求、交通物流等方面重点构建城市运行指标体系和"一张图"应用体系，进而实现"一屏统览""一网统管"。

（6）可视化城市展示中心

针对领导视察、迎检汇报、客户参观等情景，城市展示中心能够担负起展示窗口的职责，无论是对历史数据的回溯，还是对态势发展的预测推演，城市展示中心都可以提供优异的数据展示功能。面向城市建设规划展示、城市建设成果展示、重点项目展示、重要事件复现等应用需求，能够基于动态、真实的数据进行场景重现，突出展示重点和亮点，确保实时和精彩的数据动态展示效果。

（7）平台、系统对接

系统与党建数据、生态文化数据、资源环境数据、基础设施数据、交通运输数据、公共安全数据、城市治理数据、人口民生数据、产业经济数据、社会舆情等数据和空间信息融为一体，进行可视化呈现。

视频平台服务对接：对视频数据进行对接，将视频数据和空间信息关联一体，实现定位、告警，打破传统指挥模式，基于多个系统进行指挥。

物联感知平台对接：对接物联感知平台，实现消防设备、城市部件、应急监测终端等终端的接入，实现定位、告警、联动指挥功能。

## 5.2.6 城市数字公共基础设施管理平台

### 1. 建设背景

近年来，随着新一代信息技术的加速迭代演进及智慧城市建设和数字经济发展的深入推进，城市传统基础设施正在逐步向物联化、智能化的融合基础设施迭代升级，对云网基础设施、算力基础设施、数据基础设施提出了更高的要求。虽然各地陆续开展了新型基础设施建设，但仍然存在新型基础设施建设不平衡、不充分，以及体系化水平低、设施运行效率不高等问题，不利于有效支撑城市高效、精准治理和数字经济的高质量发展。因此，急切需要加快制定统一的标准体系、推动万物标识编码赋码、打造城市数字公共基础设施管理平台、深化应用场景创新，实现全国"一盘棋"，有序合规推进城市数字公共基础设施建设，为提升城市安全韧性和治理效能、赋能数字经济高质量发展提供有力支撑。

### 2. 建设内容

建设城市数字公共基础设施管理平台，一方面是整合区域内算力和技术资源，提升协同计算、仿真建模、深度学习等数字能力，强化平台实时监控、模拟仿真、事故预警、智能预案等功能，实现对城市数字公共基础设施全要素、全周期的精细化、智能化管理。另一方面是统一数字公共基础设施的编码和标识，及时汇聚各领域数字基础设施的运行管理数据资源，推进跨领域、跨层级、跨平台的数据共享交换和数据分析治理。

**万物标识编码**：在国家和行业编码标准的基础上，结合本地实际，围绕标准地名地址、实有房屋、市政设施、城市部件等的身份编码，分类制定城市数字公共基础设施标识编码规则，并依据统一的编码规则，开展城市数字公共基础设施标识编码赋码，实现城市数字公共基础设施的信息归集、关联。通过 2000 国家大地坐标系（CGCS2000）和《北斗网格位置码》（GB/T 39409—2020），构建地理空间定位体系和统一的地址编码标准，推动城市数字公共基础设施与地理空间信息充分融合，实现城市数字公共基础设施的虚实结合、可视化管理。

**CIM 空间数据底座（CIM 基础平台）**：以融合测绘遥感数据、多维地理数据、CIM、城市感知数据等多源信息，基于统一的城市实体对象编码赋码、标准地址编码和空间定位体系，建设城市"孪生地图"，提升实时感知、统一标识、协同计算、模拟仿真、深度学习等数字能力，形成可感知、可预判、可决策的三维空间数据底座。

**城市数字公共基础设施数据资源管理系统**：打通数字公共设施电子身份档案、数字公共基础设施自身和属性信息、ID 三者间的逻辑关系，形成数字公共基础设施数据资源体系。全面融合对接区域内编码管理平台、物联感知管理平台、CIM 基础平台、空间基础信息平台，制定数字公共基础设施数据接入标准、数据共享标准等标准规范，在合法合规使用数据的前提下，开展政府侧和社会侧数字公共基础设施数据的接入和共享、开发利用、融合，形成基础数据库、主题库、专题库，实现跨领域、跨层级、跨平台的数字公共基础设施数据共享交换、分析治理和开发利用。

第6章

# 新型智慧城市
# 应用体系规划
# 设计

# |6.1 新型智慧城市应用体系规划设计思路|

新型智慧城市应用体系同样主要围绕着"优政、惠民、善治、兴业"四大重点领域，架构如图 6.1 所示，以新型基础设施和城市大脑平台为支撑，从市民、企业、政府的实际需求出发，开展智慧应用场景创新，从而实现"政府管理效率提升、市民便捷服务、城市精准治理、产城融合发展"的城市发展目标。

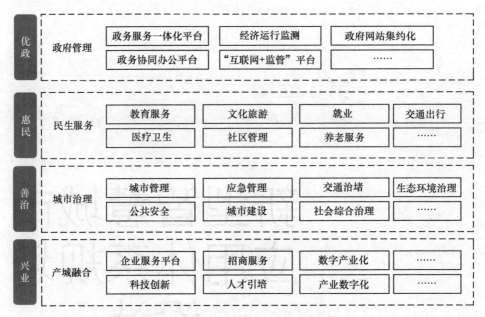

图6.1　新型智慧城市应用体系架构

## 1. 政府管理领域智慧应用

政府管理聚焦政府数字化转型，主要围绕改善政务服务体验、提升政府履职能力和运行效能，推进应用场景创新。应用场景主要包括提升一体化政务服务能力、持续优化政务服务事项审批流程、提升市民和企业办事体验；加强政府行政管理和信息数据的集约整合，构建统一的工作平台和门户，全面提升政府协同运行效能；加快经济运行监测分析体系和"互联网＋监管"平台建设，完善政府经济调节和市场监管的效率。

## 2. 民生服务领域智慧应用

民生服务涉及教育服务、医疗卫生、文化旅游、社区管理、就业、养老服务等多个领域。以信息化手段打造广覆盖、多渠道、智能化、个性化的惠民服务应用场景，着力实现融合普惠的数字生活图景，满足群众对基本公共服务高层次、多样化、均等化的需求。

### 3. 城市治理领域智慧应用

十八届三中全会首次提出了"国家治理体系和治理能力现代化"的重大命题，城市治理成为国家治理体系和治理能力现代化的重要抓手。聚焦城市治理的主体多元化和城市治理的服务引导特性，推动新一代信息技术在城市管理、应急管理、交通治堵、生态环境治理等领域的创新应用，实现城市管理的敏捷感知、信息共享、智能决策、业务协同及多元共治。

### 4. 产城融合领域智慧应用

近年来，数字经济呈现高速增长态势，成为国民经济发展的关键动力，智慧城市建设需注重产业政策引导、招商服务和人才引培等产业发展支撑服务，强化新一代信息技术与传统产业的融合升级，通过产业培育、产业集群化发展，打造智慧产业生态圈，加快数字产业化和产业数字化进程，实现产城融合发展。

## | 6.2　新型智慧城市应用体系规划设计具体内容 |

### 6.2.1　政府管理领域应用

政府管理领域应用是数字政府改革和建设的重要组成部分，我国数字政府逐步从前期政府信息化建设向顺应国家治理现代化的新阶段转变，更加重视政府职能和管理方式的转变，强调从内部信息化走向决策、服务和管理的全方位数字化转型。

2022 年 6 月 23 日，国务院正式印发《关于加强数字政府建设的指导意见》，首次从国家层面系统性地明确了数字政府建设的主要目标、基本原则、重点任务和推进机制。其中，政府数字化履职能力体系明确了政府数字化转型建设的业务应用体

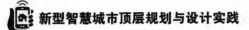
系，即加强和完善经济调节、市场监管、社会管理、公共服务、生态环境保护五大外部治理职能，以及完善政务运行和政务公开两项内部管理职能，从而全面提高政府效能，建设人民满意的服务型政府。本书侧重于从智慧城市建设的角度分析应用体系的规划设计要点，因此，政府管理领域应用将重点围绕政府在经济调节、市场监管、政务服务、政务运行与公开 4 个方面展开，如图 6.2 所示，社会管理、公共服务、生态环境等内容将在介绍民生服务领域应用和城市治理领域应用的内容中详述。

| 政府数字化履职能力体系 | | | |
|---|---|---|---|
| 经济调节 | 市场监管 | 政务服务 | 政务运行与公开 |
| 经济运行监测分析 / 经济运行预测预警 / 经济风险识别 / …… | "双随机、一公开"综合监管 / 市场主体信用监管 / 重点领域 / …… | 服务事项标准化 / 电子证照库建设和电子证照应用 / 智慧政务大厅 | 协同办公平台 / 政府网站集约化 / 政务新媒体管理 / 互联网＋督查考核 / |

图6.2 政务管理领域应用体系

### 1. 经济调节

政府的经济调节职能是指政府通过全面把握经济发展的各类指标，运用各种政策手段，对全社会的经济活动从总体上进行调控，为微观经济活动创造必要的外部条件和市场环境，从而促进整个国民经济的持续发展。过去，政府通常是通过手工填报统计数据、调查分析等传统方式把握经济指标运行情况，效率较低，准确性也不高。因此，急切需要构建基于大数据资源的经济运行监管平台，对涉及国计民生的经济运行数据进行全面整合、汇聚和全流程治理应用，运用智慧化的数据分析模型和预警研判模型，强化经济发展趋势研判，助力跨周期政策设计，提高逆周期调节能力，持续提升政府经济调节的科学性、预见性和有效性。

经济运行监管平台融合统计数据、政府业务数据及互联网公开数据等多种来源的数据，从宏观到微观分别构建宏观经济场景、产业升级场景、企业画像库。构建跨部门、跨领域的综合性分析模型，形成反映宏观经济及重点领域运行状况的监测和分析评价体系。同时，利用大数据、机器学习、专家系统等技术，精准预测经济发展趋势，分析经济数据，发现变化规律和趋势，把握经济发展方向。同时，诊断经济政策问题，进行经济风险预警，为政策制定者提供反馈和建议。建立问题成因分析模型，多维度分析问题产生的原因，并结合海量历史数据，预测经济发展趋势和应对预案，从而为政府科学决策和政策制定提供依据。

（1）经济运行监测分析

通过对城市生产总值、消费价格指数（CPI）、固定资产投资额度、企业规模、产业发展情况、商品供给情况、社会消费品价格变化情况、进出口总额、工商税务申报等方面的指标数据进行实时监测和可视化分析展示，对区域经济社会运行情况进行实时掌控。

（2）经济运行预测预警

依托城市大脑数据中枢的数据资源和经济运行监测数据库，构建经济运行预测预警模型，对各类经济数据进行分类、聚类、相关分析，构建相关经验运行模型，建立经济发展趋势预测能力，通过反复迭代推演，对区域经济未来的增长趋势、风险趋势进行预测研判，从而更科学、合理地制定经济预调节策略。

综合区域经济运行历史数据和领导决策关注的重点，设置预警指标及其报警阈值，当关键指标触发报警阈值时，自动向相关委办局推送预警信息。同时，构建经济运行"红黄绿"可视化区间［红区（过热）、黄区（趋热）、绿区（稳定）］，根据对经济数据的多维分析，结合经济走向的预测值范围，进行经济风险预警研判并自动生成智能分析报告。

（3）经济风险识别

经济风险是指经济环境变化、市场波动、政策调整等因素导致的资产损失或预期收益不确定的可能性，主要包括市场波动风险、政策调整风险、周期性与结构性风险等。经济风险常见的扩散路径包括产业链传导、金融市场传导和心理预期传导等。

建设多维经济风险识别模型：针对自然人，重点围绕经济犯罪热点预测、人群聚集点风险、互联网金融风险、网络诈骗、非法传销等问题进行风险识别建模。针对法人，重点围绕涉及重大政策、重大项目的违法违规、社会纠纷、影响实施进度的风险、金融杠杆率控制风险、流动性风险、社会信用风险、犯罪等重点风险开展建模分析。

建设风险评级体系：综合利用机器学习、风险模型建立、专家评分等多种手段，构建覆盖自然人和法人的风险识别特征库，在整合归集多种数据源的基础上，对不同行业、不同层级的评估对象进行风险评级，以实现更具精准性、前瞻性的风险识别与预测预警。

### 2. 市场监管

"十四五"期间，市场监管工作面临新的形势和挑战，可以概括为随着群众对消费品质和消费安全提出了更高的要求，线上线下市场融合催生新业态和新模式，市场监管呈现效率与公平并重、创新与保护兼顾的发展趋势。2022年，国家市场监管总局印发了《"十四五"市场监管科技发展规划》，指出"十四五"时期，要强化"大市场、大质量、大监管"理念，以科技赋能市场监管现代化为主线，以改革创新为动力，着力提升创新基础能力、科研攻关能力与科技服务能力，一体推进市场监管体系完善和效能提升。以市场监管大数据中心为牵引，围绕网络交易监管、价格监管、反垄断、反不正当竞争、广告监管、信用监管、食品药品、工业产品、特种设备等重点领域，推进市场监管各类事项集成协同和闭环管理，加强数字化应用系统建设，打造业务智能辅助、风险监测评估、前瞻分析决策、应急指挥处理等功能的智能化平台。

（1）"双随机、一公开"综合监管

依托国家企业信用信息公示系统，在现有的各级、各部门随机抽查平台的基础上，为了进一步提高监管效率和透明度，建设统一的部门联合"双随机、一公开"监管工作平台，提供"一单、两库"（随机抽查事项清单、检查对象名录库和执法检查人员名录库）管理、抽检管理、部门联合"双随机"抽查、本单位"双随机"抽查及查询统计等功能。

（2）市场主体信用监管

依托国家企业信用信息公示系统和相关业务系统归集的市场主体信息，开展信息分析和风险评估，建立风险发现、风险分类、风险处置机制。针对不同风险类别的市场主体，通过提醒、约谈、告诫、处罚等手段，降低市场主体的监管风险。

企业信用分类监管：根据市场主体相关信息，通过建模、综合评价函数和多维分析，构建市场主体信用档案，自动开展信用评价结果分类和差异化监管，对守信企业减少抽查频次，对失信企业增加抽查频次和加强监管力度。

联合惩戒：结合多部门协同监管的信息和市场主体信用评价情况，自动匹配关联，依法对行为当事人开展行政检查、约谈、告诫和行政处罚。

（3）重点领域监管

食品药品追溯管理：开展"区块链＋食品药品追踪溯源"建设，发挥区块链可溯源、不可篡改等特征，梳理形成食品药品上链监管数据清单，推动食品药品生产企业生产和经营许可证取得、设备购置、原材料采购、生产加工、包装、物流、销售、配送等环节全流程数据上链。通过平台，实现流程信息可查询、可追溯，假冒伪劣等违法违规情况监测预警，并为监督执法提供全面可靠的依据。

网络市场交易服务监管：提供平台监测、预警研判、线上执法、信息公示等监管能力，确保网络市场交易商品品质可靠、定价合理，以及商户规范经营。

学校、托幼机构和养老机构食品安全监管：对学校、托幼机构和养老机构的食材供应配送、备菜、烹饪加工等环节进行全过程视频监管，实现食品供应配送可追溯、餐食加工可查证，确保学校、托幼机构和养老机构的餐食安全可靠。

农贸市场监管：开展农贸市场重点部位视频监控建设，建设农贸市场产品追溯管理平台，实现农贸市场经营面貌、环境卫生、交易秩序、周边秩序实时监管，农贸产品质量安全可控。

### 3. 政务服务

优化政务服务是促进企业发展、方便群众办事、推进国民经济循环、建设新发展格局的重要支撑。它不仅是建设人民满意的服务型政府、推进国家治理体系和治理能力现代化的内在要求，也是提高政务服务水平、提升人民群众获得感和幸福感的重要途径。通过优化政务服务，可以进一步简化办事流程、缩短办事时间、提高办事效率，为企业和群众提供更加优质、便捷的政务服务。同时，优化政务服务还可以促进政府与企业、群众之间的互动和沟通，提升政府公信力和形象，为建设更加透明、公正、廉洁的政府打下坚实基础。2016 年起，国家发展和改革委员会等部门制定的《推进"互联网＋政务服务"开展信息惠民试点实施方案》提出了要加快推进"互联网＋政务服务"，深入实施信息惠民工程，构建方便快捷、公平普惠、优质高效的政务服务体系。2016 年，试点城市基本实现政务服务事项的"一号申请、一窗受理、一网通办"。近年来，各地政务服务主要围绕政务服务事项标准化、规范化，政务服务审批流程优化，电子证照库建设，政务服务便利化建设等方面持续优化政务服务。

（1）政务服务事项标准化、规范化建设

近年来，各级政府积极推进政务服务"一网通办"工作，线上线下融合，持续构筑一体化政务服务管理体系。2022 年，国务院下发了《关于加快推进政务服务标准化规范化便利化的指导意见》，针对政务服务标准不统一、线上线下服务不协同、数据共享不充分、区域和城乡政务服务发展不平衡等问题，明确了政务服务标准化、规范化、便利化工作的实施要求。因此，各地政府大数据管理部门和政务服务管理部门，需依据国家要求和本地实际情况，全面深化事项管理，落实政务服务事项标准化提升工作，进一步优化再造政务流程，推进政务服务事项同步受理、协同办理、并联审批，实现高频政务服务事项线上线下快速审批。

政务服务事项标准化、规范化建设主要包括以下工作。一是以国家和省级政务服务事项基本目录和主管行业领域的政务服务事项拆分标准为指引，按照名称、编码、依据、类型等基本要素"四级四同"的要求，形成区域统一的政务服务事项标准化清单，并对其进行完善和优化。二是拓展网上办事广度和深度，以办好"一件事"为导向，深化"一事联办"集约服务，围绕毕业生落户、高龄老人津贴申请、企业投资项目备案、车辆年审、社保卡办理等高频民生服务事项，丰富拓展"一件事一次办"应用场景和覆盖范围，归并审批流程、精简审批材料、压缩审批时长，实现关联事项"一表申请、一套材料、一窗受理"，全面提升政务服务效能。

（2）电子证照库建设和电子证照应用

建设统一的电子证照库：根据国家和省相关技术标准和业务规范，按照政务服务事项清单、便民服务事项清单和公共服务事项清单所列事项，梳理有效期内的所有证书、执照、批文等电子证照，形成电子证照目录，明确各类电子证照的基本要素、照面模板、电子证照样例、数据项标准、印章图样等内容。

探索建设"区块链＋电子证照"：利用区块链技术的可追溯、不可篡改等特征，将电子证照授权、调用的过程记录上链留存，确保电子证照数据的流通安全可信。基于全域统一的区块链基础平台，针对户籍办理、不动产登记、企业营业执照办理、项目审批等政务服务事项，充分利用城市电子证照库，实现事项相关电子证照一一对应上链，提升电子证照应用安全性，为"一业一证""一张身份证"的办理提供区块链技术支撑，实现电子证照"一次生成、互认共享，多方复用"。

基于区块链的可信电子证照平台，通过区块链技术保存不可篡改的发证、收证、查证记录，实现各社会主体共同建造、共同维护、共同监督，从而满足公众的知情权、监督权，提升电子证照的客观性与可信度。

（3）智慧政务大厅建设

智慧政务大厅是政府服务群众与企业的"窗口"，是优化营商环境的重要支撑，通过利用大数据、5G、物联网、人工智能等新一代信息技术，整合集成政务大厅管理和办事系统，打通业务流程，形成"一门式"智慧政务交互服务，进一步提升政务服务效率，为群众和企业办事提供更多便利。智慧政务大厅主要包括智慧导办、智能叫号、智能收发件等应用功能。

智慧导办：整合政务大厅业务分布导航、办事流程指南等信息，群众通过智能终端搜索，即可了解政务大厅的办事区域及办事窗口位置、业务办理流程等信息。在政务大厅部署智能机器人，智能机器人具备语音识别、智能问答、人脸识别、智能导航等基础交互功能，并与知识库和业务系统对接，可实现办事预约、业务办理位置引导、办事进度查询、业务办理流程智能解答等功能，为群众办事提供更加智能、清晰和便捷的服务，提高办事效率。

智能叫号：智能排队叫号系统是政务大厅现代化服务的重要举措，通过智能排队叫号系统实现业务窗口智能叫号、智能服务评价、信息发布等功能，对需要多窗口协同办理的事项，根据办事流程关联事项窗口，窗口之间推送叫号，逐步实现"一窗通办"，合理优化办事窗口的业务办理量，减少排队拥挤。同时，智能排队叫号系统可通过政务大厅大屏幕、短信、公众号、小程序等多种渠道提醒群众排队叫号情况，避免过号。

智能收发件：建设智能收发件系统和自助终端，群众如需在非工作时间段提交申请资料，申请人扫描资料柜上的二维码，选择办理事项类别，并将相关材料放入资料柜提交，自助投递申请。工作人员将资料从资料柜中取出后，递送至相关窗口，事项审批进度、办理结果等情况通过平台告知申请人，办结发证后，申请人可在自助终端刷身份证自助领取证书。

### 4. 政务运行与公开

（1）协同办公平台

深化政务办公流程协同再造，建设统一的政府协同办公平台和移动端，如图6.3所示，围绕政府"办文、办会、办事"的日常管理需求开展应用功能建设，横向打通各委办局办公平台，纵向与各层级政府协同办公平台互通，打造统一的政务办公入口。集成会议管理、公文管理、即时通信、协同审批、督查督办、数据看板等功能，实现各级办公系统互联互通，打造扁平、透明、移动、智能的办公方式，全面提升政府行政效能和管理服务水平。

会议管理平台：建设覆盖政府办会全业务流程的会议管理平台，包括议题提请与审批、议题清单管理、会议审批、参会回复、会议筹备、会中服务、会议纪要管理等功能，实现从议题提报、会议审批、会议筹备、会中服务、会后工作落实全过程闭环会议管理。

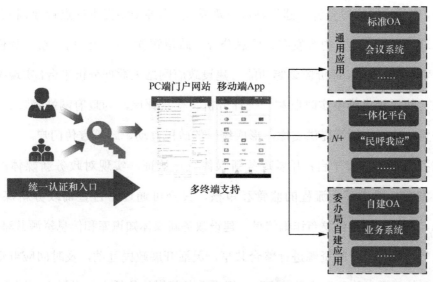

图6.3 协同办公平台示意

公文一体化管理平台：基于电子政务外网，建设公文一体化管理平台，实现公文收发管理、手写签批、签批授权、公文编号管理、公文归档、公文查询、公文统计等功能。依托统一的公文交换平台，畅通政府部门和各层级间的非涉密公文的传输和流转渠道，提升公文编号和公文归档等流程的管理规范性。

即时通信：依托平台开展多方音频、视频、数据共享和交流，为视频应急指挥、视频会商会议、视频学术交流会、远程培训等提供支撑。

督查督办系统：实现领导关注的重点事项督办管理，以多种形式直观展现事项进度、办理状态，方便领导和相关工作人员从多维度查询跟踪事项办理进度，实时掌握各事项办理情况，包括督办管理的统一视图、督办任务逐级分解下达、任务承办响应提醒、督办执行统计分析等功能。

数据看板：通过采集领导关心的国际、国内、省市相关信息，包括经济指标、安全生产信息、统计信息等，将信息上传至数据看板，为领导决策提供辅助支撑。支持数据看板布局管理、数据上传管理等。

（2）政府网站集约化和政务新媒体管理

政府网站集约化平台：与省级、市级集约化平台对接，融合共享政务公开、政务服务、电子证照库等资源。建设站群管理系统，为各子站提供站点管理、栏目管理、资源管理、权限管理，内容发布、信息公开、政策解读，用户注册、统一身份认证、站内搜索、咨询投诉、评价监督等功能。建设政府网站大数据分析平台，实现按账号、按单位、按层级多维度实时监测、统计分析、检查评比，为政府网站管理、舆情研判与处置、政府决策等提供支撑，形成统一的政民互动、政策宣传门户。

政务新媒体监管平台：开展政务新媒体统一认证，实现对政务新媒体的申请、审批、发布、退出等全流程的监管和审核，民众可通过平台查询政务新媒体的认证信息，避免虚假平台发布诈骗信息。建设政务新媒体知识库和信息资源共享库，对各类政务新媒体平台的资源进行整合共享，灵活开展政民互动，及时回应群众关切，形成统一的新闻宣传和舆论引导矩阵，提升政务新媒体传播力、引导力、影响力和公信力。

## 6.2.2 民生服务领域应用

### 1. 智慧教育

2019 年，中共中央和国务院联合发布了《中国教育现代化 2035》，该文件详细规划了未来教育信息化建设的布局。文件中明确提出，建设智能化校园，具体内容包括，综合运用互联网、物联网、大数据和人工智能等技术，统筹建设一体化智能化教学、管理与服务平台，实现数据伴随式收集、信息自动化分析、资源最优化配置。通过先进技术的应用，推动人才培养模式改革，实现规模化教育与个性化培养的完美结合。优化政策环境，建立数字教育资源共建共享机制，完善利益分配机制、知识产权保护制度和新型教育服务监管制度，充分利用市场机制激发教育服务业态创新活力。此外，还要推进教育治理方式的变革，加快形成现代化的教育管理与监测体系，以实现管理精准化和决策科学化。在 2021 年中央网络安全和信息化委员会印发的《"十四五"国家信息化规划》中，围绕教育信息化基础设施建设、完善国家数字教育资源公共服务体系、教学数字化变革等方面提出了建设要求，为"十四五"期间教育信息化的发展指明了方向。教育信息化基础设施建设方面，重点包括校园网络和校园设施智慧化改造；完善国家数字教育资源公共服务体系方面，主要是以数字技术丰富教育资源表现形态、基于网络空间优化教育资源供给方式、线上线下融合促进服务方式创新；教育数字化变革方面，以数字技术推动教学模式创新和多主体参与的评价方式改革。

总结国家对教育信息化建设的规划和政策要求，本书将智慧教育的应用场景建设概括为智慧校园基础设施建设及围绕管理、教学和学习等教育核心领域的智慧应用，充分利用数据资源要素和新型信息化技术，重构教育环境，推动教学、学习、练习、测试、评价、管理等环节的模式创新和方法变革，对内优化教育管理和提升教学水平，对外持续完善教育公共服务，促进教育资源供给的公平、普惠。智慧教育应用体系架构如图 6.4 所示。

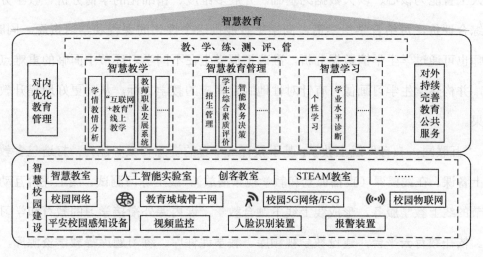

图6.4　智慧教育应用体系架构

（1）智慧校园建设

智慧教室：开展包含人工智能实验室、创客教室、STEAM 教室等的智慧教学环境建设，为学生进行沉浸式学习和实验提供环境，充分利用信息化技术，实现精准教学和精准教学评价，提升学生的体验度、动手能力和学习效果。

校园网络：主要围绕教育城域骨干网、校园全光网、校园 5G 网络 /F5G 和校园物联网开展建设、升级和改造，从而夯实智慧校园的基础，提升承载能力。建成覆盖全校园的光纤宽带网络，学校班均带宽持续提升扩容，实现千兆到校、百兆到班。开展基于 5G 网络的 Wi-Fi 6 智慧教育无线网络建设，实现校园连接无缝覆盖、一站登录、无障碍切换。

平安校园感知设备：针对学校日常安全管理的需求，在校园周围和重点部位进行视频监控设备、人脸识别装置、报警装置等感知设备安装。建设校园安全指挥调度系统，实现校内监控资源和设施设备的统一调控和汇聚管理，丰富完善系统实时监控、可视对讲、智能分析、预警研判、一键报警等功能，畅通学校与公安机关之间的"应急、联动"，提高校园安全管理的反应速度及科学决策能力。

（2）智慧教学

学情教情分析：基于学生的课前预习、课中学习、课后拓展等不同学习环节，以人工智能为核心、以大数据为基础，开展多维度、精细化的学情分析、教学分析和综合评价，可结合学生学情，向学生智能推送个性化的课程和学习资源。同时，老师也可通过学生学情数据分析，准确把握学生在不同学习环节中面临的重难点问题，并构建学生学习画像，有针对性地制定相应的教学目标，从而更好地提升教学效果。

"互联网＋教育"线上教学：基于教育云平台的资源和服务能力，打造包含教师线上备课、在线授课（直播课堂和教学视频播放）、线上练习测试、线上评价互动等环节的线上教学服务，形成线上线下融合教学、课内课外衔接学习的教育和学习模式。依托教育云平台，建设教学视频库、教学课件库、练习题库等教学资源库，全面对接互通全国优秀教育资源，让学生共享优质公共教育资源。

教师职业发展系统：建设教师职业发展系统，对教师职业成长进行全面记录和展示，全面汇聚教师在教学、学习、评价、管理、研究等方面的数据信息，开展智能打分、多维分析和教师素养精准画像，为教师专业能力提升和职业生涯发展路径提供智慧化的支撑。

（3）智慧教育管理

招生管理：以义务教育阶段招生管理为例，建设与户籍、房产、人口、地理位置等信息关联的义务教育阶段入学报名系统，实现招生政策、学校划片范围、入学报名办法、学生分配信息、录取结果通知等信息的在线查询和学校调配、在线申诉、录取通知书打印等的在线办理，为全体适龄学生的家长和招生工作提供公开透明的环境和高效便捷的服务。

学生综合素质评价：建设面向全体中小学生的综合素质在线评价系统，基于国家框架和本地区特色，形成学生综合素质评价指标体系，全流程、全周期、全方位把握学生日常表现，形成学生个性化成长档案，智能生成学生不同阶段综合性评价报告，供老师和家长了解学生综合素质发展情况，为因材施教和学生学习规划提供参考。

智能教务决策：依托学生各学科成绩趋势、专业兴趣测试、学校学科及班级数量、排课规则等数据信息，结合数据模型和 AI 算法，实现智能化、科学化地开展选科指导、智能分班、智能排课、教学任务分配等智能教务决策工作，提高教务管理效率。

（4）智慧学习

智慧教育持续推动教学过程和教学方法从以老师为主导逐步向以学生为主导发展。以学生学习所产生的过程数据为分析基础，构建知识图谱，结合学生的学习情况和学习进度，提供个性化的学情诊断、学习内容推荐、学习目标设定和学习内容拓展，形成预习、上课、完成作业、测试、评价和提升的全流程覆盖的智慧学习服务。

个性学习和学业水平诊断所包含的内容如下。

课前个性预习预设：主要包括学情分析、差异诊断、自主预习、测试反馈、以学定教、分层设计等功能。

课中分层合作学习：主要包括情景创设、内容分层分组合作学习、实时测评及反馈、数据分析等功能。

课后个性辅导拓展：主要包括个性化作业巩固拓展、个性化课程推送、个性化课后辅导、多元评价反馈等功能。

### 2. 智慧医疗

近年来，政府对公共卫生防控救治能力和应对突发公共卫生事件能力有着更高的要求，人们对在线预约挂号、在线问诊、线上买药等应用场景的需求更加强烈。此外，挂号候诊时间长、取药检查时间长、缴费报账时间长、诊疗时间短等"就医难"问题仍然存在。因此，需围绕政府、居民、医院在优质的公共卫生服务、良好的智慧就医体验、出色的医疗救治水平等方面的更高要求，用好智慧化手段，加强公共卫生应急管理和疾病预防能力，深化全民健康信息平台建设，做好卫生健康数据管理，持续推动智慧医院和基层医疗机构信息化建设，推进利用 5G、人工智能技术进行医疗健康领域的应用场景创新，全面提升居民就医体验。

（1）全民健康信息平台和卫生健康数据管理

建设区域统一的全民健康信息平台，如图 6.5 所示，依托健康云和卫生专网，提供区域居民电子健康档案、电子病历、云影像等全生命周期健康数据汇聚和管理，并支撑卫生健康部门进行疾病监测、公共卫生监管、药品供应监管、医疗服务监管、医联体监管、疾病控制信息协同等业务监管和协同，为领导开展卫生健康决策提供数据支撑。

构建卫生健康大数据管理平台，整合公安部、民政部等部门的业务数据和医疗保险、药品流通等领域的业务数据，通过数据关联对比和分析，形成卫生健康大数据资源，全面支撑区域内卫生健康数据资源，互联网资源，应用系统跨区域、跨部门、跨数据库、跨系统平台的无缝接入和互联互通。

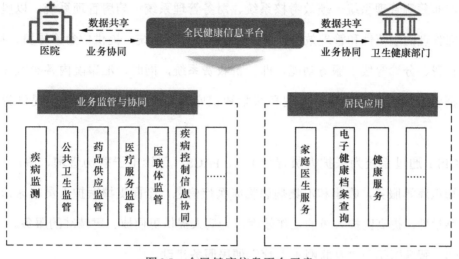

图6.5 全民健康信息平台示意

（2）医疗机构信息化建设

医疗机构信息化应用体系主要是在二级、三级公立医疗机构开展医院信息系统（HIS）、实验室（检验科）信息系统（LIS）、影像存储与传输系统（PACS）等临床信息系统（CIS）建设，利用信息化技术，优化诊疗流程，完善在线医疗服务，如图6.6所示。推进医疗机构数字化医疗设施设备和数字化诊疗室、手术室等基础环境升级，强化以电子病历为核心的信息化建设，提升电子病历应用水平。加快医联体信息化建设，畅通医联体机构间电子病历、检查检验结果、医学影像资料等医疗健康信息的共享互认和业务协同，有效推动分级诊疗、远程会诊。

图6.6 医疗机构信息化应用体系示意

HIS：包括医院内部管理系统和业务服务管理系统两部分，通过内部管理系统，为医院工作人员提供薪酬管理、绩效管理、财务核算管理、药品出入库管理等功能，即薪酬管理系统、绩效考核系统、财务管理系统、药房管理系统，以提高医院内部管理的规范性和管理效率；通过业务服务管理系统，提供门急诊导览、挂号、划价收费、分诊等线上服务功能，即计价收费系统，同时，汇聚院内各类医疗系统的数据资源，构建决策分析模型和医学知识库，为医疗机构高效运作提供智慧化服务。

CIS：通过系统为医护人员提供 LIS、PACS、门诊电子病历管理、临床护理、智能知识库等服务，收集和汇集病患临床医疗信息，全面支撑医护人员临床诊疗决策的科学性，提高医护人员的工作效率，为病人提供更便捷、更精准的服务。

（3）智慧医院和"互联网＋医疗"便民服务建设

深化智慧医院建设，围绕"诊前、诊中、诊后"患者就医全流程，覆盖"预约、挂号、支付、诊疗、回访"等就医各环节，开展线上线下融合的智慧服务。智慧医院全流程应用体系如图 6.7 所示。

| 诊前 | | 诊中 | | | 诊后 |
|---|---|---|---|---|---|
| 便民服务 | 挂号预约 | 门诊服务 | 诊疗 | 住院 | 医患管理 |
| 就诊卡管理 | 医生号源查询 | 在线问诊 | 检查预约 | 床位查询 | 在线复诊 |
| 智慧停车缴费 | 预约挂号 | 门诊缴费 | 检查叫号 | 入院登记 | 膳食指南 |
| 医院导航 | 挂号支付 | 复诊预约 | 检查缴费 | 住院缴费 | 会诊与转诊 |
| …… | 分诊转诊 | 自助取药 | 自助报告 | 出院结算 | 病人随访 |

图6.7　智慧医院全流程应用体系示意

医院智能导览和查询系统：通过平面地图＋三维地图，构建医院智能导览和查询系统，对医院内挂号、缴费、取药、各科室分布情况进行可视化展现并提供楼层位置和路线智能引导。

自助终端：提供自助办理就诊卡、自助挂号、自助缴费、自助打印检查报告和缴费清单等功能，并支持银行卡、医保卡、第三方支付平台等多种付费手段。

医院综合服务：通过移动端 App 或微信公众号、微信小程序等方式，集成医生号源查询、预约挂号、就诊叫号、电子病历建立、报告查询等功能。

患者随访系统：提供患者档案管理、随访咨询、随访登记等功能，加强医生对患者的关怀，并结合患者康复情况，制定科学合理的后续治疗方案和健康管理建议。

远程会诊 / 在线诊疗系统：通过通信网络，实现医生与患者线上沟通病情，并针对文字描述、图片和视频等信息，给予治疗和诊断建议。依托 5G、F5G 等高带宽、低时延的信息技术，开展多方专家远程视频会诊研讨、远程手术指导，提升诊疗水平和医疗技术。

（4）公共卫生应急防控能力建设

公共卫生应急指挥平台提供不明原因疾病和异常健康事件的预警监测、流调和应急处置等功能，提升对传染病和突发公共卫生事件的早期监测和预警研判能力，强化公共卫生重大风险研判、评估、决策、防控协同联动，提高突发公共卫生事件监测预警和应急处置能力。

### 3. 智慧文旅

2021 年，文化和旅游部发布了一系列重要的规划文件，包括《"十四五"文化和旅游发展规划》《"十四五"旅游业发展规划》《"十四五"文化和旅游科技创新规划》等，为"十四五"期间文化和旅游业的智慧化发展提供了明确的指导方向。上述规划文件强调了我国在"十四五"期间将全面进入大众旅游时代，这意味着人民群众的旅游消费需求正在发生着深刻的变化，不再仅仅是低层次的观光旅游，而是向高品质和多样化的方向转变，人们开始更加注重观光与休闲度假的结合，这同时带来了大众旅游出行和消费偏好的巨大变化。随着线上线下旅游产品和服务的加速融合，通过互联网和移动设备等渠道可为游客提供更为丰富多样的旅游产品和服务，这不仅可以满足游客的多元化需求，还可以扩大旅游业的覆盖面和影响力。因此，智慧文旅应用体系的建设主要围绕公共数字文化、智慧文旅监管、智慧景区、智慧文旅公共服务等方面开展。智慧文旅应用体系框架如图 6.8 所示。

图6.8 智慧文旅应用体系框架

（1）公共数字文化

围绕文化馆、博物馆、图书馆、公园、体育馆等公共文化设施，开展数字化升级改造，以数字化手段丰富公共文化服务供给，让群众享受更加便捷、普惠的文化服务。

智慧文化馆：整合区域特色文化资源，建设智慧文化服务平台，为群众提供文化信息查询、文化宣传直播互动、线上线下文化培训、文化展览线上预约等功能，畅通群众学习文化、了解文化的渠道，更及时、更全面地传播和弘扬区域特色文化。

智慧博物馆：利用人工智能、虚拟现实等技术，为群众提供沉浸式数字文化体验，包括云讲解、云导览、XR看展等。

智慧图书馆：打造图书馆纸电资源一体化管理系统，实现对图书馆纸质资源、电子资源的统一管理、编目和检索；建设省、市、街道全覆盖的图书借还系统，实现区域内图书全域通借通还；打造数字图书综合管理平台，方便区域内群众线上查阅、共享图书文献。

智慧公园/体育馆：建设公园智慧跑道和健身设施，提供运动时长、能量消耗等信息实时获取功能；建设全民健身信息服务平台，整合社区、学校、公共体育场馆和设施资源，提供信息查询、健身指导、场馆预订、教练预约、业余比赛组织等惠民应用，为全民健身提供便利。

（2）智慧文旅监管

建设智慧文旅综合监管系统，包括旅游信用监管、旅游安全隐患监管、旅游舆情监测等功能，全面在线连接游客、涉旅商家、旅游从业者、政府，实现全流程智慧文旅综合监管，提升文旅服务品质、管理效率和游客满意度，营造互信的文旅产业发展环境。

旅游信用监管：构建旅行社、景区、酒店、导游的数字信用档案，定期开展信用评级和风险预警。

旅游安全隐患监管：对景区、旅行社、酒店等重点涉旅企业的安全生产、安全管理、应急处置等工作开展定期检查，构建旅游安全管理平台，相关企业上报安全管理相关数据，旅游监管部门依托平台对相关企业上报的安全管理数据进行分析统计、隐患预警、风险排查，有效减少旅游行业发展过程中的安全隐患。

旅游舆情监测：构建旅游舆情监测平台，整合旅游主管部门、互联网旅游服务平台等的游客评价、游客投诉、游客满意度等涉旅数据，对其进行综合梳理和分析，全方位掌握游客投诉问题和诉求，协同责任企业及时调查和处理游客投诉，避免形成旅游舆情事件。

（3）智慧景区

智慧景区是指利用大数据分析、可视化展示等技术，对游客、工作人员实现可视化管理、景区业务流程优化、智能化运营管理，并通过创新服务及营销平台，丰富服务与体验内容，提高旅游设施的质量、提升旅游服务的标准、提高旅游从业人员的专业素养，利用互联网、社交媒体和传统媒体等多种渠道提升景区知名度和影响力，从而实现合理利用旅游资源，确保可持续发展，积极推动旅游业发展与社会发展的融合，促进当地经济发展和社区参与，实现互利共赢的局面。2022 年，全国旅游标准化技术委员会发布了《旅游景区智慧化建设指南》，提出了景区智慧办公、智慧管理、智慧服务、智慧营销、智慧体验等智慧应用的建设思路。本书主要围绕景区视频监控、票务管理、智慧停车、智慧公共厕所、智慧讲解等方面介绍智慧景区的应用设计，通过对景区视频监控、无人零售、售/取票、景区停车管理、公共厕所等的智慧化升级，推动新一代信息技术在景区讲解、导览等方面的应用，实现实时监测、科学引导、智慧服务，提升游客体验感和满意度。

景区视频监控系统：景区内安装视频监控的区域覆盖景区出入口、检票口、售票处、重要景点、停车场、旅客密集地段、事故多发地段。视频监控系统利用5G、物联网等技术，实现视频信号的灵活接入，实时采集视频数据，利用网络将视频传输至管理中心，实现景区重点部位实时监控。同时，利用视频监控进行实时人流量统计、灾害防控，为疏导游客、实施应急预案提供保障。

票务管理系统：整合传统的售票窗口、自动售票机、远程售票窗口及在线售票系统，实现线上购票、线下无接触取票，提供扫描二维码、刷身份证进景点的服务，形成售票多元化、验票自动化、管理智慧化的格局。

智慧停车系统：主要包括车辆识别、停车引导、智能寻车、自助缴费等功能，利用视频监控、扫描识别设备、探测器等前端感知设备，获取车辆信息，并通过智慧停车系统进行智能统计和分析，为景区停车场管理，以及游客车位查询、找车和缴费提供便利。

智慧公共厕所：对景区公共厕所进行前端感知设备布放等智慧化改造，实现景区公共厕所在游客流量、空气环境、厕位信息等方面的智能监测，通过景区智慧公厕平台，可在线查询公厕位置、蹲位使用情况，提升游客体验。

智慧讲解：利用5G、VR/AR、人工智能、元宇宙技术，在重点景点、名胜古迹处开展全景或三维建模搭建虚拟场景，实现历史文化、典故全景重现，为用户提供虚拟讲解、沉浸式互动等智能化服务。

（4）智慧文旅公共服务

整合"一部手机游"、移动客户端等，形成统一的智慧文旅公共服务平台，为游客提供旅游信息查询、产品推荐、行程规划、门票酒店预订、景区导航、景区文创产品销售、沟通互动等应用功能，汇聚区域内各级各类景区资源，对接景区管理和文旅电商平台，满足游客在出游前、游览过程中和游玩后全流程的旅游购物需求。

出游前，游客通过智慧文旅公共服务平台，可查询景区位置、景区周边酒店和餐饮信息，景点介绍和景区设施，平台利用数据和算法，以游客需求智能匹配景区游览路线和行程攻略。

游览过程中，游客通过智慧文旅公共服务平台，可实现无接触购 / 取票、景区智能导航、景区设施查询、景区消费支付等。

游玩后，智慧文旅公共服务平台接入旅游周边产品电商平台，实现景点文化创意产品的预订、销售、配送、售后全流程线上线下融合的旅游营销服务，即 O2O 旅游营销，带动区域特色文化创意产品的发展和文化 IP 品牌打造。

## 6.2.3　城市治理领域应用

### 1. 城市管理领域

城市管理数字化智能化是智慧城市建设的重要组成部分，是创新城市治理模式、完善城市功能、提升城市品质、促进城市转型升级的重要途径。随着城市空间的不断拓展，城市管理工作的"点更多、线更长、面更广"，部分领域的监督执法面临瞬时性、分散性、流动性等难题，急切需要加快城市管理手段、管理模式、管理理念的创新，以适应城市全时空、精细化、智能化管理的需要。

围绕城市管理的相关领域智慧监管和执法监督职能，建设环卫监管、桥梁监管、路政监管、景观照明监管、城管执法、燃气监管、户外广告执法、建筑垃圾执法等重点领域的智慧化管理，构建监督协调、指挥调度、运行监测、多维服务的城市综合监管新模式。智慧城市管理应用体系总体框架如图 6.9 所示。

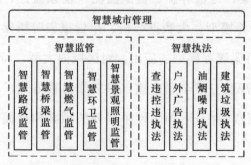

图6.9　智慧城市管理应用体系总体框架

（1）城市管理智慧监管

城市管理智慧监管平台包括桥梁隧道、燃气、热力、环境卫生、景观照明等市政基础设施领域的智慧监管应用系统，通过平台实现市政基础设施的动态监管、精细维护和主动服务能力。

① 智慧路政监管：结合市民上报、日常巡检、第三方巡检、集中整治等手段，及时采集井盖、亭棚、路名牌、箱柜等道路附属设施的基础数据信息，并通过占道挖掘、日常巡检、路政主题研判等功能，实现对全域路政信息全图展现、动态可查，路政问题闭环处理、量化评价。

●占道挖掘事件系统：通过"占道挖掘一张图"对占道挖掘、临时占道、小型临时占道挖掘等事件的发生位置、数量、占用面积、事件开始与结束时间等信息进行可视化展示，对占道挖掘工程开挖、施工、完工、验收等阶段进行全过程监管，对逾期占道挖掘工程进行告警提示。

●日常巡检：通过路政管理微信小程序和移动端 App，城管巡查人员可上传和查询相关责任区域内的井盖维护、维修、改造工作情况及路名牌、亭棚、占道挖掘工作的检查维护情况。

●路政主题研判分析系统：对区域内井盖、路名牌、亭棚、箱柜、架空管线等道路附属设施，占道／挖掘工地事件运行情况、投诉情况、问题处置等进行分类、分时、汇总和组合分析，强化路政管理的预测研判和精准处置。

② 智慧桥梁监管：主要包括区域内桥梁状态感知设施布放，建设智慧桥梁管理系统，提供桥梁档案、巡检养护、健康监测、视频监控、桥梁评估、建筑信息模型（BIM）+桥梁管养模型、大数据分析、报告报表等桥梁管养和健康监测的应用功能。通过 BIM+桥梁管养模型的应用，对区域内大型、特大型桥梁开展三维实景建模，对中小桥梁开展三维全景建模，以三维仿真方式，实现桥梁整体和局部信息的直观、快速定位，并开展预防性桥梁养护预案和全面动态监测，支撑桥梁养护和精细化管理。

③ 智慧燃气监管：依托智慧燃气监管平台，对区域内煤气罐（液化石油气钢瓶）的登记、充装、监测、配送、报废等环节进行全流程智慧监管，并对重要场站、地下管网进行动态监测和隐患排查，确保监管精准、用气安全。

● 液化石油气钢瓶监管平台：对区域内的液化石油气钢瓶开展"一瓶一码"标识码和RFID标签管理，通过液化石油气钢瓶追溯管理系统，提供液化石油气钢瓶充装、配送、回收、报废等环节的动态追踪查询功能，实现区域内液化石油气钢瓶流转可追溯、送气人员可查询、供气服务可评价的燃气供应闭环、动态监管。

● "互联网＋燃气服务"：通过微信小程序、支付宝等渠道，实现燃气销售、燃气设施安装与开通、用户缴费等线上线下协同服务。

● 智慧燃气综合监管平台：主要包括重要场站视频监控、天然气门站监控、地下管网监控、危运车辆（危险品运输车）监控、检查执法、应急指挥调度、报告报表、综合展示等应用功能，通过全面汇集关键点位、管网、危运车辆等燃气监管数据和建模研判分析，提升燃气监管的精细化、智能化水平。

④ 智慧环卫监管：围绕环卫作业、生活垃圾分类回收、公厕管理等环卫监管的重点领域，打造环卫作业服务与监管平台、生活垃圾分类管理平台、智慧公厕管理平台和环卫综合业务管理平台等应用系统，实现环境卫生管理精细、高效。

● 环卫作业服务与监管平台：通过该平台，实现环卫人员作业情况、环卫车辆定位和作业数据采集、实时监管，以及日常环卫人员道路清扫保洁、垃圾清运作业的协调和调度。

● 生活垃圾分类管理平台：全面接入传感器采集的生活垃圾分类投放信息、垃圾收集点和垃圾收运车辆信息、垃圾转运站臭气监测和视频监控信息、垃圾处置厂（场）称重计量信息、环保数据和垃圾处理收费信息，通过对各类数据的综合统计、分析、对比和处理，实现对生活垃圾从分类投放到收集运转，再到分类处置的全过程、全环节线上监督与管理。

● 智慧公厕管理平台：建设区域统一的公厕电子地图，为群众提供公厕查询、线路导航等服务；通过智慧公厕管理平台，实现公厕臭气监测、设备报修、工作人员考核、公厕人流量监测、蹲位使用情况显示、水电消耗情况监测、环境评测、满意度测评、汇总分析等工作的可视化、动态管理。

● 环卫综合业务管理平台：包括环卫问题统计分析和跟踪督办，环卫人员作业质量评估和生活垃圾分类处置效能评估等应用功能，依托环卫技术知识库，实现行业信息、环卫公告、政策解读、管理经验等的共享互通。

⑤ 智慧景观照明监管：通过景观照明监管平台，提供景观照明的集中控制管理、监测管理、数据管理、站点管理、安全管理等功能，实现景观照明设备的远程感知与控制；同时，统一对城市亮化建筑物的景观照明设备进行接口调试、网络调试等安全运维。

（2）城市管理智慧执法

围绕城市管理执法所涉及的查违控违执法、油烟噪声执法、户外广告执法、建筑垃圾执法等领域，开展执法应用系统的建设，实现对城管执法人员的全员监管，包括城管执法人员的工作状态、执法过程、办理结果的全程、全时监管，提高城管执法监督效率和水平。

① 查违控违执法：建立集移动巡查、无人机巡查、定点监测、影像智能对比、公众举报等功能于一体的查违控违执法系统，提供清查排查、地图监测、监查督办、视频调度、移动应用、热点专题图定制展示、多部门协调排查等功能。通过三维实景影像对比、违法建设案件遥感影像对比，形成"天上看、地上查"的立体化巡查体系，实现违建情况智能发现、控违预测研判和控违高效处置。

● 控违预警发现：通过对高精度航空影像、卫星影像及实景三维数据进行多维对比，自动筛查改建和新增建筑，并结合城市建设实际和违建要素，智能筛查和锁定违章建筑。

● 违建取证：通过平台，可进行违建相关的监控照片、监控视频、文字材料等数据信息的上传、查询和下载，实现违建执法信息的及时上报、取证和处理。

● 违建执法管理：依托查违控违数据资源，对违建要素、拆除面积、未处置案件等数据进行建模和分析，实现违建预判防控、违建事件精准预警和发现、违建快速处置。

② 户外广告执法：城市户外广告监管执法系统集可量测实景、广告审批、违法广告督办、移动巡查执法为一体，提供户外广告空间分布、位置、规格大小、内容、

权属单位、设置期限等全要素和全生命周期管理。通过执法巡查移动端 App 和城市户外广告街道实景自动巡查采集系统，对城市街道上的广告的合法性、合规性进行巡查采集和自动对比分析，对非法广告开展智能化执法督办。

● 可量测实景数据管理：利用实景电子地图，通过城市三维全景与三维激光点云数据相关联，实现基于实景的户外广告位置、面积快速量测功能，提高量测效率及量测精度，为广告巡查执法提供数据支持。

● 移动巡查执法督办：移动巡查执法终端具备拍照、信息登记、对比识别、沟通联络等功能，执法人员在路面巡查时，可随时拍照上传巡查的户外广告信息，并通过系统对广告合法合规情况进行智能识别，自动生成非法广告执法督办工单，派发相关责任人进行执法和审批反馈。

③ 油烟噪声执法：针对区域内易发生投诉纠纷、投诉较多的餐饮企业和在建工地开展感知监测设施部署。建设油烟噪声执法督查系统，实现对重点区域、重点企业的油烟排放和噪声扰民等问题进行智能判别、在线监测和远程执法，提高油烟噪声执法工作效率。

④ 建筑垃圾执法：建设建筑弃土 / 垃圾监管平台，利用物联网、定位感知终端设备，围绕建筑垃圾"产 - 运 - 消"的全流程，对拆迁工地、建筑垃圾消纳场的建筑弃料 / 渣土运输车辆的重量、高度、速度、工作线路进行动态跟踪管理，实现建筑垃圾车辆"规范清运、安全处置、绿色运输"。

### 2. 平安城市领域

（1）公共安全感知体系建设

感知设备设施建设：依托"平安城市""雪亮工程"，开展城市视频监控"补点扩容"，包括区域内车辆卡口、人脸识别设备、Wi-Fi 嗅探、电子围栏、RFID 识别设备、危爆物感知设备等多维感知设备设施建设，确保城市视频监控全覆盖和实时动态感知。

社会治安防控：建设社会治安防控平台，统筹开展区域"一标三实"（标准地址、实有人口、实有房屋、实有单位）的数据采集和管理。开展实有人口管理、民用爆炸物品管理、社区管理、剧毒危化品管理、大型活动安保管理、公安巡特警管理等应用系统建设，通过数据挖掘对比和分析建模，深化对社区、"三站一场"（火车站、高铁站、汽车站、飞机场）等公共安全重点场所、重点行业、重要部位、重大活动等要素进行全方位感知防控，实现重大社会治安事件提前发现、动态预警、智能防范和快速处置。

（2）智慧警务应用建设

维稳处突：依托公安数据资源平台的数据资源，开展包含维稳事件信息、涉稳重点人员信息、涉稳情报线索等的维稳信息数据库建设，通过人工智能、大数据等进行多维度对比分析和智能研判，实现涉稳重点人员的跟踪预警、快速锁定，推动对涉稳案件的综合研判、高效处置。

侦查打击：基于智慧侦查打击系统，建设涉黑、涉毒等各类刑事侦查资源库，并通过对比和研判分析建模功能，实现人员生物特征鉴定、对象关系分析、活动轨迹分析、案件对比等警情侦查智能研判，形成"纵向贯通、横向集成、合成作战、反应灵敏、运转高效"的公安智慧侦查打击工作模式，提高刑事侦查反应速度和智能化分析侦察能力。

### 3. 社区管理领域

社区作为城市的基石，在城市精细化治理和基层服务中扮演着举足轻重的角色。随着科技的不断进步和智慧城市建设的深入推进，智慧社区这一新兴概念应运而生，并逐渐得到普及和推广。智慧社区是指利用物联网、云计算、大数据、人工智能等新一代信息技术，充分融合社区场景下的人、事、地、物、情、组织等多种数据资源，构建一个互联互通的智慧平台，通过该平台收集、整理和分析各种数据，为政府、物业、居民和企业提供个性化的社区管理与服务类应用。通过智慧社区的建设，可以将社区管理与服务推向一个新的高度，达到更高的科学化、智能化和精细化水平，促进政府与居民之间的互动和沟通，加强社区内部的协作和共享，实现共建、共治、共享的管理模式，推动社区建成更加和谐、有序和繁荣的居住环境，为城市的发展注入新的活力和动力。

"十四五"时期，智慧社区向精准化、精细化、智能化的方向发展，更加注重社区安全绿色空间、社区便民惠民服务、社区精准治理等领域的提升。2022 年 5 月，民政部、中央网络安全和信息化委员会办公室等 9 部门联合下发了《关于深入推进智慧社区建设的意见》，围绕智慧社区平台、智慧社区治理、社区生活服务、社区数据管理与应用、智慧社区基础设施智慧化改造等重点领域的建设要求，打造智慧共享、和睦共治、贴心服务的新型数字社区。智慧社区应用体系主要包括社区精准治理、社区智慧生活服务圈和安全韧性社区三大方面，如图 6.10 所示。

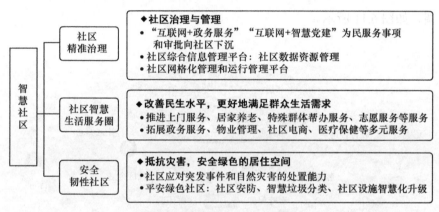

图6.10　智慧社区应用体系示意

（1）社区精准治理

社区信息管理平台：建设社区基础信息管理平台，开展社区内居住和就业人员（年龄、职业、户籍）、车辆、房屋等基础信息采集和汇聚，对接城市政务数据资源平台，整合水电气等数据资源，形成社区基础信息库，为社区日常管理和应急指挥、重点人员排查、巡查寻访等工作提供数据支撑。

社区基层治理：建设社区综合管理平台，以网格为单位，依托社区信息管理平台的各类数据资源，实现问题投诉、业主委员会管理、物业评估、居民议事讨论、矛盾在线调解等功能，构建社区服务信息公开、居民诉求上报、问题处置反馈等渠道，调动社区居民参与治理的积极性，快速响应社区群众需求，及时调解矛盾纠纷。

社区运行指挥中心：整合社区数据资源，集中搭建社区服务平台和应用场景，建设集态势感知、信息资源共享、预警研判、协调联动、决策指挥于一体的社区运行指挥调度平台，通过对社区人、物、事件等要素的动态感知和对数据资源的应用分析，形成社区突发安全事件、灾害等突发事件分级分类管理，事前研判预防，事中联动协同和快速处置，事后评估的全流程闭环智慧管理，提升社区的安全性和韧性。

（2）社区智慧生活服务圈

以"为社区群众提供便捷贴心服务"为出发点，充分整合区域公共服务、社会服务和商业服务资源，开展政务服务、居家养老、智慧健康服务、社区电商等便民服务，构建智能化、方便快捷的未来社区生活新场景，形成便民惠民的社区智慧生活服务圈，如图6.11所示。

图6.11 社区智慧生活服务圈示意

智慧物业：通过智慧物业管理平台，实现物业缴费、故障报修、邻里服务、投诉反馈、保洁管理、房屋租赁等物业服务事项线上线下协同办理，依托智慧物业管理平台及时发布社区活动、停水停电停气信息、恶劣天气预警信息、交通出行信息等通知公告，全面促进物业服务提质增效。

智慧党建：建设社区智慧党建平台，为社区党员提供党员档案管理、"三会一课"活动开展、党费交纳、党员下沉服务、民主评议等功能，有效支撑社区党组织对辖区党员全生命周期的动态管理，并通过平台进一步开展线上线下融合、形式多元的党员活动。

社区政务服务：将社保、医疗救助、医疗卫生、养老、户籍等"互联网＋政务服务"服务事项和行政审批权限向社区下沉延伸，通过微信公众号、微信小程序、移动端App、24 小时政务服务终端等多种形式，实现政务服务"网上办、掌上办、就近办"。

智慧养老：以社区为单元，在社区老年活动中心配置视频监控、物联感知设备、一键报警装置、智能穿戴设备、医疗监测设备，为老人提供健康管理、康复护理、精神慰藉、生活照护、营养配餐、紧急求助、文娱活动等综合服务。

社区电商：通过社区电商平台，实现商家直播销售、用户在线购物、线上支付、商品无接触配送、智能快递柜存放商品、用户智能快递柜提货等功能。

智慧垃圾分类回收：围绕垃圾管理的"投放、收集、运输、中转、处置"全流程，建设智慧垃圾分类回收平台，提供垃圾投放智能引导、预约回收、垃圾分类积分兑换、垃圾 / 运输车辆自动化跟踪监管、智能分析研判等功能，规范垃圾分类和回收管理，全面改善社区居住环境。

（3）安全韧性社区

以老旧小区改造为契机，基于物联网技术，开展智能停车场、智能充电桩、智能消防栓、水浸传感器、燃气报警器等社区智能感知基础设施设备的部署与升级，扩大社区视频监控覆盖范围，部署人脸识别设备、车辆识别道闸一体机、高空抛物监控探头、小区周围防护电子围栏、小区进出管理的闸机等社区安防设备设施。建设社区智慧安防管理系统，实现小区出入口、重点部位的实时感知监测，推进小区治安视频监控数据与公安部、应急管理部等部门的对接联动，打造"人车事物"全覆盖、警情联动快速处置的社区安全防护网络，为社区安全稳定和突发事件快速处置提供保障。

小区出入口管理系统：在小区出入口、单元楼门口等部位布放人脸 / 车辆识别设备设施、视频监控、热成像传感器等设施设备，建设具备智慧门禁、车牌识别、访客综合管理等功能的小区出入口管理系统，智能、精准地管理进出小区人员和车辆情况，为小区安全管理提供支撑。

社区安防监控系统：通过对实时监控视频资源进行调阅、分析及研判，对人、车、事件目标的轨迹进行多维对比，对异常情况和可疑行为进行预警提示、一键报警。

● 高空抛物监控：在高层住宅的顶楼及外立面安装监控摄像头，对高空坠物进行探测和监控，便于在高空抛物事件发生后调阅监控视频进行调查溯源。

● 热成像监控：通过社区重点部位的热成像视频监控，对夜间异常行为、火灾隐患等情况进行监测预警，快速、精准地确定隐患点位和区域范围，有效排查小区安全隐患和快速处置火情事故。

● 电瓶车监管：在单元楼门口、楼梯间和楼栋电梯口部署视频监控设备，并与社区安防监控系统联动，实现对电瓶车入户、电瓶车楼栋停放充电、电瓶车搭乘电梯等危险行为进行实时监控和预警，进一步规范电瓶车停放，减少安全隐患。

### 4. 交通管理领域

智慧交通应用体系包括智慧交通治理、智慧交通公共服务和智慧停车等内容，如图 6.12 所示。

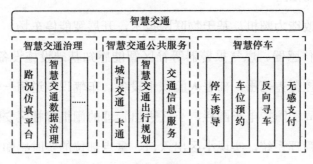

图6.12　智慧交通应用体系示意

（1）智慧交通治理

路况仿真平台：依托交通感知数据、路网数据、车辆流量、人流数据等多维度数据资源，开展对交通出行状况的监测、分析和预判，实现城市道路交通信号灯智能化配时调控，通过交通信号灯自适应调整系统，利用交通大数据资源，对各交叉路口进行交通流量评估，实施交通信号灯自适应调整，缓解道路交通拥堵。

智慧交通数据治理：构建交通大数据管理平台，充分对接驾培、铁路、民航、旅游、网约车等企业数据，汇聚运营车辆监控信息、路网（道路、水路、民航）信息、公共交通服务信息、乘客车辆流量信息等数据资源，形成交通管理数据资源池，为交通疏导、应急救援、车辆引导等交通综合指挥调度提供数据支撑。依托交通大数据资源，提供交通信号智能控制、交通诱导信息发布、交通违章处理、路况预警、线路规划、事故应急预案、路政管理维护、道路容量管控、动态路况监控、综合交通管理、综合车辆监控调度等应用功能，实现行业业务管理、路网运行监测监控、应急处置、公众出行服务、决策辅助分析。

（2）智慧交通公共服务

城市交通一卡通：通过打通公交、出租车、地铁等公共交通出行方式的支付方式，实现一张交通卡通行，为群众出行提供便利。

智慧交通出行规划：通过对时间、路况、天气等数据的多维度分析，通过算法和模型，围绕用户的出发地、目的地和出行时间等需求，为市民自动生成个性化的交通出行方案。

交通信息服务：全面整合区域公共交通资源，结合市民的出行需求，调整和规划公交车班次、地铁发车频率、接驳车路线、出租车调度，并提供交通信息查询推送服务，综合缓解热点场所与重要交通枢纽的交通压力。

（3）智慧停车

通过智慧停车平台，提供停车诱导、车位预约、反向寻车、无感支付等功能，优化停车治理，实现车位资源的高效利用和车主停车服务的最优化。

停车诱导：基于驾驶人信息、车辆信息，接入停车场数据、车位数据、交通流量和电子地图，结合车主的停车需求，智能生成与电子地图和交通流量匹配的行车路线，为车主推送停车诱导信息。

车位预约：提供停车场总车位数、可用车位数量等车位使用信息查询，车主可线上预约空闲的车位，并设定预计到达时间。车位被预约后将呈现锁定状态，其他车辆不可停入该车位；当超过预计的到达时间后，该车位将解除锁定，可以继续被其他车主使用和预定。

反向寻车：车主离开停车区域时，智能停车系统根据驾驶人信息、车辆信息自动搜索确定车辆位置信息，并提供寻车路线指引，方便车主找寻车辆。

无感支付：通过无感支付，将车辆进出停车场时间信息、车位数据与车辆号牌关联，车辆驶离时车主可通过扫码查询停车时长和费用，并关联第三方支付平台进行手机支付，提升停车付费效率。

### 5. 生态环保领域

智慧环保是依托物联网技术，从区域水、大气、土壤、污染源等方面对区域环境情况进行感知、分析和监测，从而针对环境污染事件和问题开展智能研判、科学决策和协同快速处置。智慧环保通常具备环境状态全面感知、设施网络全面互联、分析治理智能精细等特征。推进智慧环保建设，应坚持"绿水青山就是金山银山"的理念，并充分利用信息化手段，加强生态环境动态监测、提升生态环境治理能力和执法管理效率，同时，推动绿色低碳发展，完善碳排放权交易市场建设。

（1）智慧生态环境监测治理

智慧生态环境监测治理主要围绕环境污染和生态保护红线等对生态环境进行全方位动态监测监控，并依托生态环境监测数据，进行预警预报、分析研判、风险防控、应急指挥和精准治理。智慧生态环保应用体系的建设主要包括生态环境监测、污染源监控、生态环境治理和公共服务等内容，如图 6.13 所示。

图6.13 智慧生态环保应用体系示意

生态环境监测平台综合利用传感器、视频监控、卫星遥感、红外探测、射频识别等装置与技术，自动采集、传输、存储生态环境监测数据。建设生态环境综合监测系统,围绕大气、水、土壤等方面,提供全流程的环境质量和重点污染源动态监测、异常预警和科学分析研判等功能。

① 水环境监测管理

水环境基础信息采集:利用前端感知设备对区域内的重点河流、湖泊的水位、流量、流速、泥沙、墒情、水质等信息进行实时采集、动态感知和监测。

水环境异常预警:结合水环境功能区域划分,设置水质控制目标,如高锰酸盐指数和氨氮、总氮、总磷等污水中的常规特征污染因子浓度标准。当污染物浓度或水质指标超过安全阈值或政策标准时,可自动进行预警提示并展示异常点的超标特征污染因子、超标情况等具体信息。

污染溯源和分析:针对断面超标预警,提供基于断面、企业、排口等关联关系的溯源,判定可能出现超标超量的废水排放口及主要特征污染因子,通过污染物类别、水质监测数据、废水排放口与企业的关联关系,确定问题企业。

② 大气环境监测管理

大气污染物基础信息采集:在涉气企业、工业园区、餐饮区域、在建工地、道路等区域部署空气监测站和移动监测车,对大气环境中的氮氧化物、臭氧、PM2.5、PM10 等的浓度进行监测。

大气环境预警:设置大气环境中的氮氧化物、臭氧、PM2.5、PM10 等重点监测指标的安全阈值,当前端感知设备监测的空气质量指数(AQI)高于安全阈值时,进行智能预警提示,通知各级监管人员进行污染情况溯源和原因分析。

生态环境智慧治理:依托生态环境治理信息平台,全面汇集环境地理信息、多维监测数据、污染源数据、污染事件数据、环境风险源、环境敏感点等数据资源,为生态环境治理提供智能分析、预警研判、应急预案、协同处置、科学决策和公众参与等应用功能。根据环境保护监测不同应用场景,结合历史数据和对比分析模型,形成生态环境保护机制预警、高效处置、及时反馈的业务全流程闭环管控模式,提升生态环境治理水平和监管效能。

企业监管和公共服务:建设生态环境信息管理与公开平台,全面汇集生态环境监管信息、企业节能排污信息等数据，定期向社会和公众公开政府生态环境治理情况、通报社会排污排废情况。建设"互联网＋环保"平台，提供公众反馈意见、互动评估、建言献策的渠道，鼓励公众参与生态环境治理。企业污染行为监管平台具备污染源企业信息管理、污染源在线智能监管、污染物排放总量控制、在线监管设备管理等功能，实现污染源"一源一档"，污染源企业"一企一档"，形成对污染源企业信息、项目审批、在线监控、执法监察记录、排污收费、行政处罚、信访投诉等方面的全面综合监管。

（2）生态价值提升

生态产品价值实现：建设生态价值管理平台，打造生态价值"一张图"，编制自然资源资产负债表。依据国家或区域自然资源资产产权和价值核算规则，在平台设置相应标准，提供土地、水域、森林等自然资源资产价值智能化估算和评定，并依托平台推进排污权、用能权、用水权、碳排放权市场化交易。

推进"碳达峰、碳中和"：构建碳排放能耗情况智能监测管理平台，提供各区域和场所碳排放、能源消耗的实时统计、精准跟踪、智能预警、多维分析的功能，精准识别高能耗、低能效单位，梳理挖掘影响碳减排的关键因素。

## 6.2.4 产城融合领域应用

### 1. 农业数字化转型

智慧农业生产：大力推进 5G、物联网、人工智能等信息化技术与农机作业、水产养殖、设施农业、特色种植等领域农业生产的融合创新，利用 5G 高带宽、低时延等特性，更快捷、高效地指挥无人机、田间作业机器人等新型智能农机进行灌溉、巡田、收割等农事作业，优化感知设施布局，推进农作物生长环境、土壤墒情、病虫害智能监测、预警和动态调节，促进农业生产方式向集约化、精准化、自动化、高效化转型升级。

"互联网＋农业"应用服务：建立农业农村数据采集、运算、应用、服务体系，加快完善农业数据监测、分析、发布、服务制度，引进优质信息化企业强化数据市场化运营，提升农业数据信息支撑宏观管理、引导市场、指导生产的能力。进一步提升"互联网+"农业监管服务应用力度，整合区域内农业、林业、水利、土壤、气象等涉农信息资源，促进信息技术在农业应急指挥调度、灾害预警预报、执法监管、远程视频诊断、农村产权交易、农产品销售等方面的应用，持续提升农业管理与服务的智能化水平。

农村电商：围绕农业特色产业和重点农产品品种，做好产前、产中、产后全产业链数字化改造，完善农产品网络销售的供应链体系、运营服务体系和支撑保障体系，强化电商企业与小农户、家庭农场、农民合作社等对接。加强农村冷链物流配送网络，推广应用定位、温度传感器、RFID 标签等信息设施，持续提高农产品仓储管理和物流追溯的精细化水平。做好区域品牌农产品电商上行渠道资源整合服务，强化规模新型农业经营主体与电商平台间的合作，发展区域农产品电商服务平台。通过电商带动农业市场化、倒逼农业标准化、促进农业规模化、提升农业品牌化。

### 2. 工业数字化转型

智能制造：围绕区域特色制造业建设智能生产线、数字智慧工厂，推动信息化技术在生产加工、管理运营、市场销售等环节的创新融合，应用推广智能制造装备，引导制造业企业对生产流程及生产工艺开展技术改造，建设应用研发设计系统、工艺仿真系统、数据采集分析系统、企业资源计划（ERP）、制造执行系统（MES）、产品全生命周期管理（PLM）系统等，实现高效率研发设计、智能化生产制造、全流程跟踪追溯、多维度数据分析、科学化管理决策。

工业互联网平台：引导传统工业企业开展内外网络、工业设备升级改造，全面部署低时延、高可靠、广覆盖的工业互联网网络基础设施。建设工业互联网平台，培育特色工业互联网创新企业与服务提供商，支持有基础、有优势的行业电商平台创新服务模式向工业互联网平台转型，培育综合性、区域性、行业级、企业级工业互联网平台。开展远程设备操控、设备故障诊断、无人智能巡检等工业互联网应用场景创新。远程设备操控，依托工业设备、监控摄像头等工厂感知设备和工业互联网的数据传输汇聚，远程实时把握生产现场工业设备运行情况，并通过设备操控系统精准操控生产现场工业设备。设备故障诊断，全方位监测生产设备的全生命周期数据，构建设备故障知识库和模型，智能分析预测设备运行情况，并依托工业互联网实现报警提示、诊断分析等信息的智能化、精准推送。无人智能巡检，依托工业互联网和 5G 网络，全面接入智能机器人、无人机等智慧化巡查设备和厂区安防设备，实时采集厂区视频监控、图片等数据，利用图像识别、深度学习等技术和算法，进行数据的智能化分析和对比，灵活、高效地开展区域内的安防巡查，提高巡查效率并有效降低人工成本。

企业"上云用数赋智"：搭建工业大数据云平台，制定"工业企业上云"参考目录和评价标准，通过财税支持、政府购买服务等方式引导工业企业将基础设施、业务系统、设备产品向云端迁移，推动云应用软件和云应用服务在企业中的应用，促进企业向"互联网＋智能制造""云＋智能制造"转型升级。发挥各类产业园区、孵化基地和公共服务平台的作用，推动各类工业企业充分依托云平台购买服务、租用系统，应用成熟的设计、管理、仓储、供销等云应用软件和云服务，降低企业信息系统构建成本，帮助企业快速形成信息化能力。

### 3. 服务业数字化转型

智慧物流：加强机场、港口、园区等综合物流枢纽的感知设备、智能机器人、无人配送车等智能装备建设，实现港口基础设施智慧化升级。发展多式联运，优化运输资源配置。建设智慧物流枢纽信息管理平台，提供资源整合、仓储管理、车辆调度、物流跟踪等应用功能，提升综合物流枢纽运输管理和服务水平。加快推进快消品、农副产品、电商、冷链等对应的重点物流领域标准化车辆投放，以及自动化、智慧化和规模化运作，提升物流专业化、智慧化服务水平。

智慧金融：鼓励金融机构、信用中介机构利用区块链、大数据技术，搭建企业征信联盟链、企业融资对接平台，开展小微企业风险画像、信用评估，形成贷前、贷中、贷后智慧风控解决方案。深化数字货币应用普及，探索在供应链金融、贸易金融等领域中的创新应用场景，打造金融产业无纸化透明高效作业模式。探索建立绿色信贷资产证券化、碳金融等要素交易平台，积极推动碳金融工具创新应用，创建绿色金融信息平台，创新绿色金融工具，打造区域绿色金融信息中心。

智慧商贸：开展智慧商圈建设，推动商业街区、商业综合体开展数字化智能综合服务管理平台建设。整合商圈购物、餐饮、交通、生活服务等资源，引入数字孪生、人工智能、大数据等技术，完善商圈全景展示、信息推送、智慧停车、网订店取、智能支付、智能配送等应用功能，构建高品质、便利化、智慧化、差异化的智慧商圈。开展5G、VR等技术与零售业的融合创新，推进零售业线上线下协同发展，引导实体门店数字化升级及智能商业终端布局，鼓励设置"智慧商店"和线上线下融合的新消费体验馆，规范无人便利店、自动贩卖机、开放式货架发展。建设集政府监管、信息共享、金融服务、信用管理、统计监测、安全追溯、风险防控于一体的电商综合服务平台，依托平台开展区域特色文化产品、农产品线上销售和推广。

第7章

# 新型智慧城市运营模式

# | 7.1 智慧城市运营概述 |

城市运营的基本含义是指地方政府和社会企业在充分认识和利用城市各类资源的基础上，通过政策支持、市场调节等多种方式，对城市资源进行经营管理，通过整合优化使城市资源实现增值，选择合适的运营模式使城市效益最大化。智慧城市运营可以理解为充分利用城市可用信息资源，广泛应用社会资本，实现城市资源的最优配置。

智慧城市建设运营项目涵盖了城市发展多种要素，是一项时空范围内的复杂综合系统工程，涉及多类主体，所需投资巨大。传统的政府建设运营模式已很难满足智慧城市建设运营需求，目前，国内外多个先进城市结合自身特点，先后进行了智慧城市建设工作，并对智慧城市的运营模式进行了一定探索。

# | 7.2 国内外智慧城市运营情况 |

在全球城市化、数字化浪潮中，各个国家和地区都在摸索适合自己的特色发展模式，形成不少建设和发展智慧城市可直接借鉴的成熟经验。但不同的模式有不同的优缺点，每个城市的地域环境、经济基础、支柱产业等都有不同的特点，智慧城市建设者可根据城市实际情况选择合适的运营模式，避免套模板进行智慧城市建设。

## 7.2.1 国外智慧城市运营情况

（1）韩国智慧城市运营经验

韩国首尔智慧城市建设是政府独立投资建设运营模式的成功典范。2004年韩国政府提出"U-Korea"发展战略。2011年首尔提出"智慧首尔2015"计划，推动韩国提前进入智慧社会。"智慧首尔2015"计划在韩国政府领导下通过推动个别示范点向全市扩散的方式，在首尔的城市生活服务、城市安全、城市基础设施管理、城市交通、城市环境等方面均取得重大突破。首尔作为韩国首都，在首尔智慧城市建设运营过程中，韩国政府投入了极大的精力，支持力度巨大，有充裕的资金作为保障，政府的完全投资保证了政府对未来设施的控制权。

（2）日本智慧城市运营经验

日本是全球率先开展智慧城市建设的国家之一，经过几十年的不断完善，日本已在智能基础设施、智慧社区等领域取得了突破性发展，在积极应对人口老龄化、资源短缺等问题方面走在了世界前列。

日本在智慧城市建设运营过程中，奉行多元主体协同推进的战略，大部分智慧城市项目由社会企业牵头，日本政府与社会企业开展广泛合作建成各类合资公司，开展智慧城市建设运营工作，其中，深入参与智慧城市规划、设计、建设与运营过程的除了土地开发企业，还包括信息技术公司等，这也充分体现了"社会参与"的规划设计理念。

（3）瑞典智慧城市运营经验

斯德哥尔摩不仅是瑞典首都，还是瑞典第一大城市。随着城市规模的逐渐扩大，车辆数量急剧增长，人口急剧膨胀，城市交通问题深深困扰着当地政府。为有效解决城市道路拥堵问题，斯德哥尔摩政府尝试与 IBM 公司合作，设计、构建并且开发、运行了一套先进的城市智能交通收费管理系统，这一突破性举措将城市交通拥堵指数大幅下降 20%，机动车污染物排放量大幅减少 12%。该市智慧交通项目的成功离不开 IBM 公司的参与，IBM 公司在研发过程中的作用尤为关键。由此，斯德哥尔摩智慧交通项目被认为是典型的政府与大型企业共同运营的成功案例之一。

## 7.2.2　国内智慧城市运营情况

（1）上海智慧城市运营经验

上海是我国的经济中心之一，也是 2022 年我国 GDP 最高的城市。2010 年上海正式提出"创建面向未来的智慧城市"战略，由此历时多年的智慧城市建设拉开序幕，十几年的努力使上海在智慧城市建设上取得了令人瞩目的成绩，成为全国智慧城市建设样板。

上海整体规模较大，网络建设耗费资金较多且花费时间较长。通过政府指导并开展部分投资的方式，由运营商承担城市网络建设，不仅缩小了政府投资规模且有效调动了各运营商参与智慧城市建设运营的积极性，双方共同开展智慧城市建设运营，取得了显著成效。在工业和信息化部组织的中国信息化发展水平评估中，上海的综合指数排名达到全国第一。

（2）广东智慧城市运营经验

广东作为我国经济强省之一，智慧城市与数字政府建设运营水平也长期位居全国前列。在智慧城市的建设工作中，广东省充分整合三大基础电信运营商（中国移动、中国联通、中国电信）和头部互联网公司优势资源，成立数字广东网络建设有限公司，以政企合作、管运分离的模式开展智慧城市建设运营。在该运营模式建设过程中，广东省内部扫清体制机制障碍，广东省信息中心及省直各单位全部44个信息中心被全面撤并调整，并在数字政府顶层设计中大胆革新，成立省市县三级政务服务数据管理局，以组织体系的调整保障智慧城市与数字政府建设运营的高效开展。在该运营模式下，55个省直部门可向电子政务管理办公室提出建设需求，电子政务管理办公室向数字广东网络建设有限公司采购相关服务，数字广东网络建设有限公司为省直部门提供技术与运营支撑。

（3）杭州智慧城市运营经验

杭州在信息化与数字化建设方面一直处于全国领先地位，尤其是近年来在政务、公共服务等领域取得了创新性进展，杭州市一体化智能化公共数据平台荣获2022年IDC亚太区智慧城市大奖（中国区），获得高度肯定。

杭州市在智慧城市建设运营过程中，与本地互联网企业开展了广泛而深入的合作，合力共建云计算之城、移动支付之城，为杭州建成"全国数字经济第一城"提供有力支撑。

（4）武汉智慧城市运营经验

武汉智慧城市建设坚持以"政府引导、市场主体、多方参与、共同受益"为原则，在《武汉市新型智慧城市顶层规划（2020—2022）》中明确提出成立国有或国有控股企业参与组建的平台公司，以承担智慧城市运营主体平台，并针对基础公共项目、政务项目、准经营性项目、纯商业化项目、部分可独立运作项目、不具备商业化开发条件项目等不同类型的项目，适配多种运营模式。武汉的智慧城市建设运营项目不仅有较强的示范作用，也积累了相当丰富的建设运营经验，并于 2021 年荣获世界智慧城市大奖（中国区）。

## 7.2.3 国内外智慧城市运营经验启示

上述国内外智慧城市运营经验对后续开展智慧城市建设运营的城市有十分重要的参考价值。

（1）可持续的资源投入是开展智慧城市运营管理的基础

在智慧城市建设运营的过程中如果可以实现因地制宜，选择合适的模式，那么将会非常有利于智慧城市的可持续发展，而选择何种模式的最重要的前提就是匹配当地的经济发展情况。在智慧城市的快速发展过程中，经济发展情况是项目控制的重要参照，足够强的经济实力也是保证智慧城市建设运营可以有效推动城市发展进程的主要力量。

（2）科技产品更新是开展智慧城市运营管理的重要保障

在智慧城市建设运营过程中，需要对高新技术产品服务进行大规模应用，同时也要结合科技创新成果持续推动运营管理升级。从整体上看，智慧城市的建设运营可以有效提升经济发展水平，进而依据高新技术产业的发展推进产品更新换代。

（3）政府政策支持是开展智慧城市运营管理的重要保证

智慧城市的建设运营通常由政府主导开展，因此在智慧城市运营管理过程中，政府提供法律与政策支持能够为智慧城市发展聚势蓄能，从而吸引相关企业、团体共同参与，为智慧城市发展提供有利环境。

## | 7.3 国内智慧城市运营存在的主要问题 |

智慧城市运营并不是一蹴而就的事情，而是一个历时较长、可持续的经营管理过程。近年来，我国支持智慧城市发展的利好政策不断叠加，在全国掀起新一轮智慧城市建设热潮，各大城市纷纷提出了智慧城市的建设目标和规划方案，但是多数城市在实施的过程中出现各类乱象，并且暴露出大量负面问题，常见的问题包括规划缺乏统筹、投资成效差、各类系统重复建设、缺乏标准制定等，既未能发挥智慧城市促进城市发展的积极作用，扰乱了智慧城市建设运营市场环境，也在很大程度上浪费了政府财政资源和社会资源，不利于智慧城市的长效健康发展。

（1）顶层设计能力缺失，规划缺乏统筹

智慧城市的建设运营涉及多个主体、覆盖社会各个方面，是一项极其庞大而复杂的系统工程。针对目前在全国新型智慧城市建设过程中出现的各类问题，不少专家认为各地在进行智慧城市建设的过程中缺少科学的顶层规划与制度设计。

一是早期智慧城市建设采用分散建设模式，各个地方政府"条块分割、系统烟囱林立、数据孤岛"等问题严重，跨地区、跨层级、跨部门缺乏有效的沟通协调机制。难以避免地会出现地方政府各部门业务系统重复建设、缺少运营管理能力、缺乏可持续发展能力等突出问题，难以实现城市公共服务系统的整合。

二是智慧城市运营过程中长效管理机制和配套法律法规尚不完善，各种混乱问题时常发生。目前而言，国家有关智慧城市建设运营的相关配套法规仍然不健全，只局限于几大部委出具的指导性文件，暂无齐全的配套性法规。在法制时代，法律行为主体的权利和义务均得以约束，智慧城市作为一个较为新颖的对象，在法律的制度设计层面与创新性实践方面存在互益性补充，法律制度的更新需要从实践过程遇到的问题中来总结，而实践的成熟与稳定将构成未来立法背景，从而实现运用法律手段解决突出问题，这必然是一个渐进发展的过程。

（2）政府投入资金来源不足，融资较困难

智慧城市建设的一个主要特点就是项目资金需求量大、建设周期漫长、覆盖面广。一般智慧城市覆盖交通、生态环境、教育、医疗等多种公共服务领域，目前世界经济仍处于低速增长周期中，面对外部压力加大、内部困难增多的严峻局势，地方政府在智慧城市上持续投入的压力也不断增大。

智慧城市建设运营如果仅是通过政府财政支持将会难以完成智慧城市的可持续发展目标，为有效突破资金供给不足带来的融资困难，政府部门需充分考虑引入市场机制，大力发展多元化的社会资本投入，构建新的资金流入渠道。结合国内外智慧城市建设运营经验，除了涉及国家安全及公共利益领域，建议更多地吸纳市场主体、极大丰富资金来源、提升企业参与度、盘活社会资源，从而真正减少政府财政资金的投入。

（3）数据资源壁垒未破除，合作平台亟待建成

对于智慧城市的建设者与运营者来说，数据的开放共享程度是决定智慧城市建设运营成败的重要因素之一，但目前各地政府部门自行建设系统的数量众多，数据壁垒依然较为严重，这导致跨层级、跨部门的共享协作存在较大阻力，从而缺乏基于大数据技术的科学决策辅助能力，复用能力偏弱，产业发展的助推力不足，无法实现智慧城市运营过程中的价值再创造。另外，数据采集统计的真实性、有效性、完整性难以保证，社会企业参与政府数据运营的合作机制尚不完善，合作平台缺失，导致政府数据无法在合法合规的环境中充分开放，政府对数据安全与合法性的顾虑导致数据共享积极性不高，社会企业缺乏基于公共数据来挖掘新的商业价值的途径。

（4）过度重视形象工程，忽略智慧内涵

目前，全国各地智慧城市建设运营项目正在如火如荼地开展，但"空心化"问题日益严峻。一方面，不少地区智慧城市的建设仅停留在物联网、云计算、大数据等"高大上"的建设工程上，仅着眼于大屏建设、软硬件投入、不同系统接入等，未能充分建立统筹运营管理机制，未能有效解决各部门的"数据孤岛"问题，忽略实际应用效果，无法实现真正面向未来的智能化应用。

另一方面，盲目跟风导致智慧城市建设运营项目收效甚微。由于我国不同地区

经济发展水平与信息化建设水平参差不齐，各地区信息化发展处于不同阶段，因此当前各地区智慧城市建设运营面临的主要难点也存在较大差异，但过度简单效仿发达地区智慧城市建设运营经验，建设一批与本地实际发展水平不匹配、与本地实际需求相差甚远的智慧城市项目，缺乏科学的建设规划、坚实的数据支撑基础与长效运营管理规划，无法充分发挥智慧城市功能成效。

因此智慧城市建设运营不仅要充分考虑新一代信息通信技术的广泛应用，提升自主创新能力，更要结合地区自身实际情况，高度重视应用时效，实现新技术与新需求的有效融合，促进城市服务新业态与新模式的发展。

（5）绩效考核未能形成闭环，缺乏运营效果评价

我国于 2022 年修订了《新型智慧城市评价指标》，评价工作旨在摸清智慧城市发展现状，为国家决策提供参考，为地方明确新型智慧城市建设工作方向、为新型智慧城市建设经验共享和推广提供有力支撑。基于近年已评价数据，从重点领域来看，各城市在惠民服务、精准治理、生态宜居、信息基础设施这 4 个领域的发展水平较为均衡。而和其他领域相比，全国不同地区在信息资源领域的发展差异较大，主要包括对于信息资源的共享和开发利用，因此，探索解决信息资源发展不平衡问题，是未来破解发展不充分问题的重要课题之一。

然而以上评价内容更注重考核部门工作任务的实际落地执行情况，缺乏针对已建系统的运营情况的评价考核机制，对项目的绩效目标实现程度、运营管理情况、资金使用情况、公共服务质量、公众满意度等绩效考核不足。从评价考核机制建设的角度来看，当前各地政府一是"重建设、轻运营"的观念仍未转变，二是各级政府运营管理能力不足，针对受委托方运营的职责划分尚不明确，保留了传统的政府主导的思路，没有充分发挥市场主体作用，没有制定合理的评价考核机制。根据考核结果对价格或补贴等进行调整，激励社会资本通过管理创新、技术创新提高公共服务质量。

（6）运营风险预期能力差，安全风险加大

目前，智慧城市在很大程度上仍由各地政府主导，存在各类风险不可控的问题。

例如运营收益风险方面，社会资本可能无法有效实现预期收益，在智慧城市快速发展的环境中，急需建立智慧城市建设运营过程中合法合规的项目验收与收益分配机制，政企双方应该在项目初期就收益分配的方式进行磋商并达成共识，从而保障项目的正常进行。否则，如果在项目进行过程中出现利益分配相关问题，势必会对社会企业共同参与智慧城市建设运营的积极性产生影响，不利于智慧城市的长远发展。

另外，随着智慧城市的快速发展，运营过程中的网络与数据安全风险也逐渐显现。一方面，智慧城市的建设往往意味着大量智能设备的覆盖、多类系统的集成，这也对数据安全访问提出了更高的要求，在城市现有信息系统的改造与开发过程中，数据安全管理机制建设、数据安全运营管控能力提升等问题已成为待探索的重要领域。另一方面，部分智慧城市建设运营头部企业存在一定垄断趋势，受商业机密保护能力不足、政府专业审查能力不足等因素影响，智慧城市建设运营过程中的网络与数据势必存在一定安全隐患。

## 7.4　新型智慧城市运营主要发展趋势

### 7.4.1　运营对象中枢化

过去，智慧城市建设运营主要聚焦单一领域，近些年随着智慧城市建设的深入开展，治理内容的复杂程度逐渐提升，在智慧城市建设运营过程中，跨层级、跨部门的业务协同需求不断增长，智慧城市的建设运营重点顺理成章地向综合性、全域性集成类项目发展。不少城市将城市大脑、城市运行管理指挥中心的建设运营视为城市智慧化发展的牵头项目，据财政部统计数据，在智慧城市相关项目中，以城市运行管理指挥中心为主要建设内容的综合项目已超 50%。

### 7.4.2　运营主体多元化

智慧城市建设运营具有相当的复杂性，建设运营周期跨度较大，过去由政府进行大包大揽的建设运营模式已很难满足当前需求。通过加强政府与企业的深入合作，可以有效地发挥市场作用，有效补齐政府部门能力短板，提供更加专业的运营支持，更能快速发现市民与企业的需求与痛点。

从近年来智慧城市项目中标企业特征来看，行业龙头企业的带动作用日益明显，中国电信、中国移动等大型国企与互联网头部企业均拥有较为成熟且系统的智慧城市解决方案，在智慧城市建设过程中体现出强大的支撑作用，如前文所述的广东省由三大电信运营商代表政府与互联网头部企业开展合作，成立数字广东网络建设有限公司。此外，智慧城市的建设运营也逐步由过去的单一厂商模式向全生态体系共同参与的形式转变，如在长沙"城市超级大脑"项目建设过程中，引入近40家合作伙伴，共同参与建设，实现500余项政务服务线上化。

### 7.4.3 "投建运"一体化

以往的智慧城市项目常出现建运分离、只建不运的情况，而智慧城市整个体系的复杂性、持续性要求应用可长期运行的一体化体系，从而有效避免政策变化、需求变化、团队变化等带来的不确定性，故此从投资到建设再到运营的一体化运营服务模式逐渐成为各地首选，如成立联合公司或平台公司来整体负责投资、建设与运营工作，实现智慧城市项目全生命周期的环节把控。

### 7.4.4 运营能力专业化

在智慧城市发展初期，不少项目使用项目代建的方式开展，供应商按照政府要求进行项目建设，项目建设完成后不再负责系统运行，然而政府部门由于专业技术能力欠缺，对项目的质量把控能力、对供应商的管理能力较差。

随着智慧城市的快速发展，智慧城市项目不再仅仅是政府部门信息化项目，要求系统建设突破部门壁垒，实现数据互联互通、系统上传下达，政府部门也逐渐意识到项目的落地性与可持续性的重要性，需要配备高水平专业人员开展建设运营工作。目前，多数地方以政府管理为主体，成立国有独资公司或国有控股公司来实现智慧城市的专业化运营，如成都建设了市属专业平台公司，开展成都城市大脑等大型项目的投资、建设与运营。

### 7.4.5　数据运营核心化

城市的数据资源有多种多样的来源，数据广泛存在于经济社会的各个部门中。智慧城市大数据可以说是城市的政务数据、社会数据等不同类型数据的总和，依据数据来源与用途可以大致将智慧城市大数据分为政务大数据、产业大数据与公益大数据。如何有效地对智慧城市大数据进行整合、存储和开发应用，是智慧城市建设的关键所在，故此数据运营也成为各个城市探索的重点。近年来已有北京、天津、广东、浙江、山东、贵州等十几个省市设立了省级层面的大数据管理机构，承担加强大数据领域行政管理职能和推动大数据产业发展职责。

### 7.4.6　用户运营价值化

智慧城市建设运营并非普通基础设施建设，而是有情怀、有温度地进行社会服务，使居民生活更有获得感和幸福感是所有智慧城市建设运营的最终目标。在智慧城市的所有受益者中，居民是最重要的群体，居民是城市的主人，智慧城市的建设运营理应把广大居民的利益作为出发点与落脚点，提升居民衣食住行的舒适度与便捷性，通过高效的用户运营，实现以人的发展来整体推进城市发展，以居民的正向反馈与支持实现智慧城市的可持续运营。

## 7.5　新型智慧城市运营模式发展与分类

### 7.5.1　运营模式演变过程

随着智慧城市的逐步发展，智慧城市运营模式从以政府独立主导、建设为主、建运分离的模式向多元合作、建运一体、长效运营的模式转变。

在投资主体方面，过去主要由政府主导、牵头部门负责、财政部门给予资金支持，如今演变为政府、牵头部门、财政部门与社会机构共同出资。在建设运营主体方面，过去主要由项目建设运维单位，即建设服务商负责开展项目的建设与运维工作，如今逐渐演变为专门的建设运营公司即运营商自主开展项目建设运营工作或者建设运营公司委托第三方运营服务商开展建设运营工作。

在智慧城市建设运营公司的组建与工作开展方面，第 1 种模式是由政府指定国资公司与社会优势企业联合组建智慧城市平台或者联合公司自主进行智慧城市建设运营工作。第 2 种模式是由组建的智慧城市平台或联合公司委托第三方运营服务商开展建设运营工作。第 3 种模式是由智慧城市平台或联合公司与第三方运营服务商合资成立联合子公司来承接智慧城市建设运营工作。智慧城市平台或者联合公司一般都拥有国资背景，政府在此过程中依旧拥有统筹管理等能力。

## 7.5.2　运营模式主要分类

目前，智慧城市的发展逐渐多元化，运营对象包括基础设施、数据、系统、安全等，项目属性包括非经营性项目、准经营性项目、纯经营性项目，项目主导主体包括政府、市场。根据项目运营主体对运营模式进行分类，包括政府独立投资运营模式、政府融资运营模式、政府特许市场化运营模式；根据项目回报类型对运营模式进行分类，主要包括政府购买服务、政府付费、使用者付费等模式。

### 1. 按运营对象分类

（1）基础设施运营

一般而言，智慧城市的基础设施主要包括感知设备、云资源与网络。基础设施运营指针对公有云/私有云、数据中心、灾备中心等算力设施，互联网、政务外网、政务专网等网络通信设施，感知终端、感知传输设备等感知设备进行运行维护工作，并从中挖掘出具有延伸价值之处。

（2）数据运营

智慧城市数据运营包括数据采集与管理、数据整合、数据治理与数据共享开放等。

在智慧城市建设运营的过程中需要进行数据采集与管理，为数据的共享应用创造基础。采集的数据主要包括政府存量数据与生成数据，物联网设备如监控摄像头、各类传感器采集的环境数据，各重点企业的行业数据及互联网监测数据等。数据的管理主要聚焦于数据集约，一是数据物理集约，也就是数据上云、统一大数据中心的建设；二是数据的逻辑汇聚。

在城市发展过程中生成多源数据，可通过数据整合解决数据分散、数据扩张、数据非标准化等问题。数据整合一般包括数据目录标准规范的建立、数据多类型接口的打通等。

数据治理是充分发挥政府管理职能的关键举措，从城市整体规划管理、公共服务管理等宏观层面到企业管理、个人管理等微观层面，均需要管理者开展全生命周期的数据治理。而数据治理能力在一定程度上也反映了智慧城市建设体系的价值与管理者现代化治理能力的水平。

通过智慧城市数据运营，推动整个社会的数据共享开放，实现数据价值的有效释放，是各个智慧城市管理者追求的目标之一。一般数据开放共享的方式有差异化、一站式及众包式。

（3）系统运营

智慧城市运营涉及城市发展的多个方面，包括政务服务、城市综合管理、企业服务、社会治理等方面，需要建设城市管理、医疗、交通、房产、环保、企业发展等多个领域的系统。不同应用领域的智慧化场景不同，根据各自领域特征与城市发展需求建设功能具有一定差异性的系统，而系统运营就是为满足上述需求应运而生的。

（4）安全运营

随着智慧城市的不断发展，安全问题日益显现，如何建设智慧城市的安全运营体系成为各个智慧城市管理者广泛关注的问题。

实现监测预警、应急处置及灾难备份与恢复是智慧城市安全运营的主要目标。监测预警主要指在政策法规框架下，建成安全监测预警体系，针对智慧城市的系统平台运行，实现风险快速发现、事件快速处理及问题快速上报；应急处置主要指充分考虑各类突发事件情况，构建完备的突发事件应急预案，通过事件分类分级处置，实现系统的快速复原；灾难备份与恢复主要指在系统平台运行过程中出现突发事件后，及时采取恰当措施，实现系统平台的运行恢复正常。

在安全运营过程中，保证合规性是一项重要内容，通过开展成熟的等级保护，实现从规划、建设、实施、测评等多个维度进行防护。由于智慧城市运营涉及云网、物联感知等多个方面，要求在运营过程中充分考虑各类等级保护要求；另外，数据安全合规性也是安全运营的重要组成部分，数据作为智慧城市的重要资产，安全问题直接影响智慧城市建设成效及用户隐私保护，需要在智慧城市发展过程中充分考虑法律法规框架下的数据全生命周期防护。

聚焦智慧城市各类应用场景，提升业务安全保障能力是关键。从智慧城市的云网基础设施安全到城市应用服务体系安全再到城市数据中心安全，要求在安全运营过程中充分聚焦智慧城市业务场景，提升安全建设能力。

### 2. 按项目属性分类

（1）非经营性项目

非经营性项目的建设与运营，并非只为获得经济利润，而是更注重社会影响力与环境效益，因此，此类项目的建设运营主要由本地政府或者上级政府来进行运作。项目建设运营的资金来源主要为财政资金，项目的全部权益由政府所有。在项目建设运营的过程中为了提升项目质量，一般采取引入竞争机制等方式，使一些专业公司承担代建、代运营的职能，提升项目管理效能与经济收益。此类项目主要包括城市应急指挥、城市生态环境监控、"平安城市"等。

（2）准经营性项目

准经营性项目，可以理解为半公益性项目，即有一定的经济利润但不具有明显的经济效益，由于政府参与制定的相关政策或价格因素暂时无法实现成本回收，因此此类项目一般为市场失效类项目。在准经营性项目建设运营的过程中，如果采用由市场进行运营的方式，一定会出现资金供给不足的问题，政府必须提供一定的政策优惠或财政补贴来保障运营的正常开展。此类项目主要包括智慧医疗、智慧交通、智慧文旅、智慧体育等，在市场主体进行建设运营的过程中，由政府进行优惠政策补充。通过项目的市场运营比重不同来满足不同类型的需求，在一定条件下，可以转变为纯经营性项目进行运营管理，来最大化实现市场职能。

（3）纯经营性项目

纯经营性项目一般都拥有较好的经济收益，经营者可以通过项目收费来获得高额报酬。各类经营型企业通过公开招投标的方式，对智慧城市项目进行规划、建设、运营，并获取运营所得收益，即投资方属于纯社会性企业并且是项目最终受益者。纯经营性项目在收费的价格明确时，可以采取意向报价、公众议价等形式，在这个过程中，政府作为智慧城市整体主导者，需要通过一定程度的监管保障多方合作利益。纯经营性项目除了上述所有、经营权合一外，同样可以根据需求采取权利分离的方式来促进融资活动的开展，为智慧城市运营提供充足的资金支持。

### 3. 按项目主导主体分类

（1）政府主导型

智慧城市运营管理是地方政府的一项重要职能，在智慧城市的整体建设和运营过程中，基本建设与运营工作均为政府主导开展。

一种主导方式是从投资到建设再到运营完全由政府独立开展，可以实现政府对智慧城市管理的有效掌控，但一般情况下由于智慧城市项目规模较大且具有较强专业性，因此对政府的资金水平与技术能力要求较高。另一种主导形式是政府主导，社会企业参与运营，可以在一定程度上实现社会资金的有效利用，企业可以基于自身专业性为政府提供技术支持，但对政府的监管能力提出较高要求，需要政府对合作的社会力量进行规范评估。

（2）市场主导型

随着智慧城市市场整体的快速扩大，部分城市政府主要承担监管职能，而智慧城市建设运营的具体执行均由社会企业主导。在智慧城市建设运营过程中，由于资金短缺或者需要市场专业能力推动，因此可通过市场主导的方式开展。专业平台公司充分发挥独立自主原则开展运营工作，实现自身的优势价值并使政府有效规避财政风险。但在市场主导的运营模式中，政府的管控力度不足，若社会企业逐利本质没有得到有效遏制，则会对城市公共服务水平产生负面影响。

### 4. 按项目运营主体分类

（1）政府独立投资运营

政府独立投资运营模式主要适用于前文提到的非经营性智慧城市项目，一般此类项目涉及政府管理、公共服务、国家安全与重大公共利益等，社会企业无法承担相应的运营职责。由于项目的性质特殊，只能由政府进行投资、建设、管理与运营。此模式最大的特点就是政府完全独立参与，具有绝对控制力。

（2）政府融资运营

政府融资运营模式主要包括建设 - 移交（BT）模式、建设 - 租赁 - 移交（BLT）模式。BT 模式，是智慧城市在建设运营过程中主要针对非经营性项目，采用非政府财政资金开展相应工作的一种模式，采用 BT 模式的项目一般规模较大，资金需求多，社会企业的参与可以有效解决项目融资问题，同时充分发挥企业专业优势。BLT 模式是政府通过让出智慧城市项目建设权力给相关企业，双方约定一定租赁期限，项目建设完成后由政府租赁该项目并开展管理运营，社会企业收取政府支付的使用租金来收回建设成本并获得收益，租赁到期后项目所有权交还给政府的一种模式。BLT 模式投入资金为非政府资金，适用于城市基础设施中非经营性项目。

（3）政府特许市场化运营

在智慧城市建设运营过程中，部分项目的市场经营性特征明显、企业参与积极性高。此类项目可以通过政府引导、管理，通过市场能力来进行建设运营，对于项目建设运营成效，政府可采取相应的鼓励性激励措施。在有效节约财政支出的情况下，减少政府管理人力财力耗费，同时极大地提升社会企业参与城市共同建设的积极性，促进相关行业产业快速发展。一般来说，政府特许市场化运营模式主要有建设 - 运营 - 移交（BOT）模式、建设 - 所有 - 运营（BOO）模式、建设 - 所有 - 运营 - 移交（BOOT）模式等。

在 BOT 模式中，政府允许相关社会企业融资建设运营某些智慧城市设施，给予企业相应期限的特许经营权，项目建设完成后政府取得项目所有权并将项目运营职能委托于项目公司，项目公司通过收费等形式收回投资，项目特许经营权到期后，企业将项目移交于政府。

在 BOO 模式中，政府通过赋予相关社会企业特许规划、设计、建设、管理、运营等职能，政府并不约定收回该项目所有权的期限，项目公司可以拥有无限期的特许经营权，但需要与政府签订某些公益条款来保障项目的公共服务性。此模式可以有效促进社会企业参与智慧城市建设运营，而且保证了项目公司全周期参与，有利于项目质量保障。

BOOT 模式与 BOO 模式不同的是，项目公司需要在项目所有权与特许经营权到期后将项目所有权移交给政府。另外，在项目建设完成后，在特许经营期内外，BOO 模式中的项目公司均拥有项目所有权，BOT 模式中的项目公司在特许经营期没有项目所有权，BOOT 模式中的项目企业在特许经营期内拥有项目所有权。

### 5. 按项目回报类型分类

#### （1）政府购买服务模式

根据智慧城市项目的所有权对政府购买服务模式进行内部划分可以分为委托经营模式和政府仅购买服务模式。

委托运营模式：在该模式中，由政府负责投资建设智慧城市的公共基础设施项目，建设完成后委托项目公司开展运营，政府向运营公司支付相关费用。采用委托运营模式可以保证政府对项目的控制力，通过引入专业运营团队，实施运营外包的方式来保障运营质量。在这一过程中，政府承担较大风险，社会企业承担风险较小。

政府仅购买服务模式：对于智慧城市中某些复杂性较高、综合性较强、投资规模较大、运营较难的项目，政府完全发挥市场能力，项目由行业内专业能力强的企业开展投资、建设和运营，政府通过定期支付费用的形式来获取服务。政府仅购买服务模式适用于某些融合发展项目、社区经营管理项目等。

#### （2）使用者付费模式

对于纯经营性项目，多采取使用者付费模式，即由基础设施、服务使用者向项目公司支付使用费用，实现项目公司的投资回收与盈利。在使用者付费模式中，使用者主要支付与自身需求量对应的费用，但由于智慧城市项目具有一定公益性，在使用者所支付的费用不能让项目公司实现投资回报或盈利时，政府会通过财政补贴、降低税费等措施来补充资金回收不足部分，即纯经营性项目转变为准经营性项目。在一般情况下，使用者付费模式主要存在于智慧停车、智慧养老、智慧体育等项目中。

## | 7.6  新型智慧城市运营模式选择基本原则 |

在选择使用智慧城市运营模式的时候要遵循几个基本原则，具体如下。

一是合作共赢原则。在智慧城市建设运营过程中，参与者众多，相互之间利益相关，在设计模式时，要充分考虑各方的利益需求，平衡利益分配，充分调动参与者的积极性，在合作的过程中实现各方利益共赢的局面。

二是持续盈利原则。运营模式必须是长久持续发展的，能够拥有广阔的市场和持久的盈利点，这样才能保障参与的运营商在正常情况下能够回收投资成本并获得一定的利润，从而吸引更多社会资本参与到智慧城市的建设中，而不是单靠政府投入。

三是市场主体原则。在构建运营模式时，要符合市场规律，突出市场的主体作用，市场的事情交给市场来决定，政府只进行宏观上的干预，尽可能避免市场垄断，发挥企业积极性，运营管理和服务定价问题主要遵循市场规律来解决，凸显服务质量和效率的重要性。

四是阶段性原则。无论是从城市的发展历程来看，还是从城市的运营经验来看，城市管理运营有十分明显的阶段性特征，同理，智慧城市建设运营也当如此。智慧城市在不同的发展阶段，运营管理的整体思路、开展模式、运营内容和关注重点都存在差异，因此智慧城市管理者应充分考虑本地智慧城市发展阶段，从政策制定到发展计划确定再到范围界定都应遵循阶段性原则。

五是个性化原则。每个城市的情况存在着巨大的差异，在选择智慧城市运营模式上也会有较大差异，具有一定的个性化。例如在国外，欧洲多数国家在智慧城市建设运营过程中主要关注交通、医疗等领域的信息化发展；在国内，深圳、南京等城市则更重视创新基础设施建设，宁波等地更重视数字产业等。如果贪图方便，不对本地城市进行全方位调查评估，而是一味地对其他城市成熟经验进行全盘复制，则很难达到预期效果。

六是品牌化原则。智慧城市的建设运营与企业的创建运营具有一定相似性，需要在注重发展效率和发展质量的基础上，进行品牌推广。城市的对外形象、品牌不仅包括城市的建设布局、地表建筑等，城市的管理服务水平、城市环境保护能力、城市居民的满意度等也均应该包括。智慧城市的发展，是对城市内部各类资源的有效盘活、创新应用，也是极大地提升本城市综合竞争力和对外品牌形象的重要内容，需要管理者在运营原则中充分考虑。

七是保障安全原则。保障信息安全是建设运营智慧城市的基础，智慧应用的基础是信息数据的支撑，必须采集大量公民个人信息，在构建运营模式的时候，如何确保公民个人信息安全，如何确保在开发运营、开展服务的同时不损害个人权利，需要慎重考虑这些问题。

# | 7.7　新型智慧城市运营主要模式分析 |

近年来，各地政府对智慧城市运营模式进行了大量有益探索，本节将详细分析目前常用的几种运营模式，包括政府自建自营模式、政府和社会资本合作模式、政府平台公司运营模式、联合公司运营模式及政府购买服务模式。

## 7.7.1　政府自建自营模式

### 1. 模式介绍

政府自建自营模式是应用较为普遍的一种运营模式，在此模式中，政府完全利用财政资金，不借助任何社会企业力量。在智慧城市建设运营过程中，政府通过财政资金支持、凭借自身掌握的专业技术知识开展整体规划、项目建设、运营管理工作。一般来说，此模式主要面向政府机关内部、企业和公共服务。通常，在政府自建自营模式中，会将项目设计、施工等工作外包给专业公司，从而使政府能够在项目建设运营过程中实现专业服务。

政府自建自营模式主要适用于政府主导的经营性项目与非经营性项目，如重大垄断项目、公共基础设施建设项目、涉及国家安全的项目及社会公益性质项目。

### 2. 主要运作方式

政府自建自营模式一般采取设计 - 采购 - 施工总承包模式，也就是我们常说的EPC，即政府独立投资并将项目的设计、建设一体化工作交由工程总承包商，工程总承包商承担项目整体进度把控、质量管理、安全管理、成本管理等。

（1）投资主体

EPC 投资主体多为地方政府，通过地方政府招标采购一家或者几家符合要求的企业组建投标联合体，共同开展项目规划、设计、建设、测试工作，最后向政府整体移交项目成果。政府在整个过程中拥有较大的主导权。

（2）模式使用范围与特点

EPC 多应用于项目内容复杂、投资规模巨大、专业水平要求较高的项目。传统EPC 主要是进行工程项目建设，在智慧城市建设中，一般应用于基础设施建设、民生服务系统建设等项目。

EPC 的主要特点就是整体性、一体化，项目总承包商对项目整体内容进行统筹管控，整体把控项目质量与建设周期，可以有效避免各个建设模块的脱节问题，有效打破不同建设模块之间的沟通壁垒。

（3）EPC 运作流程

一般 EPC 开展由政府单位进行统筹牵头，通过政府组织公开招标等方式来明确项目总承包商，项目总承包商可以根据需求与自身能力选择自建或分包，开展设计、采购与施工。其中，设计环节包括初步设计、详细设计及项目建设运营整体策划；

采购环节包括智慧城市信息产品的采集、智慧城市建设的分包招标等内容；施工环节包括系统建设、数据整合、平台建设等内容，同时需要项目总承包商进行项目整体进度把控、成本控制、质量管理与安全保障。

### 3. 模式的优缺点

（1）优点

在政府自建自营模式中，参与项目的代建公司具有独立法人资格，代建公司与政府建立的项目临时指挥中心相比，具有一定的组织稳定性及人员专业性，代建公司管理人员具有一定的项目经验，以保障项目顺利实施。另外，代建公司需要通过收取政府管理费用获得经济收益，这对代建公司自身发展具有正向激励作用，促使代建公司建立完善的管理体系，组建专业的技术团队，实现项目的高质量完成。

（2）缺点

政府自建自营模式最大的缺点就是财政资金需求巨大，为政府带来较大的财政压力，在项目开展过程中极易发生资金短缺的情况。另外，由于代建公司的深入参与，政府能否有效选择适合的代建公司是决定项目成败的关键因素，需要政府做到优中选优、保证市场竞争公平公开。

易出现上述问题的主要原因为：一是代建市场发展水平较低，需要政府能够通过科学的评估分析选择管理水平、信用水平、技术水平合格的公司参与项目，但代建市场发展尚处于初级阶段，造成了选择代建公司的过程较为困难、政府不易掌握；二是部分项目前期考虑不够充分，项目定位不清晰，导致在项目建设过程中出现目标更换等状况，代建公司委托事项无法按期保质完成。

## 7.7.2　政府和社会资本合作模式

### 1. PPP模式

（1）整体介绍

公共私营合作制（PPP）模式是指政府和社会资本合作，在公共基础设施建设、运营、管理中采取的一种政府特许支持项目公司运作的模式。PPP 模式是一种以各参与方"双赢"或"多赢"为合作理念的现代融资模式，其典型结构为政府部门或地方政府通过政府招标采购的形式与中标单位组建的项目公司签订特许合同，由项目公司负责筹资、建设及经营，政府只提供政策支持和协助。地方政府通常与提供项目贷款的银行或者金融机构之间达成一个直接协议。该直接协议不是对项目进行担保，而是一个向借贷机构承诺将按与项目公司之间签订的融资合同支付相关项目费用的协议，可以使由社会资本组成的项目公司比较顺利地获得金融机构的贷款。采用这种融资形式的实质是政府通过给予私营投资公司长期的项目特许经营权和长期收益权的方式来支持和加快公共基础设施的建设及进行有效运营。PPP 模式流程如图 7.1 所示。

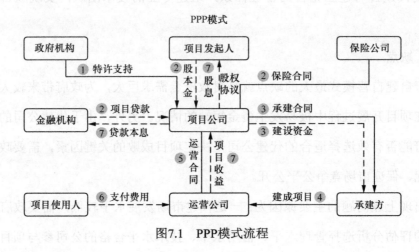

图7.1　PPP模式流程

（2）参与者

① 政府机构：组织专业机构对特许项目的可行性进行评价分析，并公开向社会资本组织招投标，综合权衡、考虑参与招投标的社会企业条件，最终确定中标者并与相关项目公司签订合同，给予项目公司项目的特许经营权。在项目建设运营过程中，政府机构为项目公司提供一定的政策支持和其他协助。

② 项目发起人：主要职责是投标前召集相关成员成立项目公司，以签订出资合同的形式确定项目成员各自的出资比例和出资形式，并协调相关人员组成项目领导

小组，负责处理 PPP 项目公司正式注册前的相关准备工作。

③ 项目公司：作为 PPP 项目运营管理的实施者，负责参与项目投标谈判，与政府签订特许合同以获得 PPP 项目的建设特许经营权。项目公司负责的主要工作有前期项目融资、设计，中期项目建设、运营，后期项目移交的全部过程，项目特许经营期结束后，在经营权或所有权转移时，PPP 项目公司清算并解散。

④ 金融机构：为项目公司提供项目贷款，使项目公司顺利完成项目融资。金融机构主要包括国际金融机构、商业银行、信托投资机构等，为了减少风险，一般金融机构在提供贷款时会要求 PPP 项目公司通过银行账户质押（债务人以其银行账户所表彰的财产权利为质）等方式提供履约保证，或寻求第三方担保。

⑤ 保险公司：为项目提供保险，减轻项目中各个角色所承担的风险。风险一般包括建筑商风险、业务中断风险、整体责任风险、政治风险等。由于一般项目的资金投入较大，一旦出现不可预见的风险，造成的损失也是巨大的，因此对保险公司的财力、信用要求很高。

⑥ 承建方：项目的直接建设者，建设资金由项目公司根据承建合同提供给承建方，承建方要在合同规定的期限内保质保量完成项目建设任务。所以 PPP 项目的承建方要有技术过硬的专业团队，能够保证项目进度按照约定的时间推进和按时完成。项目竣工后，承建方要按照项目设计的指标和要求对项目进行验收和性能测试，在确定项目符合合同规定的建设标准后，将建成的项目移交给运营商。如果未在合同规定期限内完成项目建设任务或者项目建设质量未通过竣工验收，承建方会受到相应的处罚。

⑦ 运营公司：项目的运营管理者，运营公司与项目公司签订长期的运营合同，合同期限不得短于项目的贷款期限，让项目保持连续运营管理。一般会选择管理技术和水平较高的运营公司，因为专业团队和丰富的管理经验能够为项目运营管理带来稳定的收益。不过在运营管理过程中，项目公司也会对运营公司进行监督管理，核算运营成本，提出成本计划，控制运营商的总成本支出。根据运营公司的运营收

益情况，进行相应的激励或处罚。

（3）模式的优点

PPP模式可以使更多的社会资本参与智慧城市基础设施建设项目，减轻政府的财政负担，降低风险。智慧城市基础设施建设需要投入大量的资金，采用PPP模式，可以以政府为主体，广泛吸收社会资本，通过市场杠杆作用实现融资，利用较少的政府财政资金来带动较大的社会资本投入，可以有效地应对政府在智慧城市基础设施建设项目投入上面临的资金短缺的难题。

PPP模式可以在一定程度上保证参与者"双赢"或者"多赢"，既让政府加快基础设施建设进度，又让社会资本获得一定的利益。PPP模式具有风险较低、资金稳定的特点，并且有政府政策支持，对社会资本有较强的吸引力，能够盘活当地资本，刺激经济发展，同时增加就业机会。

PPP模式在减轻政府资金压力和投资风险的同时，还能够有效地提升智慧城市基础设施公共服务效率。项目使用者的需求和项目的质量成正比，在利益的推动下，社会企业有足够的动力来不断提高服务质量。

（4）模式的缺点

PPP模式有可能导致社会企业融资成本升高。社会资本与政府部门相比，缺乏足够的公信力，金融机构对社会资本的信用水平认可度通常较低，会导致社会资本融资的成本变高。

PPP模式普遍采取的特许经营权制度可能会导致市场垄断。一方面，PPP项目的投标成本一般较高，导致规模较小的社会资本无法进入项目，从而缩小了政府机构招标过程中的选择空间；另一方面，取得特许经营权后，项目在该领域获得了一定程度上的垄断，缺乏市场竞争。

PPP模式缺乏足够的灵活性。为了保证资金的回收和取得相关利益，一般PPP项目签订的都是长期合同，无法将项目的未来变化充分考虑进来，在合同条款的规定下，项目的运转长期保持固定模式，难以灵活地应对各种风险变化。

## 2. BT模式

### （1）整体介绍

BT 模式是一种在基础设施项目建设中采用的投资建设模式，即政府或者政府机构（项目发起人）跟项目中标人，也就是中标的企业或者团队，签订一份合同。通过这份合同，中标人需要负责项目的融资和建设。当项目按照合同约定的时间建设完成后，中标人要把竣工验收的项目工程移交给政府机构。然后，政府机构根据之前签订的回购协议，向投资建设者分期支付项目建设总投资，总额就是建设成本加上一定的利润。

这种模式的本质是政府出钱、企业出力，合作完成基础设施项目的建设。这种模式的好处在于，政府可以更快地完成一些重大项目，而企业则可以通过提供服务和建设获得利润。总体来说，BT 模式是一种双赢的合作方式。BT 模式流程如图 7.2 所示。

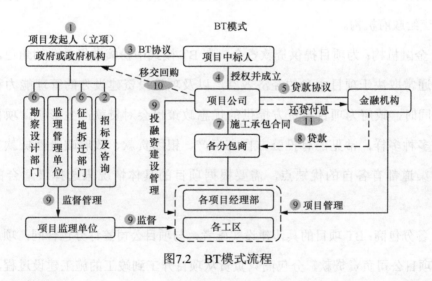

图7.2　BT模式流程

### （2）参与者

① 政府或政府机构（项目发起人）：作为项目发起人，会在招标前完成项目立项的流程，并进行一系列前期准备工作，如编制项目建议书、进行可行性研究、筹划报批等，而后委托授权公司或咨询公司来对项目建设特许经营权进行招标，这构

成了 BT 模式的基础。政府机构与中标人签订 BT 协议，在项目建设时，政府的勘察设计部门和征地拆迁部门协助项目公司获得项目建设的资源和空间，政府的监理管理单位对项目监理单位进行监督。当项目建设完成后，就会进行项目移交，根据之前签订的合同，政府机构会按照项目的总价，对项目进行回购，从而收回项目的所有权和经营权。

② 项目中标人：与政府签订 BT 协议，负责组建项目公司来具体实施项目建设。项目中标人对项目工程质量全权负责，实行终身负责制。项目中标人要严格执行政府投资项目的有关规定，完成合同约定的建设内容。

③ 项目公司：具有独立的法人资格，能够适应项目建设管理，按照 BT 协议和相关法律法规、规范及标准组织工程的筹资、建设、管理，并承担建设期间的风险，项目的建设施工由项目公司承包给分包商，合理规划项目总体建设进度，安排项目工期，按期完成工程任务，在项目竣工后负责项目的总体验收，并在项目结束后将项目移交给政府机构。

④ 金融机构：为项目提供贷款资金，在 BT 模式中扮演着很重要的角色。贷款的条件通常取决于项目本身的经济效益，以及项目投资建设方的管理能力和资金状况。同时，政府为项目投资方提供的优惠政策也会对贷款产生影响。项目的融资渠道多种多样，常见的有投资方自有资产、银团贷款、政府政策性贷款等，这些融资渠道都有各自的优缺点，需要根据项目的具体情况来选择最适合的融资方式。

⑤ 各分包商：BT 项目的具体建设实施者，与项目公司签订分包合同，项目建设资金由项目公司负责贷款，分包商只负责从项目开工到竣工的施工建设过程，按照合同约定完成承包范围内的工程项目建设，在质量、造价、工期、安全、环保等方面满足合同规定的要求，工程竣工后将项目移交给项目公司，各分包商获得相应的报酬。

⑥ 项目监理单位：项目的第三方监督者，在监理过程中秉持公平公正、自主独立的原则，依法依规开展监理工作，严格履行自己的职责。通过见证、旁站、巡视、

平行检验等不同方式把控好工程项目的质量、进度、成本及安全生产，及时提出和纠正各分包商在施工中出现的问题和不足，确保项目顺利完成建设。

（3）模式的优点

BT 模式同样可以减轻政府资金压力，BT 模式的特点是由社会资本参与政府公共事业的投资。在招投标完成后，项目融资和建设交给项目公司来完成。在项目建设期，不需要政府投入大量的财政资金。在项目建设完成后，政府可以采取分期支付的方式来支付项目资金，极大程度地缓解了政府的财政压力。

采用 BT 模式对于降低项目建设成本有利，可以使政府有效使用财政资金。通过招投标签订 BT 合同，可以利用市场竞争规律压低项目投资成本，同时因为合同中明确规定了项目的建设价格和工期，能对建设工程的整体造价进行强有力的约束，从而降低政府的投资风险。

BT 模式也有利于推进项目建设一体化，提高建设效率。政府将项目交予项目公司设计和建设，能够减少项目建设管理和协调环节，实现各环节紧密衔接，能够最大化地体现项目建设一体化的优势和规模效益。

采用 BT 模式，政府可以将更多的精力放在服务管理上。具体建设事务由项目公司接手，政府管理人员能够在提供市民公共服务和履行自身管理职能上投入更多精力。

（4）模式的缺点

当然，BT 模式也并非没有缺点，具体如下。

政府对待履约支付的态度对企业最终是否盈利有巨大影响。

一般情况下，大部分 BT 项目合同金额庞大，但同时完成合同的建设工期也相应较长，BT 模式的订单净利润不高，需要企业拥有雄厚的资金实力来支撑。

因为项目公司不参与经营，没有依靠运营收回投资的压力，为了追求利益最大化，往往导致在项目建设过程中出现偷工减料、以次充好的现象，必须加大监督力度。

### 3. BOT模式

（1）整体介绍

BOT 模式最大的特点是先建设、后租赁，政府通过将基础设施项目一定时期的经营权质押给社会资本来获得项目融资，即项目所有权归政府所有，但为民营化经营。BOT 模式是一种特殊的项目投资建设模式。在 BOT 模式下，首先由政府授予项目发起人（通常是政府机构或国有企业）项目的特许经营权，即项目发起人获得在特定时间内进行特定项目的建设和运营的权利。在获得特许经营权后，项目发起人会与政府签订一份特许协议，这份协议详细规定了双方的权利和义务。项目公司不仅要负责建设，还要负责管理项目的运营，包括项目日常维护、确保项目按照规定运行、收取使用费或服务费等。在特许期内，项目公司通过运营项目的收入及政府给予的一些政策支持和其他优惠来回收资金。然后，项目发起人会组建一个项目公司，负责项目的融资和建设。这个过程可能需要银行或其他金融机构的参与，以确保项目有足够的资金支持。特许期结束后，项目公司需要将项目无偿地移交给政府，这就是 BOT 模式的整个流程。在 BOT 模式下，为了降低项目投资风险，项目投资者一般要求政府保证其最低收益率，一旦在特许期内出现特殊情况无法达到最低收益率，政府需要给予投资者相关的补偿。BOT 模式流程如图 7.3 所示。

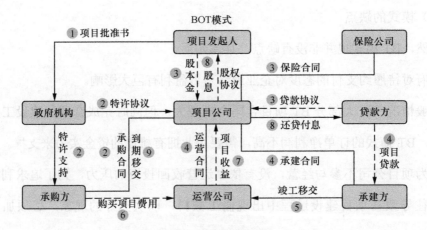

图7.3　BOT模式流程

（2）参与者

① 政府机构：BOT 模式的控制主体，BOT 项目是否设立取决于政府机构的态度，并在项目实施过程中是否给予政策支持，因而在与社会资本进行谈判时，政府也能够处于主动的地位，并对项目的建设运营过程进行监督，项目经营权质押期限到期后，政府可以无偿回收项目。

② 项目发起人：负责组建项目公司，在项目方案确定的时候，项目发起人需要进行一定的股本承诺，成为项目公司股东，分担一定的项目开发运营费用；并且作为项目风险的主要承担者，项目发起人要明确债务与股本的比例，根据投入的资金承担相应范围内的责任。同时，为了避免出现建设资金不足造成项目中途停工或者延误的情况，项目股东需要准备一定的备用资金，用以垫付不足的建设资金。当政府机构有意转让项目资产时，除了拥有第一优先权的贷款方外，项目发起人拥有第二优先权，这意味着在项目公司的运营中，如果有人想要接管项目公司，需要先征得项目发起人的同意，此项权利可以有效防止项目公司被他人控制，从而使项目发起人的利益得到充分保护。

③ 项目公司：作为整个 BOT 项目运行的中心，所有事务都由项目公司来负责执行，包括与设计公司、建设公司、制造厂商及经营公司之间的交流，协调项目前期筹备、中期建设和后期经营等各方面的工作，确保项目能够顺利完成，尽可能地提高项目的效率和效益。

④ 承购方：在项目前期规划阶段，承购方应与项目发起人或者项目公司签订一份长期的项目购买合同，确保项目在特许经营权期满后，能够顺利地被承购方接手。承购方必须具备长期的盈利能力和良好的公司信誉，同时项目的贷款期限与购买项目的期限保持一致，项目的价格也应该合理制定，既要保证项目公司能够回收股本、支付贷款利息和股息，也要让项目公司有一定的利润空间。

⑤ 贷款方：一般指的是BOT 项目的主要出资人，为项目提供大部分所需的资金。对于一些中小型的 BOT 项目，通常只需要一个银行提供全部资金。但是，大型的

BOT 项目往往需要多个银行组成一个银团，一起提供贷款。由于 BOT 项目的负债率通常很高，甚至可以达到 70%～90%，因此贷款往往是 BOT 项目最重要的资金来源。当政府计划出售资产或者用资产作为抵押时，贷款方会拥有优先权去获取这些资产或者抵押权。这意味着，在政府转让资产或进行资产抵押时，贷款方有优先决策权和权益保障。

而保险公司、承建方和运营公司等参与者，与前述 PPP 模式一样，保险公司对项目风险进行分担，降低投资风险；承建方负责项目的具体建设任务；而运营公司负责项目的运营管理。

（3）模式的优点

BOT 模式可以充分利用社会资本来进行基础设施投资，政府机构利用特许经营权来换取社会资本的融资，实现"小投入做大项目"，解决建设资金短缺的问题。

政府不需要承担项目建设运营风险，项目融资贷款的风险主要由社会资本方承担，不存在增加政府债务的问题。

有利于提高项目的运作效率，社会资本方相较于政府有着更丰富的项目建设运营经验，同时出于对自身利益的考虑，项目的建设和运营积极性会相对较高。

（4）模式的缺点

融资难度较大，由于 BOT 项目需要投入的资金较多，项目发起人和贷款方面临的风险都比较大，如果存在利益分配冲突，融资会面临很多现实困难。

政府机构和社会企业一般要进行长期调查和谈判磋商。这个过程可能会导致项目的前期准备时间过长，同时也会增加投标的费用。

在特许期内，项目由社会资本进行运营管理，政府对项目减弱甚至失去控制权。

（5）BOT 模式、BOO 模式、BOOT 模式

① BOT 模式与 BOO 模式最主要的共同点和不同点如下。

BOT 模式与 BOO 模式最主要的共同点是这两种模式的项目均由社会资本投资

建设实施。在这两种模式中，社会投资者获取政府特许经营权或经营许可，以企业自身名义开展项目投资、设计、建设及运营。在特许经营权有效期内，项目公司拥有项目所有权，可以通过收费方式取得收益。在我国，如果因政策改变影响项目公司收益，为了特许经营项目的顺利开展，采用政府允许费用的合理提升及必要时延长特许经营期限等举措。但是，总体来说在项目投融资、设计、建设与运营过程中可能存在的风险，需要项目公司承担。

BOT 模式与 BOO 模式最主要的不同点是项目的最终归属不同。在 BOT 模式下，项目公司在特许经营期限截至后，需将项目所有权移交给政府；而在 BOO 模式下，项目公司的特许经营期限为无限期。BOT 项目可以说是政府在一定期限内赋予社会投资者使用权；而项目的本质归属并没有改变，而 BOO 项目的所有权将不再转交给政府。

② BOOT 模式、BOT 模式、BOO 模式的比较如下。

BOOT 模式与 BOT 模式的主要区别如下。一是项目所有权归属不同。在 BOT 模式中，项目建设结束后，项目公司拥有项目使用权，以获取投资收益；而在 BOOT 模式中，项目建设结束后，项目公司在特许经营期限内有使用权和所有权。二是一般情况下，BOT 项目从建成到转移给政府所用时间比 BOOT 项目所用时间短。

BOOT 模式与 BOO 模式可以看作 BOT 模式的不同变种，在 BOT 模式中，项目公司从未取得项目所有权，项目私有化程度较低；在 BOOT 模式中，项目公司在一定期限内拥有项目所有权，项目私有化程度居中；在 BOO 模式中，项目公司始终拥有项目所有权，项目私有化程度较高。

三者的使用场景不同。以智慧交通为例，一般情况下可采用 BOT 模式，因为交通行业具有一定的民生服务性质，大多数政府不会舍弃项目所有权。而对智慧能源项目，如果地区能源不足，当地政府偏向于取得项目所有权，则政府会考虑采用 BOOT 模式；如果地区能源充足，政府对取得项目所有权兴趣较低，则政府会优先考虑采用 BOO 模式。

### 4. TOT/ROT模式

（1）整体介绍

TOT 模式即移交 - 运营 - 移交模式。

TOT 模式是一种较为新兴的筹资方式。政府机构通过对现有资产的出售来获得更多的资金。在这种模式下，私营企业通常会使用私人资本或资金来购买某项资产的部分或全部产权或经营权。之后，购买者开始对项目进行开发和建设。在约定的时间内，购买者会通过对项目的运营管理来收回投资并取得一定的回报。当特许经营期结束后，购买者会将所得到的产权或经营权无偿地移交给原来的所有人。

重整 - 运营 - 移交（ROT）模式是在 TOT 模式的基础上衍生出来的一种项目运作模式，其主要特点是在 TOT 模式的基础上新增了改扩建的内容，特许经营者在获得特许经营权后，可以对过去的旧资产或项目进行改造，并在改造后获得一段时间的特许经营权。在特许经营权到期后，再将这些资产或项目移交给政府，通过这种方式，政府可以快速回收资金，同时私营企业也可以获得可观的利润。TOT/ROT 模式流程如图 7.4 所示。

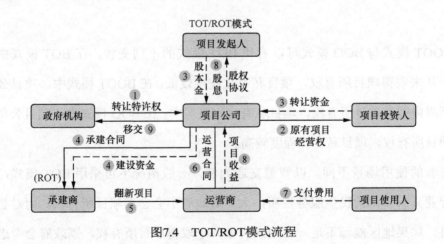

图7.4　TOT/ROT模式流程

（2）参与者

① 政府机构：政府依据相关规定，编制 TOT / ROT 项目建议书并报批。国有

资产管理部门批准后，实施 TOT ／ ROT 模式，允许社会资本获得国有资产部分转让特许经营权，并在转让期满后收回项目所有权和经营权。

② 项目发起人：项目发起人成立项目公司，发起人把完工项目的所有权和新建项目的所有权均转让给项目公司，以确保有专门机构对两个项目的管理、转让、建造全权负责，并对出现的问题加以协调，确保项目的顺利完成。

③ 项目公司：项目公司与投资者洽谈转让投产运行项目在未来一定期限内全部或部分经营权的协议，并取得资金。与 TOT 模式唯一的区别在于，在 ROT 模式中，项目公司还需要利用取得的资金，委托承建商翻新项目。项目公司最终与运营商签订运营合同，在运营过程中取得项目收益。在项目转让期满后，无条件将项目移交给政府机构。

④ 运营商：与前面几种模式一样，运营商负责项目运营管理的具体事务。

（3）模式的优点

盘活城市闲置的基础设施资产，为城市建设注入新的资本，为城市经营找到新途径。在智慧城市的建设过程中，迫切需要大量资金用于基础设施建设，地方财政难以负担，政府机构可以在现有基础设施的基础上，利用特许经营权转让，盘活这部分存量资产，发挥其社会效益和经济效益。

增加了基础设施建设社会投资的总量，TOT/ROT 模式拉动引导更多的社会资本投向城市基础设施建设，带动相关产业的发展。

促进社会资源的合理配置，提高资源利用效率。让社会资本进入公共基础设施领域，打破国有垄断经营的模式，利用市场规律，加快经营单位的管理改革，提升效率。通常参与此类项目融资的公司，是一些专业能力较强的公司，这些公司可以在项目建设经营过程中高效发挥自身的专业优势，并可以对管理的成功经验进行复用，实现项目管理效率、经济效益的高速提升。

促使政府转变观念和职能。实行 TOT ／ ROT 项目融资后，政府决策思维模式不仅要考虑增量投入，而且要考虑如何盘活存量，转变城市建设管理的思维和方法，同时为城市基础设施建设增加新的融资途径。

（4）模式的缺点

可能造成国有资产的价值流失。此类项目在移交转让后，项目使用者无所有权，项目使用者很有可能为了获取最大经济利益，缺乏对项目长期经营管理的思考，或者降低项目的维护支出，使得项目回收后存在较大的损耗。

政府监管与项目经营可能存在一定利益纠纷。公共基础设施常常会影响公共利益和公共经济，政府为了满足社会公共需求必须改变公司的垄断地位从而加强市场监管，而这与项目经营者的利益存在冲突。

## 7.7.3 政府平台公司运营模式

### 1. 模式介绍

政府平台公司运营模式近些年来在国内逐步推广，是各个地方政府在市政基础设施建设过程中探索出的一种创新模式。在政府平台公司运营模式中，政府平台公司主要承担政府对智慧城市项目的管理职能，政府平台公司既对项目进行整体管理，也从中获取经济利益。政府平台公司自身相对于政府单位具有相当的专业技术能力与管理经验，在智慧城市项目开展过程中独具优势。

### 2. 主要特征

政府平台公司一般为国企性质。政府平台公司由政府指定国有企业出资建立或与社会企业合资建立，政府平台公司由于具有国资背景，政府可以对其进行相当程度的掌控。在智慧城市项目开展过程中，政府向政府平台公司授权城市数据，政府平台公司对城市数据进行监督管理，为满足政府需求与专业公司开展数据分析等工作，在充分挖掘数据价值的同时保证了政府数据的安全性。

政府平台公司除了拥有管理职能，在多数情况下还要负责智慧生态的建设。政府平台公司围绕智慧城市建设需求与社会企业开展广泛合作，扶持相关行业专业公司发展，构建智慧城市建设运营生态体系。

### 3. 运作方式

（1）投资阶段

在项目投资阶段，由于具有政府扶持背景，政府平台公司积累了较多投融资渠道，同时不同于政府独立投资建设运营模式，政府平台公司具有较强的自身"造血"能力，可有效解决项目初期资金问题。该模式下，政府和政府平台公司共同完成项目管理，这种合作方式既满足了政府管控需求，也提供了丰富的项目经验。在项目策划阶段，政府平台公司可以与政府共同探讨并确定项目建设内容。

（2）建设阶段

政府平台公司具有较强的自主性，可以有效盘活市场，充分发挥市场带动能力。在项目建设过程中，由政府平台公司统一协调管理，实现项目的科学调配、质量统一把控、进度统一要求。

（3）运营阶段

在政府平台公司运营模式下，通过政府引导搭建统一运营平台，开展城市基础设施服务、生活服务的统一运营，极大程度地降低运营成本。同时也有助于城市大数据的集中采集管理与分析应用。

### 4. 适用范围

政府平台公司运营模式对公司综合能力要求较高，一般此模式适用于管控能力较强、平台基础较好、有良好投融资环境的地方政府。

### 5. 优点

在政府平台公司运营模式下，政企合作可以有效弥补政府在技术、管理能力等方面的缺陷；国资控股的组建方式，可以保障政府对项目的把控力，降低企业运营风险。

### 6. 缺点

政府平台公司的成立和管理具有一定复杂性，并且依据政府平台公司的定位，对其技术水平要求较高。当政府平台公司的管理能力不够、技术水平落后时，则很容易演化为"贴牌厂家"，抬升建设成本，严重影响企业的发展。

## 7.7.4　联合公司运营模式

### 1. 模式介绍

与政府平台公司类似，联合公司一般也具有国资背景，由政府指定国有企业与社会企业合资成立联合公司。联合公司与政府平台公司之间的一个重要区别是联合公司一般不是国资控股且规模较小。

联合公司运营模式的运营主体为政府指定国有企业与社会企业合资成立的联合公司，双方根据利益共享、风险共担原则确立合作关系，既有效缓解政府财政资金压力，也有利于促进专业企业成长，降低企业发展风险。

### 2. 主要特征

联合公司运营模式一般侧重于智慧城市某个领域的建设运营，所以政府一般会选择在特定领域拥有一定专业技术优势的社会企业开展合作。

联合公司运营模式相对于其他模式更关注公司的属地情况，即大多数联合公司在本地建成并拥有稳定的组织团队，该特征可以有效避免由于公司自身问题出现的衔接不畅的问题。与此同时，由于联合公司的本地化运营，配合智慧城市的复杂系统特征，需要建成丰富的生态组织，这就为城市的智慧产业发展带来了动力。

### 3. 运作方式

（1）投资阶段

在联合公司运营模式下，政府与社会企业充分合作，建成联合体，该联合体在拥有政府主导权的同时兼具市场开发能力，在投融资阶段拥有较大优势。在智慧城市项目的筹划阶段，政府协同社会企业完成项目整体规划，以项目建设实际情况匹配投资资金。

（2）建设阶段

联合公司运营模式赋予企业较大自主权，在遵守法律法规与约定条款的基础上，探索建设模式，盘活智慧城市市场。在建设过程中，联合公司在政府一定的顶层把控下开展进度管控、质量管理等工作，完成对项目的协调与控制。

（3）运营阶段

在联合公司运营模式下，面向政府、民众与企业实现统一调度、集中管理。通过政府有力的政策支持，联合公司完成运营平台的搭建，建成以基础设施为前提、以统一数据支持为保障的统一运营管理、安全保障体系，实现应用服务一体化。

### 4. 适用范围

由于联合公司的领域专业性，一般一个地区会建立多个联合公司，这对政府对联合公司的管理、协调能力提出挑战，因此联合公司运营模式一般适用于拥有一定技术管理能力、在某些领域发展较为突出的地区。

### 5. 优点

联合公司运营模式与政府平台公司运营模式间的相同之处在于政府对智慧城市项目拥有把控力。由于联合公司一般聚焦于某个领域，因此可以有效弥补政府在专业技术方面的不足。另外，联合公司由于市场化程度较高，公司自身具有较强的主动性。

### 6. 缺点

由于联合公司一般是某领域的专业企业，在综合性项目进行过程中可能会出现多个联合公司参与的情况，容易造成多个系统的"数据孤岛"。

## 7.7.5　政府购买服务模式

### 1. 模式介绍

顾名思义，政府购买服务模式即政府出资将智慧城市部分服务交由专业服务供应商开展。专业服务供应商可以通过招投标渠道从政府部门获取服务项目，为智慧城市建设运营提供支持。

### 2. 主要特征

流程规范、操作简单是政府购买服务模式最重要的特征。为规范政府购买服务模式，我国颁布了《政府购买服务管理办法》，其中明确提到"政府购买服务项目采购环节的执行和监督管理，包括集中采购目录及标准、采购政策、采购方式和程序、信息公开、质疑投诉、失信惩戒等，按照政府采购法律、行政法规和相关制度执行。"虽各个地区的操作流程略有不同，但整体上都包括申报审核采购计划、确定采购方式、公开采购信息、组织采购评审、公告评审结果、签订采购合同、合同履约验收、支付购买资金等环节。

合同期限较短是政府购买服务模式的另一个主要特征。由于该模式由政府公开选取采购供应商，为保证企业参与的公平性、降低腐败问题发生的可能性，我国规定政府购买服务期限一般不超过 1 年。

### 3. 运作方式

政府购买服务模式开展的一般流程为服务需求部门提出相关需求，会同智慧城市建设运营牵头部门一起开展政府采购。常见公开采购形式包括公开招标、竞争性谈判、询价等。符合采购条件的运营商、集成商或 IT 企业在中标后开展建设运营工作，包括提供公共服务、政府履职辅助服务等。

### 4. 适用范围

对于地方财政较为宽裕、项目需求较急、本地专业人员不足且培养需求不高的项目，适合采用政府购买服务模式。一般政府购买内容包括政务云网、平台建设、数据采集治理、平台运营、系统维护等。

### 5. 优点

政府购买服务模式的发展已较为成熟，国家出台多个指导政策规范政府购买服务行为，该模式流程规范、清晰，操作较为便捷。另外，因为政府主要是进行服务购买，所以在供应商选择方面更灵活，也可根据项目评价结果进行供应商更换。

## 6. 缺点

由于政府购买服务模式的合同期限较短，且公开采购具有一定的不确定性，因此政府与社会企业很难达成长期合作，智慧城市运营的延续性面临很大挑战。同时供应商的频繁更换也容易造成运营质量不稳定等问题。

03

第 8 章

# 新型智慧城市评价

## | 8.1  新型智慧城市评价基本内涵 |

### 1. 智慧城市评价概念内涵

智慧城市目前正处于高速发展期，由于整体发展时间较短，智慧城市发展路径和发展模式仍处于探索阶段，如何科学有效地开展智慧城市建设成为各个地方政府重点关注的内容。因此，急需构建标准规范的智慧城市评价指标体系，促进智慧城市在发展过程中明确指向、完善体系、增强可操作性。

国外对智慧城市评价指标的探索始于城市信息化发展，关注社会信息化整体水平。我国在 2002 年首次发布关于城市信息化水平测评的指导方案——《城市信息化水平测评指标方案（试行）》，该方案着重测评城市信息化发展程度，评价指标设置较为宽泛，逐渐难以满足深水期智慧城市的评价需求。

### 2. 国外智慧城市评价指标体系建设情况

① 智慧社区论坛（ICF）智慧城市评价指标体系：成立于美国纽约的 ICF，是全球最早开展智慧城市评价的机构，ICF 智慧城市评价指标体系包括宽带连接、知识型劳动力、创新、数字包容、营销宣传 5 个一级指标和 18 个细分指标（二级指标），是全球最早的智慧城市评价指标体系，如表 8.1 所示。

表8.1  ICF智慧城市评价指标体系

| 一级指标 | 二级指标 |
| --- | --- |
| 宽带连接 | 宽带开发政策、政府发展规划、宽带建设公私关系、接入网络、竞争关系 |
| 知识型劳动力 | 协调性、创造性、文化氛围 |
| 创新 | 官僚主义情况、人员培养渠道、投融资渠道、电子政务发展水平 |
| 数字包容 | 接入能力、承担能力、数字技能、挑战应对能力 |
| 营销宣传 | 营销能力、宣传能力 |

② 欧洲智慧城市评价指标体系：共 6 个一级指标，分别为智慧经济、智慧移动、智慧环境、智慧治理、智慧生活、智慧民众，如表 8.2 所示。

**表8.2 欧洲智慧城市评价指标体系**

| 一级指标 | 二级指标 |
| --- | --- |
| 智慧经济 | 经济创新、创业能力、知识产权、城市生产率、劳动市场灵活度、经济发展国际化程度 |
| 智慧移动 | 本地接入、国际接入、ICT 基础设施获取便捷度、交通运输系统建设情况 |
| 智慧环境 | 资源吸引力、污染物排放情况、环境保护情况、资源管理可持续性 |
| 智慧治理 | 市民参与情况、社会公共服务建设情况、公共治理公开情况 |
| 智慧生活 | 文化基础设施、医疗保障、安全保障、住房保障、教育保障、旅游发展情况、社会包容性 |
| 智慧民众 | 民众素质、学习发展情况、社会和种族多样性、民众发展灵活性、民众创造力、民众开放性、民众参与公共活动情况 |

③ 其他智慧城市评价指标体系：IBM 智慧城市评价指标体系分为城市服务系统、市民系统、商业系统、交通系统、通信系统、供水系统、能源系统共 7 个系统，每个系统均使用 4 个一级指标。其中城市服务系统主要关注政务服务效率与质量，市民系统主要关注市民城市生活中的教育、交通、医疗、安全等领域，商业系统主要关注对外贸易、贸易法规，交通系统主要关注海运、陆运、空运及公共交通，通信系统主要关注通信基础设施建设，供水系统主要关注水资源供应、清洁与循环，能源系统主要关注能源开采、供应和废弃物处理。

全球十大智慧城市排名所用到的智慧城市评价指标体系包括创新城市、区域绿色城市、生活质量和数字政府 4 个指标维度。

### 3. 国内城市对智慧城市评价指标体系的探索

随着智慧城市在国内的不断发展，各城市关于智慧城市评价指标体系的探索逐步推进。

（1）上海浦东新区智慧城市评价指标体系

2011 年，上海浦东新区发布的"智慧城市评价指标体系 1.0"是我国首次公开发布的智慧城市评价指标体系。该指标体系一共包括基础设施、公共管理和服务、信息服务经济发展、人文科学素养和市民主观感知 5 个一级指标。2012 年，在"智慧城市评价指标体系 1.0"的基础上，上海浦东新区发布了"智慧城市评价指标体系 2.0"，与 1.0 版本相比增加了软环境建设，使得智慧城市评价指标体系覆盖了智慧城市建设综合规划能力和建设环境等方面，并同时基于城市整体信息化发展水平、城市综合竞争力等维度，对二级指标体系进行了一系列调整，最终形成新版智慧城市评价指标体系，包括 6 个一级指标、18 个二级指标，如表 8.3 所示。新版智慧城市评价指标体系创新性地将指标分类为核心指标与一般指标，评价结果用培育期、孵化期、雏形期来表示。

表8.3　上海浦东新区智慧城市评价指标体系

| 一级指标 | 二级指标 |
| --- | --- |
| 基础设施 | 宽带网络建设水平 |
| 公共管理和服务 | 智慧化的政务服务、智慧化的交通管理、智慧化的医疗体系、智慧化的环境保护、智慧化的能源管理、智慧化的城市安全、智慧化的教育体系、智慧化的社区管理 |
| 信息服务经济发展 | 信息产业发展水平、企业信息化运营水平 |
| 人文科学素养 | 市民收入水平、市民文化科学素养、市民生活网络化水平 |
| 市民主观感知 | 生活的便捷性、生活的安全感 |
| 软环境建设 | 智慧城市规划设计、智慧城市氛围创造 |

（2）"智慧南京"评价指标体系

2010 年，南京信息中心构建"智慧南京"评价指标体系，该体系由基础设施、智慧产业发展、智慧服务和智慧人文 4 个领域构成，共有 23 个评价指标。该评价指标体系主要作为一项学术研究成果公布。该评价指标体系体现了国内对构建智慧城市评价指标体系的积极探索，为后来的评价指标体系建设提供了借鉴价值。

**4. 我国智慧城市评价标准体系发展历程**

2016 年 11 月，我国颁布《新型智慧城市评价指标》（GB/T 33356—2016），此指标体系共由 8 项一级指标、21 项二级指标和 54 项指标分项构成，包括主观指标、客观指标及自选指标 3 个部分。其中主观指标指市民体验，引导智慧城市建设者关注市民满意度。客观指标包括成效类指标和引导性指标，成效类指标主要反映智慧城市建设实效重点，包括惠民服务；引导性指标主要反映智慧城市建设潜力，包括精准治理、生态宜居、智能设施、信息资源、网络安全及改革创新。自选指标则是指地方根据本地基本情况和特色需求进行设置的评价指标。2016 年版《新型智慧城市评价指标》的发布与应用开始为各个地市新型智慧城市发展和评价工作提供支撑。

随着智慧城市建设运营的逐步深入，我国于 2018 年更新颁布了《新型智慧城市评价指标（2018）》，相较于 2016 年版本，2018 年版本利用多层次综合评价的方式实现对智慧城市的全方位评价，基于以人为本的原则，提高了市民体验在评价指标体系中的权重，在科学性和便利性上均较前版本有一定进步。

2022 年，国家再次依据智慧城市发展实践对智慧城市评价指标体系进行完善，在此主要介绍《新型智慧城市评价指标》（GB/T 33356—2022）的构建基础、主要内容及应用方法。

## 8.2　新型智慧城市评价主要目的

对智慧城市进行评价，是为了对智慧城市的建设成效进行量化评估，以评促建，推动形成先进的智慧城市发展理念和智慧城市管理模式，主要达到以下目的。

一是通过评价工作的引导，指明智慧城市下一步建设发展方向。智慧城市建设的方方面面都在评价指标中有所体现，通过权重分配，突出了当前智慧城市发展和建设的重点，引导各地在建设智慧城市的过程中，可以围绕评价指标体系来规划智慧城市的发展，切实提升智慧城市建设的实效和水平。

二是通过评价工作的推动，提升城市为民服务水平。智慧城市的发展理念是以人文本，强调将智慧城市建设带来的便利真正惠及城市居民，因为评价指标体系里极重要的一项评价指标就是"市民体验"，将城市居民对智慧城市建设的满意度、便民惠民服务的体验感纳入评价指标体系，并且提高该指标权重，促使各地在推动智慧建设时更加注重应用成效，提升服务能力。

三是通过评价工作的促进，推动各地智慧城市建设经验交流和模式推广。当前，我国智慧城市发展进入深水期，各地都在探索智慧城市建设的最佳模式，通过量化评价对比，能够快速筛选出一批智慧城市建设优秀案例，总结相关实践经验，发现智慧城市建设中存在的共性问题，针对不同地区、不同层级、不同规模城市，总结提炼一批有代表性的、可复制的、可推广的最佳实践案例，促进各地共享交流，加速我国智慧城市发展，提高城市发展质量。

# | 8.3　新型智慧城市评价基本原则 |

在构建智慧城市评价指标体系的过程中，始终坚持以下原则，具体内容如下。

一是客观量化。评价指标的设计要坚持客观公正、实事求是的原则。在大数据时代，充分体现"以数据说话"的服务理念，因而在设计评价指标时，要以智慧城市建设的客观情况为基础，量化评价智慧城市建设主要成效，针对各评价指标的评价方法，给出清晰的计算公式和量化办法，明确统一数据来源，避免对评价指标的理解出现分歧，客观反映不同地区不同智慧城市建设的质量和成果，尽量实现评价的规范性。同时也能通过直观的数据分析，将各地智慧城市发展过程中出现的问题和不足通过客观数据体现出来，为智慧城市的发展走向提供参考。

二是绩效导向。智慧城市建设需要具有高性价比，因而在评价指标体系中坚持绩效导向的原则，引入"智慧"建设方案带来的绩效变化。考虑在建设过程中资源支出是否节约，要在既定投入的基础上实现效益的最大化，最大效果地提升公共服务质量，引导智慧城市走绿色可持续发展的道路。

三是以人文本。如前所述，评价指标重点突出了以人为本的发展理念，智慧城市建设的最终目的是惠及城市居民生活，提高市民生活体验，那么作为服务对象，广大市民对于智慧城市的建设成效最有发言权，评价指标的选择要充分考虑市民对智慧建设的满意度、便民惠民服务的体验感，提高了一系列便民惠民服务等成效类指标和市民体验指标的权重。

四是惠民便民。新型智慧城市评价不只是考虑应用了多少先进的智慧技术，而是在考虑建设投资规模、工程建设成果的基础上，更加强调如何利用智慧技术为市民提供方便的新型智慧城市服务，鼓励市场经济条件下社会资本的参与，创新服务模式，拓宽服务渠道，构建民生服务便捷化、公共治理精准化、生活环境宜居化和基础设施智能化的新型智慧城市评价指标体系。

## |8.4 新型智慧城市评价指标与应用|

我国《新型智慧城市评价指标》（GB/T 33356—2022）的总体框架包含客观、主观两类指标，如图 8.1 所示，其中客观指标包括 8 个一级指标，分别为惠民服务、精准治理、生态宜居、信息基础设施、信息资源、信息安全、产业发展、创新发展，28 个二级指标。主观指标包括 1 个一级指标"市民体验"，1 个二级指标"市民体验调查"。每个一级指标均包含若干二级指标评价要素，每个二级指标评价要素代表该一级指标下的评价侧重内容，二级指标下的二级指标项代表该评价要素。

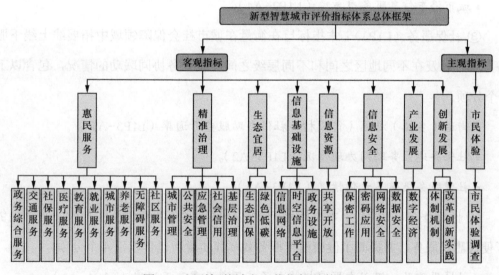

图8.1 新型智慧城市评价指标总体框架

### 8.4.1 客观指标

客观指标包括 8 个一级指标，分别为惠民服务（L1）、精准治理（L2）、生态宜居（L3）、信息基础设施（L4）、信息资源（L5）、产业发展（L6）、信息安全（L7）、创新发展（L8）。

（1）惠民服务（L1）

① 政务综合服务（L1P1）：本指标用于评价城市在"互联网＋政务服务"的改革过程中，实现政务综合服务"一网、一门、一次"的情况，包含以下3个分项。

- 一网办理率（L1P1-A1）。

- 一门可办率（L1P1-A2）。

- 一次办结率（L1P1-A3）。

② 交通服务（L1P2）：本指标用于评价城市交通出行信息服务和管理水平，包含以下4个分项。

- 城市交通运行指数发布情况（L1P2-A1）。

- 实时信号配时系统覆盖率（L1P2-A2）。

- 公共汽电车来车信息实时预报率（L1P2-A3）。

- 城市停车信息服务覆盖率（L1P2-A4）。

③ 社保服务（L1P3）：本指标旨在衡量在城市社会保障领域中拓展线上线下服务渠道，以及在不同地区之间和不同层级之间实现业务协同联动的情况，包含以下3个分项。

- 街道（乡镇）社区（行政村）社保自助服务开通率（L1P3-A1）。

- 社保异地业务联网办理情况（L1P3-A2）。

- 社保服务渠道多元化情况（L1P3-A3）。

④ 医疗服务（L1P4）：本指标用于评估在城市发展智慧健康医疗时，是否提供了便民惠民服务，并提高了健康医疗服务效率和质量，包含以下4个分项。

- 社区医院及一级以上医疗机构电子病历普及率和互通率（L1P4-A1）。

- 二级以上医疗机构预约诊疗率（L1P4-A2）。

- 居民电子健康档案建档率（L1P4-A3）。

- 二级及以上医疗机构提供远程分级会诊的能力（L1P4-A4）。

⑤ 教育服务（L1P5）：本指标用于评价城市教育专网和利用网络开展学习的情

况，包含以下 2 个分项。

- 教育专网覆盖率（L1P5-A1）。

- 师生网络学习空间覆盖率（L1P5-A2）。

⑥ 就业服务（L1P6）：本指标用于了解城市是否提供了多种渠道、多种形式的就业服务，以及这些服务是否能够方便、快捷地提供给求职者，包含以下 2 个分项。

- 街道（乡镇）社区（行政村）就业服务信息系统使用率（L1P6-A1）。

- 就业服务渠道多元化情况（L1P6-A2）。

⑦ 城市服务（L1P7）：本指标用于了解城市是否能够利用互联网技术方便、快捷地提供各种城市服务，且是否能够发展便民服务新业态，实现城市服务与新技术的有效结合，包含以下 2 个分项。

- 基于移动终端的互联网城市服务提供情况（L1P7-A1）。

- 基于移动终端的互联网城市服务公众使用情况（L1P7-A2）。

⑧ 养老服务（L1P8）：本指标用于评价城市利用信息化手段为老年人提供服务的情况，包含以下 2 个分项。

- 养老管理服务支持情况（L1P8-A1）。

- 智慧居家养老服务情况（L1P8-A2）。

⑨ 无障碍服务（L1P9）：本指标用于评价城市利用信息化手段对身体机能差异人群的帮扶情况，包含以下 2 个分项。

- 互联网无障碍访问情况（L1P9-A1）。

- 互联网城市服务普适化情况（L1P9-A2）。

⑩ 社区服务（L1P10）：本指标用于评价实施新型城市基础设施建设行动的情况，推进智慧社区建设，包含 1 个分项，即社区服务智慧化水平（L1P10-A1）。

（2）精准治理（L2）

① 城市管理（L2P1）：本指标用于了解城市是否能够利用数字化技术，如物联网、大数据、人工智能等，实现城市管理的智能化和精细化，并推动市政基础设施

的智能化发展，包含以下 4 个分项。

- 城市管理事项覆盖情况（L2P1-A1）。
- 城市事件自动处理情况（L2P1-A2）。
- 市政管网管线智能化监测管理率（L2P1-A3）。
- 网格化融合管理水平（L2P1-A4）。

② 公共安全（L2P2）：本指标用于了解城市是否能够建立全方位、多层次的立体化社会治安防控体系，并利用公共安全视频监控建设联网应用，包含以下 3 个分项。

- 城市重点公共区域智能视频监控覆盖率、视频监控摄像机智能运维管理率（L2P2-A1）。
- 城市重点公共区域视频监控联网率、远程视频存储完整率（L2P2-A2）。
- 公共安全视频图像支撑服务社会管理情况（L2P2-A3）。

③ 应急管理（L2P3）：本指标用于了解城市是否能够建立完善的应急管理体系，并利用信息化技术提高应急管理的效率和响应速度，包含 1 个分项，即城市事件应急指挥能力（L2P3-A1）。

④ 社会信用（L2P4）：本指标用于评价城市社会信用统筹管理机制建设情况，包含 1 个分项，即主体平均信用记录覆盖率（L2P4-A1）。

⑤ 基层治理（L2P5）：本指标用于评价基层治理现代化，尤其是基层社会治理的建设成效，包含以下 2 个分项。

- 街道（乡镇）矛盾纠纷系统覆盖率（L2P5-A1）。
- 社区（行政村）数据综合采集率（L2P5-A2）。

（3）生态宜居（L3）

① 生态环保（L3P1）：本指标用于了解城市是否能够利用自动化监测技术对环境进行实时监测，并及时公开环境信息，及时对环境问题进行处置，包含以下 3 个分项。

- 环境质量自动化监测水平（L3P1-A1）。
- 企业、事业单位环境信息公开率（L3P1-A2）。

● 城市环境问题处置率（L3P1-A3）。

② 绿色低碳（L3P2）：本指标用于了解城市是否能够采取措施减少能源消耗和环境污染，实现资源的高效利用和可持续发展，包含以下 3 个分项。

● 重点用能单位在线监测率（L3P2-A1）。

● 建筑用能分项计量应用水平（L3P2-A2）。

● 企事业单位及大型活动组织碳中和实施情况（L3P2-A3）。

（4）信息基础设施（L4）

① 信息网络（L4P1）：本指标用于评价城市固定宽带网络、移动宽带网络发展的情况，包含以下 2 个分项。

● 千兆光网覆盖能力（L4P1-A1）。

● 5G 网络覆盖能力（L4P1-A2）。

② 时空信息平台（L4P2）：本指标用于了解城市是否能够建立完善的时空信息服务体系，并提供准确、高效的时空信息服务，包含以下 2 个分项。

● 多尺度地理信息覆盖和更新情况（L4P2-A1）。

● 时空信息平台在线为政府部门和公众服务情况（L4P2-A2）。

③ 政务设施（L4P3）：本指标用于评价政务云应用水平，包含以下 2 个分项。

● 政务业务系统上云率（L4P3-A1）。

● 政务外网基层单位覆盖率（L4P3-A2）。

（5）信息资源（L5）

共享开放（L5P1）：本指标用于了解城市政府部门之间是否能够实现数据共享，并评价公共信息资源的社会开放程度，包含以下 2 个分项。

● 信息资源部门间共享率（L5P1-A1）。

● 公共数据资源社会开放率（L5P1-A2）。

（6）产业发展（L6）

数字经济（L6P1）：本指标用于评价城市数字经济发展的情况，包括 1 个分项，即数字经济核心产业 GDP 占比（L6P1-A1）。

（7）信息安全（L7）

本指标不占指标权重，而是作为扣分项。

① 保密工作（L7P1）：本指标用于了解地方是否能够遵守国家保密相关规定，采取有效的保密措施和管理手段，保护国家秘密的安全，包含 1 个分项，即失泄密事件（案件）情况（最高减 2 分）（L7P1-A1）。

② 密码应用（L7P2）：本指标用于评价遵守国家密码相关规定、推进密码应用工作的情况，包含 1 个分项，即密码应用情况（最高减 2 分）（L7P2-A1）。

③ 网络安全（L7P3）：本指标用于评价遵守国家网络安全相关规定、推进网络安全执行的情况，包含以下 2 个分项。

● 网络安全等级保护定级备案情况（最高减 1 分）（L7P3-A1）。

● 网络安全等级保护测评整改情况（最高减 1 分）（L7P3-A2）。

④ 数据安全（L7P4）：本指标用于评价遵守国家数据安全相关规定、推进数据安全防护的情况，包含以下 2 个分项。

● 数据分类分级情况（最高减 1 分）（L7P4-A1）。

● 数据安全防护情况（最高减 1 分）（L7P4-A2）。

（8）创新发展（L8）

① 体制机制（L8P1）：本指标用于评价智慧城市的组织领导、建设管理和长效运营体制机制创新情况，推动智慧城市的建设和运营，包含以下 3 个分项。

● 智慧城市组织领导（L8P1-A1）。

● 智慧城市建设管理（L8P1-A2）。

● 智慧城市长效运营（L8P1-A3）。

② 改革创新实践（L8P2）：本指标用于评价智慧城市工作方法、技术工具等层面的改革创新实践情况，包含 1 个分项，即改革创新实践（L8P2-A1）。

## 8.4.2　主观指标

主观指标指一级指标"市民体验（L9）"，该评价指标的设立旨在引导评价工作注重公众满意度和社会参与情况。其包含二级指标"市民体验调查（L9P1）"，用于评价公众对智慧城市发展效果的切身感受。评价通过调查问卷完成，具体得分方法由调查问卷确定。

### 8.4.3　指标权重

各级指标设置相应的权重。一级指标权重为其下各二级指标权重之和，二级指标下的各分项权重之和为100%。新型智慧城市评价指标体系一级指标权重如图 8.2 所示，惠民服务权重为24%、精准治理权重为11%、生态宜居权重为6%、信息基础设施权重为6%、信息资源权重为6%、产业发展权重为2%、创新发展权重为5%、市民体验权重为40%；信息安全不占指标权重，仅作为扣分项出现。

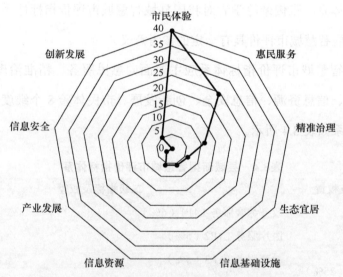

图8.2　新型智慧城市评价指标体系一级指标权重

通过权重设置可以发现，市民体验权重为40%，加上惠民服务的权重24%，以人为本的评价指标权重达到64%，充分体现了智慧城市的评价坚持"以人为本"的理念，更加注重市民对智慧城市建设的感受，从市民获得感和满意度的角度更好地促进新型智慧城市健康发展。

信息安全虽然不占指标权重，但是作为扣分项而存在，更加突出了信息安全的重要性。信息安全是智慧应用的前提条件，缺乏信息安全保障，对智慧城市建设来说，是在做减法，阻碍了智慧城市的整体发展。

总之，新型智慧城市的评价工作是一个长期持续的工作，在智慧城市不断发展的基础上，评价体系也要不断完善和修订，面向未来分级分类的新型智慧城市发展，也要设计出相应的分级分类评价体系，更好地为智慧城市的发展提供支撑。

### 8.4.4　县域新型智慧城市评价指标体系的应用

目前我国智慧城市的评价指标体系主要关注地级以上城市，随着部分县或县级市开始被列为国家智慧城市建设试点单位，建设研究县域层面的智慧城市评价指标体系的重要性逐渐凸显。由于县域的经济发展水平、智慧城市建设规模、智慧城市建设重点与市级存在较大区别，需要基于已有的标准指标体系原则，构建适用于县域的评价指标体系。张俊豪等学者对我国县域智慧城市评价指标体系的研究成果对各县域单位开展智慧城市评价具有一定的参考意义。

县域新型智慧城市评价指标体系应主要面向惠民服务、精准治理、生态宜居、信息基础设施、信息资源、信息安全、创新发展、市民体验 8 个维度来开展，具体的评价指标体系如表 8.4 所示。

表8.4　县域新型智慧城市评价指标体系

| 一级指标及权重 | 二级指标及权重 |
| --- | --- |
| 惠民服务 L1（25%） | 政务综合服务 L1P1（6%） |
| | 医疗服务 L1P2（5%） |
| | 教育服务 L1P3（5%） |
| | 农业服务 L1P4（5%） |
| | 社区（行政村）服务 L1P5（2%） |
| | 基层文化服务数字化 L1P6（2%） |
| 精准治理 L2（12%） | 县域综合治理 L2P1（8%） |
| | 公共安全 L2P2（4%） |
| 生态宜居 L3（6%） | 生态环保 L3P1（3%） |
| | 绿色乡村 L3P2（3%） |
| 信息基础设施 L4（6%） | 信息网络 L4P1（4%） |
| | 重点领域公共基础设施数字化改造 L4P2（2%） |

续表

| 一级指标及权重 | 二级指标及权重 |
|---|---|
| 信息资源 L5（6%） | 共享开放 L5P1（6%） |
| 信息安全 L6（0%） | 保密工作 L6P1 |
| | 密码应用 L6P2 |
| | 网络安全 L6P3 |
| | 数据安全 L6P4 |
| 创新发展 L7（5%） | 体制机制 L7P1（3%） |
| | 改革创新实践 L7P2（2%） |
| 市民体验 L8（40%） | 市民体验调查 L8P1（40%） |

第 9 章

新型智慧城市
建设发展环境

智慧城市建设发展需要营造良好的环境，合理的建设发展环境为智慧城市建设运营带来保障。一般通过 PEST 模型来对智慧城市建设发展环境进行分析。PEST 模型由政策（P）环境、经济（E）环境、社会（S）环境、技术（T）环境 4 个维度组成。

# | 9.1   政策环境 |

我国智慧城市的快速发展在很大程度上受益于政策引导，2010 年以来，我国国家和地方层面颁布多个相关政策，在推进城市可持续发展及提升城市治理能力、城市公共服务能力和城市竞争力等方面进行了重要部署。

## 9.1.1   我国国家政策环境

从 2010 年开始，国家层面陆续出台了与智慧城市、大数据、"互联网 +"、信息惠民等相关的一系列政策文件。党的十九大报告提出建设网络强国、数字中国、智慧社会。党的十九届四中全会提出，推进数字政府建设，加强数据有序共享，依法保护个人信息。2012 年 11 月，住房和城乡建设部办公厅下发了《关于开展国家智慧城市试点工作的通知》，这是我国第一部关于智慧城市建设的国家层面核心政策文件，明确提出"开展国家智慧城市试点工作，旨在探索智慧城市建设、运行、管理、服务和发展的科学方式。"2014 年 8 月，国家发展和改革委员会、工业和信息化部、科学技术部等 8 部门联合印发《关于印发促进智慧城市健康发展的指导意见的通知》，提出科学制定智慧城市顶层设计，切实加大信息资源开发共享力度，积极运用新技术新业态，着力加强网络信息安全管理和能力建设，完善组织管理和制度建设。2015 年 10 月，国家标准化管理委员会、中央网络安全和信息化委员会办公室、国家发展和改革委员会联合发布了《关于开展智慧城市标准体系和评价指标体系建设及应用实施的指导意见》，提出智慧城市标准体系和评价指标体系框架，包含总体、支撑技术与平台、基础设施、建设与宜居、管理与服务、产业与经济、安全与保障共七大类。2016 年 4 月 19 日，习近平总书记在网络安全和信息化工作座谈会上指出:"我们提出推进国家治理体系和治理能力现代化,信息是国家治理的重要依据,要发挥其在这个进程中的重要作用。要以信息化推进国家治理体系和治理能力现代化,统筹发展电子政务,构建一体化在线服务平台,分级分类推进新型智慧城市建设,打通信息壁垒,构建全国信息资源共享体系,更好用信息化手段感知社会态势、畅通沟通渠道、辅助科学决策。"2016 年 12 月,国务院印发了《"十三五"国家信息化规划》,规划将新型智慧城市建设行动列为 12 个优先行动之一,规划提出到 2018 年在全国分级分类建设约 100 个新型示范性智慧城市,到 2020 年国内新型智慧城市建设成效显著。规划提出分级分类推进新型智慧城市建设、打造智慧高效的城市治理、推动城际互联互通和信息共享、建立安全可靠的运行体系等。2021年,《中华人民共和国国民经济和社会发展第十四个五年规划和二〇三五年远景目标纲要》明确指出"加快数字化发展,建设数字中国",推进数字社会的建设步伐,在全国各个城市分类分级地开展智慧城市建设,实现城市市政基础设施等的智能化发展,加快智慧社区建设,为未来 5 年国内智慧城市发展提供了指导。

## 9.1.2　我国地方政策环境

2010 年以来,在地方层面,多个城市制定了丰富的智慧城市相关政策与相关指引,如宁波市印发了《中共宁波市委宁波市人民政府关于建设智慧城市的决定》;上海市出台了《上海市推进智慧城市建设 2011—2013 年行动计划》;南京市印发了《南京市"十二五"智慧城市发展规划》,对智慧城市建设开展了前期的探索;北京市出台了《智慧北京行动纲要》,提出城市智能运行行动计划、市民数字生活行动计划、企业网络运营行动计划、政府整合服务行动计划等 8 项行动计划,2021 年北京提出实施"科技冬奥(2022)行动计划",旨在全面提升城市智慧服务水平;广州市出台了《中共广州市委广州市人民政府关于建设智慧广州的实施意见》,明确提出构建以智慧新设施为"树根"、智慧新技术为"树干"、智慧新产业为"树枝"、智慧新应用和新生活为"树叶"的智慧城市"树型"框架;2021 年广东省层面也提出加快推进数字产业化和产业数字化,建成"数字湾区"等。

国内出台的各个领域、各个层面的政策越来越多，体现出我国在发展智慧城市方面具有良好的政治环境，也得到了国外多个国家政府的普遍关注。

# | 9.2 经济环境 |

目前，我国经济发展逐步进入新常态，经济产业转型升级迫在眉睫。智慧城市作为产业转型的重要方向，对城市产业结构调整做出较大推动，从而促进城市经济的创新发展。同时，国家财政收入的增长也为智慧城市的升级发展提供了资金保障。

## 9.2.1 国内生产总值

根据国家统计部门的数据，2015—2023 年我国国内生产总值（GDP）规模及增长趋势如图 9.1 所示，2023 年我国 GDP 达到 1260582.1 亿元，剔除商品和服务价格变动因素，实现 5.2% 的实质性增长，整体呈现出"稳""进""好"三大特征，表明我国经济回升向好、长期向好的基本趋势仍在延续。

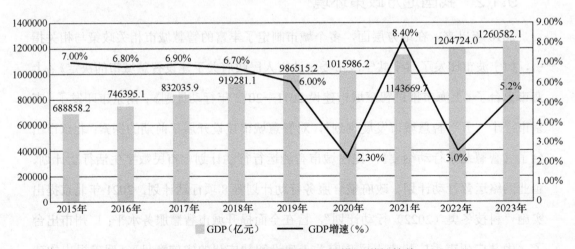

图9.1 2015—2023年我国GDP规模及增长趋势

## 9.2.2 居民人均可支配收入

国家统计局数据显示，2015—2023 年我国居民人均可支配收入及增长趋势如

图 9.2 所示。2023 年我国居民人均可支配收入达到 39218 元，同比增长 6.1%，相比 2015 年的 21966 元增长了 17252 元。居民的收入水平和消费能力均有较大的提高，为智慧城市建设提供发展动力。

图9.2　2015—2023年我国居民人均可支配收入及增长趋势

## 9.2.3　全社会固定资产投资

党的十八大以来，以习近平同志为核心的党中央作出了"中国经济发展进入新常态"的重大判断，提出创新、协调、绿色、开放、共享的新发展理念。各地区各部门全面贯彻新发展理念，深入推进供给侧结构性改革，投资领域突出补短板、强弱项，积极促进经济高质量发展。2013—2023 年，我国全社会固定资产投资年均增长 7.0%，如图 9.3 所示。

图9.3　2013—2023年我国全社会固定资产投资及增长趋势

从产业来看，第一、第二、第三产业年均增长分别达到 11.5%、6.5% 和 7.6%。

从区域来看，固定资产投资在东部地区年均增长 8.4%，中部地区年均增长 8.5%，西部地区年均增长 4.9%，东北地区年均增长 5.3%，"京津冀"区域年均增长 4.6%，"长三角"区域年均增长 8.2%，"粤港澳"区域年均增长 6.9%，长江经济带地区年均增长 9.1%，黄河流域 9 个省区年均增长 7.3%。

## 9.2.4 中央基本建设支出预算

中央基本建设支出预算是国家预算确定年度基本建设资金总额和对各部门、各地区分配基本建设资金的财政计划。它是国家预算支出的重要组成部分，对新型智慧城市建设具有重要的"指挥棒"作用。2020—2024 年，中央基本建设支出预算如图 9.4 所示。其中，中央基本建设支出从接近 6000 亿元稳步提升至 7000 亿元，5 年累计增长达到 16.67%，支出规模延续稳步扩大态势；中央本级支出逐年增加，从 2020 年 929.8 亿元增长至 2024 年 2000 亿元，累计增幅达到 115.10%；中央对地方转移支付总体保持平稳，约为每年 5000 亿元。

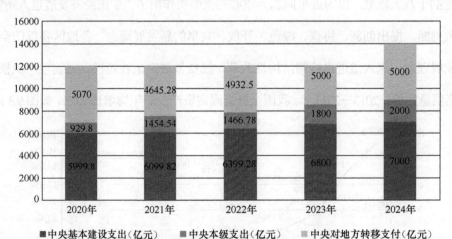

图9.4 2020—2024年中央基本建设支出预算

## 9.2.5 数字经济规模及结构

从全球范围来看，数字经济逐渐成为经济稳定复苏的关键动力。从总体看，2023 年，美国、中国、德国、日本、韩国 5 个国家的数字经济总量超 33 万亿美元，同比增长超过 8%；数字经济占 GDP 比重达到 60%，较 2019 年提升约 8 个百分点。

从内部结构看，产业数字化逐步成为数字经济发展的主要引擎，2023 年占数字经济比重达 86.8%，较 2019 年提升 1.3 个百分点。其中，第二产业和第三产业成为全球数字化转型的重要赛道，对数字经济的整体贡献已超过 2/3。第一产业、第二产业、第三产业对数字经济发展的贡献率如图 9.5 所示。

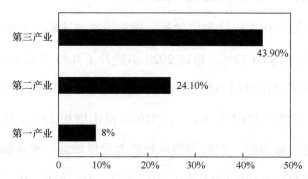

图9.5　第一产业、第二产业、第三产业对数字经济发展的贡献率

我国数字经济构筑了国民经济成长的关键支撑，在国民经济中的地位愈加突出。在规模方面，2021 年我国数字经济规模已达到 45.5 万亿元，比 2015 年增长 26.9 万亿元，规模实现翻倍，预计 2025 年我国数字经济规模将达到约 60 万亿元。在占比方面，2021 年我国数字经济规模占 GDP 的 39.80%，比 2015 年提升了 12.3 个百分点，预计 2025 年我国数字经济规模将占 GDP 的 50%，如图 9.6 所示。这表明数字经济已然成为目前最具活力和发展潜力的经济形态，是国民经济的核心增长动力之一，为基于数字经济发展的智慧城市建设带来良好的发展空间。

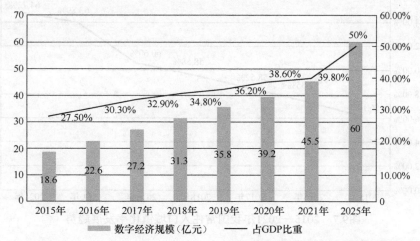

图9.6　2015—2021年和预计2025年我国数字经济规模及GDP占比

## | 9.3 社会环境 |

### 9.3.1 我国城镇化进程逐渐加快

近年来，我国城镇化率保持稳定增长，根据国家统计局公布的数据，2021 年我国常住人口城镇化率为 64.72%，相比 2020 年提升了 0.83 个百分点，而 2010 年第六次全国人口普查城镇化率尚不到 50%。2021 年末，我国城镇常住人口达到 91425 万人，比 2020 年末增加 1205 万人，与 2010 年相比增加 24447 万人。农业转移人口市民化加快推进，城市群、都市圈的承载能力逐步增强，城乡融合步伐加快，城市建设品质逐渐提升。

目前，全国 14 城已迈入"双万"时代。据统计，截至 2021 年底，北京、上海、广州、深圳、重庆、苏州、成都、杭州、武汉、天津、郑州、西安、长沙和青岛 14 个城市已实现了常住人口过千万、GDP 过万亿元的发展规模。

预计伴随着我国经济社会的稳定发展，基于多项改革措施的落实，我国常住人口城镇化率仍将保持持续上升的趋势，如图 9.7 所示。城镇规模逐步扩大、城市经济快速发展推动创新智慧城市建设和城市高质量发展。

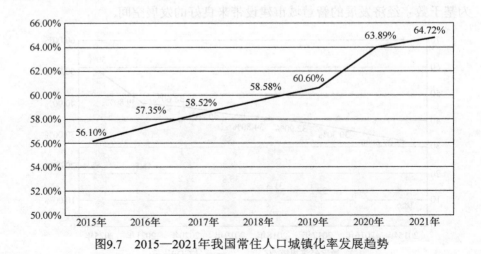

图9.7 2015—2021年我国常住人口城镇化率发展趋势

### 9.3.2　互联网普及率快速提高

国家统计局发布的《中华人民共和国 2021 年国民经济和社会发展统计公报》显示，截至 2021 年，我国互联网上网人数达到 10.32 亿，互联网普及率为 73.0%。中国互联网络信息中心定期发布的《中国互联网络发展状况统计报告》第 49 次报告显示，在网络基础资源方面，截至 2021 年 12 月，我国域名达 3593 万个，IPv6 地址达 63052 块 /32，同比增长 9.4%；移动通信网络的 IPv6 流量占比已经达到 35.15%。截至 2023 年 6 月，我国在信息通信业方面取得了重大进展，累计建成并开通的 5G 基站达到 293.7 万个，而在 2022 年这一年里，新增的 5G 基站更是高达 88.7 万个。同时，我国还拥有超过 150 个具有全国影响力的工业互联网平台，接入设备超过 7600 万台。在"5G+ 工业互联网"方面，全国在建项目超过 2000 个，在国民经济重点行业中，工业互联网和 5G 的融合创新应用取得了重要进展。

2021 年，我国网民总体数量保持增长态势。一是城镇和乡村之间的上网差距正在逐步缩小。在我国，现在所有的行政村都已经实现了"村村通宽带"，这使得贫困地区的通信难题得到了历史性解决。截至 2022 年 12 月，我国农村网民总体数量已经达到 3.08 亿，农村地区互联网普及率达到 61.9%，在 2021 年 12 月的基础上提高了 4.3%。

二是老年群体逐渐加速融入网络社会。为了帮助老年群体更好地使用网络，互联网应用适老化改造一直在持续推进。截至 2022 年 12 月，我国 60 岁及以上老年网民数量达到 1.53 亿，早在 2021 年，我国 60 岁及以上老年群体互联网普及率便达到 43.2%。越来越多的老年人在使用互联网，并且与其他年龄段的人们一样享受着网络带来的便利，老年群体也可以通过网络与其他年龄段的人们共享信息化发展成果。比如，52.1% 的老年网民可以在网上购买生活用品，46.2% 的老年网民可以使用互联网查找信息等。

### 9.3.3　网民数字素养持续提升

截至 2024 年 6 月，我国网民规模达 10.9967 亿人，互联网普及率达 78.0%。其中手机网民规模为 10.96 亿人，网民中使用手机上网的比例为 99.7%，移动端网络促进用户消费模式转变。随着《提升全民数字素养与技能行动纲要》《加快数字人才培育支撑数字经济发展行动方案（2024—2026 年）》《关于开展 2024 年"数字适老中国行"活动的通知》等一系列政策措施的出台，我国网民数字素养与技能水平得以快速提升。根据中国互联网络信息中心统计，截至 2024 年 6 月，至少掌握一种数字素养与技能的网民占比达 90.1%，能熟练"使用电脑或手机搜索、下载、安装及配置软件"的网民占比达 40.5%。

## 9.3.4 信息化发展显著推进民生改善

近年来，在网络强国重要思想的指引下，各地区、各部门加快探索应用以云计算、大数据、物联网、人工智能、5G 等为代表的信息技术，在教育、医疗、文旅、就业等领域的信息化建设实现全面突破，民生改善成效显著。

### 1. 教育方面

随着新一代信息技术的深度应用，我国数字教育已由起步应用阶段迈入融合创新阶段，对促进教育公平、提高教育质量、推进教育现代化的作用日益凸显。近年来，我国学校网络基础环境基本实现全覆盖，优质资源供给和教学应用水平大幅提升，"三个课堂"应用深入推进，利用信息化手段扩大优质教育资源覆盖面的有效机制基本形成。数字教育资源公共服务体系基本建成，教师信息素养和应用能力得到全面提升，信息化手段支撑教育治理现代化成效显著，教育均等化、普惠化、便捷化水平不断提升。截至 2022 年 11 月，我国上线慕课超过 6.19 万门，学习人数达 9.79 亿，慕课数量与学习人数位居世界第一。

### 2. 医疗方面

卫生健康信息化顶层设计逐步完善，信息化建设水平不断提升，建设投入持续加大、互联互通持续加强，远程医疗加速优质医疗资源进一步下沉，"互联网＋医疗健康"便民惠民行动有力开展，应用创新潜力释放。医疗卫生机构信息化水平全面提升，新技术在公共卫生领域加快应用示范。积极推进健康医疗大数据有序发展，注重发挥大数据在突发公共卫生事件中的作用。从实验室到临床一线，从病原检测、流行病溯源、快速筛查到疫苗研发，从在线问诊、远程医疗到互联网医院，在线医疗打破时间、空间和地域等限制，持续推动我国医疗数字化发展进程。我国在线医疗用户规模快速增长，截至 2022 年 12 月，我国在线医疗用户规模达 3.63 亿人，占网民整体的 34%。

### 3. 文旅方面

我国数字文旅产业得到快速发展，作为线下文旅的有益补充，形成了线上线下协同发展、彼此促进的良好格局。一是数字技术正在加速文物的广泛分享。通过使用数字技术，许多文物、艺术作品、文旅资源被数字化，游客可以通过网络平台方便地搜索、了解和观看文化遗产。二是利用数字技术可以实现更高效的文旅交互。由于高速信息传输和网络平台的发展，文旅产品交易、供求信息对接和内容分享变得更加快速、高效。通过云计算等技术，供给方可以更好地了解需求方，从而提升交易效率。三是利用数字技术可以提供体验感更好的文旅体验。人工智能、虚拟现实等技术的应用，云旅游、沉浸式演出、沉浸式娱乐项目等新型旅游方式的出现，使得游客在出游前和旅游过程中都能够获得更加丰富和生动的旅游体验。四是利用数字技术可以更便捷地获取文旅信息。通过互联网、App、微信、微博等多种信息渠道，无论是预订酒店、购买门票，还是获取旅游攻略和当地资讯，数字技术都为游客提供了方便快捷的方式。截至 2023 年 6 月，我国在线旅行预订用户规模达 4.54 亿人。

### 4. 就业方面

随着我国数字经济蓬勃发展，时空界限被进一步打破，形成了协同、开放、多边的经济模式。新的经济模式加速新的工作岗位不断涌现，新就业形态随着数字技术发展而兴起，凭借容量大、门槛低、灵活性强等特征，互联网平台为人们创造了更多的就业机会。以电子商务行业为例，2019 年我国有将近 3115.08 万人选择电子商务行业就业或创业，而电子商务的发展极大地带动了信息技术服务行业和信息技术支持行业的就业，就业人数已经达到了 2010.57 万。不断涌现的新行业、新产业、新业态、新模式，催生了一批又一批数字化、智能化、信息化新职业、新岗位。2020年7月，人力资源和社会保障部联合国家市场监督管理总局、国家统计局向社会发布了自《中华人民共和国职业分类大典（2015年版）》颁布以来的第3批新职业，区块链工程技术人员、区块链应用操作员、互联网营销师、城市管理网格员、信息安全测试员、在线学习服务师等数字化新职业赫然在列，直播销售员、互联网信息审核员等新工种成为正式职业称谓。

在智慧城市的发展过程中，构建普惠便捷的数字民生保障体系，对于增进我国民生福祉、提高全民受教育程度、完善卫生健康体系、推进更加充分更高质量就业、提升公共文化服务水平和社会文明程度，具有重大而深远的意义。

# | 9.4 技术环境 |

## 9.4.1 信息技术持续更新换代

近年来，在物联网、云计算、大数据、人工智能、元宇宙等领域中，信息技术持续进行着更新换代，为智慧城市建设发展构建了良好的发展基础。

物联网方面，随着全国智慧城市发展，物联网感知体系作为智慧城市基础技术层级拥有了高速发展的机遇，在物联网技术的研发、物联网感知标准的制定、物联网行业厂商的培育及物联网应用场景的扩展等方面已初具规模，在工业、农业、水务、环保等领域已取得广泛的应用成效。

云计算方面，我国近年来涌现出一大批云计算产品和解决方案提供商，如百度云、阿里云、腾讯云、天翼云等。同时，也有部分地方政府出于对本地信息安全的考虑，筹划构建地方云产品，为本地智慧城市建设云基础设施、平台云和感知云组件等。由于云计算使得更快地安装和检索数据成为可能，可以预见，未来的云端是智能化的云端，能够实现自动、智能的信息服务。云计算能够为城市规划提供长期基础设施，在不增加能耗的情况下，提高城市的运作效率，实现智慧城市的绿色和可持续发展。

大数据方面，随着我国头部软件、硬件企业对大数据基础平台产品开展自主研发，实现了面向部分领域的数据分析工具的研发，提供了大量数据创新应用服务。尤其在智能分析方面，部分头部企业积极探索数据挖掘、人工智能、深度学习等技术，实现了语音转化、图像识别、文本挖掘等领域的技术发展，为我国大数据行业发展做出巨大贡献。同时大数据在智慧城市发展过程中也得到了广泛应用，实现了大数据向多类传统行业的渗透融合，如金融、交通、环保等行业在已有的丰富数据资源的基础上，开展信用评级、风险预警等应用，推动了城市管理智能化与决策科学化发展。

人工智能方面，2022 年 11 月底，OpenAI 推出 ChatGPT，实现机器与用户之间的智能聊天对话。目前已发展到兼具"高情商""极低 AI 幻觉""更强审美直觉和创造力"的 GPT-4.5，用户规模已超过 8 亿人口，占全球人口的 10%。2025 年 1 月，我国人工智能公司发布大模型 DeepSeek，其上线 2 周，用户规模达到 1 亿人口，成为全球增速最快的 AI 应用。随着算力发展、数据累积及模型的互联化，面对以 ChatGPT 技术为代表的人工智能新浪潮，在新型智慧城市建设领域，ChatGPT、DeepSeek 等将成为加快推进城市治理现代化进程的重要乘数，智能响应城市治理、生活、生产，实现城市的高效、健康运行和可持续发展，同时也会使原本清晰的职能和职业边界变得更加模糊，助力城市管理部门的多跨协同。ChatGPT 和 DeepSeek 等通过与医疗、教育、金融、交通、物流、制造、文化、体育等行业结合，加速引领新型智慧城市相关各领域深度变革。可以预见，在不久的将来，人工智能技术将与智慧城市管理系统实现深度融合，在提升城市管理、推进产业转型、便利企业群众等经济社会各方面发挥更加重要的作用。

元宇宙是一个虚拟的数字生活空间，由人类通过运用数字技术构建而成，不仅可以反映现实世界中的各种元素，同时也超越了现实世界的限制，人们可以在元宇宙中创造、交流、互动和娱乐，也可以与现实世界进行交互。元宇宙不仅是一个新的社交平台，还具备新型社会体系，人们可以在其中建立各种关系、进行各种活动。

在新型智慧城市的建设过程中，数字孪生城市是与元宇宙比较相近的概念，可以理解为是元宇宙的部分形态。在数字孪生城市里，通过三维技术，建立完整的城市信息模型，如人口、楼栋、地下空间、道路交通、基础设施、生命线等；通过物联感知设备，获取各类元素的实时状态并映射到城市信息模型中；通过时空大数据处理将人口、经济、事件等要素叠加到城市信息模型中，形成与现实世界相互映射且实时的虚拟世界。如果充分利用元宇宙的实时、沉浸、低时延特性，可以让城市管理者置身于其管理的城市中，充分感知城市状态，全面获取城市信息，实现对城市治理问题的模拟决策。

## 9.4.2 信息技术国产化程度逐渐提升

中央网络安全和信息化领导小组于 2014 年成立，成立会议明确提出"没有网络安全，就没有国家安全；没有信息化，就没有现代化。"国家对信息安全和自主可控的重视程度已经达到了前所未有的高度，使用国产化信息技术产品来代替国外相关产品的趋势已经无法逆转。各地政府信息化主管部门也提出了国产化代替的新需求。更重要的是，通过国产化信息技术解决方案或国产化信息技术产品的发展，可以有效提升信息技术安全性、自主可控程度和行业发展水平。

近年来，我国的硬件设备、基础软件开发和信息服务领域的发展均取得了一定成效，产品解决方案成熟度、产品类型丰富度及产品质量均有极大提升，尤其在部分重要领域中取得了创新突破。信息基础设施产品方面，部分国产化信息基础设施产品备受市场肯定，涌现出一大批国产化信息基础设施产品专业研发公司，如华为、金蝶、H3C、中兴、浪潮等厂商。操作系统方面，国产操作系统长期以来在微软等国外品牌巨大的市场份额下寻求生存空间，逐渐改变其在生态、市场、品牌和规模化等方面的长期弱势情况。数据库方面，国产数据库已完全具备使用能力，可以满足部分领域应用需求，达梦、浪潮、神舟等厂商市场份额长时间落后的局面发生了改变。

由于政府对信息安全和自主可控的高度重视，先后出台了多项鼓励措施和政策，这些措施、政策推动了信息技术产品国产化的替代潮流。国产化信息技术产品专业公司也迎来了巨大的发展机遇，国产化信息技术服务及产品的全方位提升在很大程度上助推了智慧城市的高速建设发展。

## | 9.5 新型智慧城市建设发展环境构建原则 |

### 1. 需求为先，优政惠企

新型智慧城市建设发展环境的构建需要全面落实国家层面对地方打造改革开放新高地等相关的工作部署，聚焦新兴产业发展，营造良好的营商环境，促进本地区新型信息技术能力的发展，聚焦智慧城市建设发展相关产业，探索创新惠企服务模式，以向企业提供全覆盖、多层次、差异化、高质量的公共服务为目标，形成产业发展势能和数字经济发展动能，完善智慧城市建设的出发点与落脚点。

### 2. 结合实际，因地制宜

目前，我国智慧城市建设的重点逐步聚焦于区县层级，随着我国城镇化的快速发展，推动一线城市的智慧城市建设成功经验向中小城市、区县、乡镇普及具有重大意义，但由于国内各个地区的气候、人文、社会、经济发展等不同维度的差异明显，在智慧城市发展环境的构建过程中，需要充分认识各城市之间的地域差异，坚持本地化的发展路线，结合本地特色与发展实际情况，为本地区智慧城市发展量身打造规划方案。

### 3. 政府引导，多元参与

在进行智慧城市保障体系的建设过程中，需要充分发挥政府在规划引领、规范标准制定、统筹协调等方面的引导作用，同时积极寻求政府、公民、企业等多方利益平衡点，充分满足社会各类主体需求，强化民生需求导向，提升社会各界参与智慧城市建设的积极性，实现智慧城市建设成果多方共享的良好格局，构建政府、企业、社会多方参与、"政产学研用"紧密结合的生动局面。

### 4. 系统统筹，协调共享

鉴于智慧城市建设的复杂性，智慧城市建设环境保障体系也是一项完整而又复杂的系统，需要管理者充分认识到这一点。在进行智慧城市建设环境构建的过程中需要充分考虑与智慧城市整体布局的配套性，同时也要充分考虑智慧城市建设环境保障体系内部的协调发展，以应用需求为牵引，以信息共享为抓手，以互联互通为重点，充分利用数字资源，推进跨部门、跨领域的应用融合，促进各层面保障措施的系统、独立、匹配，共同构建保障合力。

### 5. 把握规律，有序推进

智慧城市建设发展的保障体系构建并不是一蹴而就的，需要从顶层规划着手，全面协调推进，从而形成系统化、有序化发展格局。强化智慧城市建设的统筹推进，深度整合、统一布局，充分吸收上级建设成果，同时分析本地区现有信息化基础，有序推进主要任务与重点工程建设，明确责任主体与分工，有效避免一哄而上、重复建设的情况发生。

### 6. 充分评估，注重效益

智慧城市建设发展需要充分保障所取得的经济效益、社会效益及生态效益，通过建立健全智慧城市评价指标体系构建智慧城市建设考核保障，开展对多方效益的投入产出科学评估，努力控制智慧城市建设项目的成本与投资风险，进而推进智慧城市建设效益最大化。

## | 9.6  新型智慧城市建设发展环境构建思路 |

构建智慧城市建设发展环境，需根据智慧城市建设的目标和任务，以及存在的问题，进行充分的分析论证，提高对智慧城市建设的认知水平，加强技术保障，优化政策制度，强化组织协调，在认知、制度、技术、要素等方面为全面推进智慧城市建设提供保障。

为了让更多人了解和认识智慧城市建设，需要加强对智慧城市的研究和宣传。通过深入研究智慧城市的发展理论，构建智慧城市发展理论支撑体系，形成一系列包括智慧城市建设的目标、原则、策略、措施等方面在内的研究成果，为智慧城市建设提供科学依据和指导，提高全社会认知水平。推进智慧城市理论的普及推广，以公务人员、重点企业管理人员等为重点培训对象，强化智慧城市理念的宣贯工作，同时加强面向公众的舆论宣传引导，形成智慧城市基础知识广泛普及的局面，提升社会各界对智慧城市建设的认知水平。

　　强化智慧城市产业发展与技术创新。通过加强相关新兴产业的技术研发，推进高新技术领域发展突破，提升智慧城市建设技术方案与解决方案能力，加快技术平台建设、完善创新奖励机制、提升服务水平、优化发展环境，逐步形成智慧城市建设发展的技术基础与产业保障。

## | 9.7　新型智慧城市建设发展环境构建主要内容 |

### 9.7.1　政策法规保障

　　制定符合新型智慧城市发展的政策体系。政策体系包括产业政策、人才政策、投融资政策、信息安全政策等。参照国家智慧城市的相关建设标准，统一建设规范，完善技术细则，提高政策、法规、标准的可操作性并加大执行力度。通过对信息共享和业务协同等方面的规范研究，为智慧城市建设提供更好的支持和指导。

### 9.7.2　组织体系保障

　　建立完善的组织工作领导体制。成立以城市主要领导为组长，各委办局负责人为组员的新型智慧城市建设工作领导小组，负责智慧城市建设发展工作的统一规划、统一部署、标杆引领、安全防护，分类分级推进智慧城市建设工作。同时，成立新型智慧城市建设专家咨询委员会，为智慧城市建设和发展提供技术、信息、管理、评估、咨询等方面的专业服务和保障。组建本级政府数据运营管理机构，协调政府部门数据的权属、安全和流通，推进数据基础制度建设，统筹数据资源整合共享和开发利用，推进数字中国、数字经济、数字社会规划和建设等。北京、重庆、广东、浙江、山东、广西、吉林、福建、安徽、河南、贵州等全国大多数省市均成立了省级大数据管理机构和市级大数据管理机构，各省市大数据管理机构的主要职责是以公共数据（包括政务数据）共享开放为主，整合政府组织、企事业单位的各类数据，形成公共数据资源池，治理"数据孤岛"、打破"数据壁垒"。

以国内先进城市深圳为例，深圳市智慧城市和数字政府建设领导小组组长由深圳市市长兼任，副组长由常务副市长、市委组织部部长、分管政务数据管理工作的副市长、市政府秘书长、市委常务副秘书长兼任。成员包括市政府协调政务数据管理工作的副秘书长，市委办公厅（市档案局）、市委政法委员会、市政府办公厅、市公安局、市委网络安全和信息化委员会办公室等近40个单位的主要负责人。领导小组办公室设在市政务服务数据管理局，各区、各单位需要将智慧城市和数字政府建设工作纳入"一把手"工程，由主要负责同志亲自抓，以确保工作的顺利进行。

广东省为加快推进全省数据要素市场化配置改革，完善政务数据共享协调机制，推动实施首席数据官制度，并于2021年颁布《广东省首席数据官制度试点工作方案》，由各试点市、县（市、区）政府和试点部门分别设立本级政府首席数据官和本部门首席数据官，原则上首席数据官由本级政府或本部门分管数字政府改革建设工作的行政副职及以上领导兼任。首席数据官负责推进数字政府建设、统筹数据管理和融合创新、实施常态化指导监督、加强人才队伍建设。结合重点工作部署、日常管理等落实情况，由省政务服务数据管理局组织试点地级以上市和省有关部门对首席数据官履职情况进行评价。

## 9.7.3　标准体系保障

智慧城市的建设与管理必须建立在完整的技术标准、信息接口规范、安全标准、服务规范、建设标准、监管流程规范等标准体系的基础上。通过各种标准规范的落地执行，从技术层面和组织管理层面为智慧城市的建设与发展提供保障。

标准体系对于智慧城市的规划设计、建设实施及运营服务都具有很强的支撑力和引导力。在智慧城市的规划设计阶段，需充分考虑顶层设计、专项设计等方法指导类标准，与此同时还需在智慧城市建设现状调研、诊断评估阶段使用智慧城市成熟度、评价指标等的相关标准进行规范指导；在智慧城市建设实施阶段，需充分考虑解决方案设计、软硬件采购、软件开发、系统集成等各类工作指导标准；在智慧城市运营服务阶段，需有效应用智慧城市运营指南、管理平台。

根据《智慧城市标准化白皮书（2022 版）》，我国智慧城市标准体系总体框架由总体标准、技术与平台、基础设施、数据、管理与服务、建设与运营、安全与保障七大部分构成。

总体标准包括术语定义、参考架构、评价方法、应用指南 4 类标准；技术与平台类标准包括物联感知、网络通信、计算与存储、服务融合、业务流程协同、城市数字孪生、智能决策、人机交互、公共支撑平台、城市运营中心 10 类标准；基础设施类标准包括信息基础设施、融合基础设施、创新基础设施 3 类标准；数据类标准包括城市数据资源体系、城市数据模型描述、城市数据治理、城市数据融合与服务 4 类标准；管理与服务类标准包括城市治理、惠民服务、生态宜居、产业发展、区域协同 5 类标准；建设与运营类标准包括规划设计、部署实施、运营管理、评估改进、创新发展 5 类标准；安全与保障类标准包括数据安全与隐私保护、信息系统安全、信息安全管理、基础安全防护、新技术应用安全 5 类标准。

## 9.7.4　人才队伍保障

可持续创新是智慧城市的核心理念，它以用户创新、开放创新、大众创新、协同创新为特征，强调在城市建设过程中需要大批创新型人才的参与。智慧城市的发展带来了智能电网、智能教育、智能医疗、智能家居、智能城市等产业的蓬勃发展，对熟悉电子科学、计算机、测控、信息与通信工程、自动化和管理专业领域的复合型专业人才的需求量大大增加。为了满足智慧城市建设发展的人才需求，需要加大智慧城市高层次人才队伍建设力度，形成吸引、培养、使用高层次智慧城市人才队伍的机制，通过统筹规划人才工作，为智慧城市建设提供坚实的智力支撑。

积极推进人才的外部引入，制定城市人才引进计划，统筹实施各类人才优惠政策，切实营造人才"引得进、留得住、用得好"的环境。为了推动智慧城市建设，各地政府积极开展海外人才引进工作，制定各类优惠政策，以吸引和用好智慧城市海内外的人才，旨在通过高层次人才的贡献，加速产业升级，推动智慧城市发展。同时，政府还鼓励海外留学人员回国创业，为智慧城市的建设提供强有力的人才支持。吸引海内外人才的重要措施包括发挥经济发展优势、重大人才项目引领作用，吸引业内知名专家、学者参与研究，进而引进相关人才参与工作；建立人才库，构建智慧城市建设人才的信息汇聚地；通过研究机构、高新技术企业和社会团体，为人才提供更多的发展机会和平台，提升专业人才聚集度，为智慧城市建设提供研发、应用、营销等全方位的人才支持。

大力推动内部人才培养，加强专业人才培养，支持创新创业，加强对领军人才、核心技术研发人才、复合型人才等高端人才的培养。加大信息化培训力度，以岗位培训和继续教育为重点，分阶段进行新型智慧城市专题培训，提高相关人员的信息化意识和信息技术应用能力，防范信息安全风险。促进校企联合，通过高校院所、园区、企业和社会办学机构的联合，创新人才培养机制，落实人才培养措施，提高人才培养的质量和效果。推进智慧城市人才基地建设，创建一批以智慧产业基地为依托的人才集聚平台，组织开展多层次智慧人才培训，深入学习研讨国内外先进理论和经验。

为了满足智慧城市建设在人力资源方面的需要，各地城市管理者可以努力营造一个智慧人文环境。通过提高全民信息化意识，加强对社会中弱势群体的信息化教育，强化他们的信息获取和使用能力，从而扩大智慧城市建设所需的人才来源。一方面，城市管理者可以建立人才信息服务系统，为人才提供各类信息服务，帮助人才更好地适应市场需求，提高就业竞争力。另一方面，城市管理者还可以利用各种媒体平台，如电视、报纸、广播、手机 App 等，来宣传智慧城市建设的重要性，通过各个单位组织的人才培训、信息化技能比赛、信息化知识竞赛等活动，提高网络信息基础知识水平及实践能力，并为培养高质量的信息化人才提供良好的氛围。

### 9.7.5 建设资金保障

建立多渠道资金筹措制度，要求城市各委办局在制定每年生产投入计划时，要把智慧化建设资金列入预算，加强专项资金向基础性、全局性、公共性、协同性的智慧城市建设项目聚焦。加强建设资金统筹管理工作，要求城市建立体系化、规范化、制度化的资金管理办法，对智慧城市建设资金实施统一安排、专户管理。明确资金使用计划，加强对资金使用过程的动态监控，完善资金使用的审计制度，实现资金全流程动态、闭环管理。

### 9.7.6 信息安全保障

目前，我国智慧城市在信息安全方面存在的主要风险包括基础设施风险、技术产品风险、管理风险和法律法规风险 4 个方面。由于智慧城市建设运营所面临的是一个开放的环境，其建设与运行的主体和客体可能存在不同的弱点，想要规避各类弱点及相应的风险，必须构建较为完善的智慧城市安全防范体系，采用积极防御和综合防范的工作方针，按照"谁主管谁负责、谁运营谁负责"的原则，严格遵守与国家信息安全有关的标准规范，全面构筑"保数据、保网络、保系统、保应用"的智慧城市信息安全保障体系，从而保障智慧城市项目顺利实施。

基础设施方面，智慧城市基础设施信息安全区别于传统信息系统信息安全，业务、系统构成等方面的特点导致现有信息系统信息安全技术不能直接应用于智慧城市基础设施中，需要针对其特点研究适用于保障智慧城市基础设施安全的信息安全技术。可以从以下几个方面考虑设置完善的访问控制机制，如采用智能认证检测技术、假冒攻击检测技术，此外还可以采取数据加密、密钥管理、入侵管理、安全接入等关键防护技术。

信息安全是智慧城市正常运行的前提和保障，需要加强重要领域安全防护和风险管理，定期开展安全检查和风险评估。在项目实施过程中，按照要求对技术、设备和服务提供商进行风险评估、安全审查和管理；在项目建设运行后，建立健全安全防护、等级测评和风险评估机制。

### 9.7.7 开展试点带动

智慧城市建设环境构建过程中的一项重要内容即智慧城市的试点示范建设和推广应用。通过开展智慧城市试点示范建设工作，强化试点地区的组织体系、监督管理机制、考核评价机制，探索智慧城市建设过程中的政策保障、项目管理、人才引进及资金管理等方面的保障措施。促进工作的有效推进，打造一系列智慧城市业务产品与系统平台，选择与大众生活密切相关的领域，如教育、卫生、医疗、交通等，试点建设一批具有积极社会影响力的应用场景，让广大群众充分体验到智慧城市发展带来的便捷性。同时，强化对重点区域、重点领域及重点产品的宣传与推广工作，实现试点示范成果的快速辐射。

### 9.7.8 加强社会参与

建设新型智慧城市需要格外注重创新机制的建立，并以开放的态度发展新型智慧城市，一方面政府需要重视顶层规划设计，提升统筹协调能力，另一方面需要集思广益，汇聚众人的智慧和力量，积极引导社会各界参与智慧城市的建设。需要注重问题导向、应用为先，通过加强与外部资源的互补利用，加强与国家有关部委、科研院所、通信运营商及国内外知名 IT 企业等的合作，重点吸引国家、省市优质资源和企业参与智慧城市建设，力争将其最新的研究成果、产品和成功应用案例先试先行，为智慧城市建设注入新的动力。在智慧城市建设过程中需要以市场为主导，通过引入多种创新模式，促进各类社会主体参与其中，政府、企业和社会各界的共同努力形成合力。充分发挥市场机制的作用，优化资源配置，降低建设和运营成本，提高智慧城市的可持续性并增强发展动力。在运营机制方面，有效利用企业拥有的优秀人才、专业技术、先进理念等优势，以实现更高效、更便捷、更智能的城市管理和服务。

第 10 章

# 新型智慧城市规划设计实践

不同区域、不同级别、不同类型城市的发展定位、基础条件和产业发展的侧重点不同，因此，智慧城市的建设任务和发展运营模式也各有不同，不能简单照搬一套解决方案，而需要充分开展调研，把握不同类型城市的实际需求，因地制宜，找准定位，有针对性地制定智慧城市顶层规划。

# | 10.1 大型城市顶层规划设计实践 |

随着城镇化推进速度加快，城市的人口规模逐渐扩大、区域逐步扩充。大型城市指城区常住人口为 100 万～ 500 万的城市，城区常住人口为 500 万～ 1000 万的城市为特大城市，城区常住人口在 1000 万以上的城市为超大城市。根据第七次全国人口普查的数据，我国特大城市达到 14 个，超大城市达到 7 个。与县域城市和中小城市相比，大型城市具备经济基础良好、技术创新能力强和大量人才聚集等优势，在智慧城市建设方面也具备信息化基础设施和公共服务体系建设基础。然而，随着城市和人口规模的扩大，大型城市在城市治理、生态环保和公共服务等领域所面临的问题也更加多样和复杂，更加需要通过智慧城市的建设，以智慧化手段更好地"治疗"环境污染、交通拥堵、教育资源不均、看病难、安全隐患多等一系列"大城市病"。

## 10.1.1 规划要点

### 1. 统筹集约，共建共享

大型城市在信息化基础设施和应用系统方面已具备一定成果和基础，但"云网林立""重复建设"的现象仍然存在。部分单位有自建机房，或者租赁不同云服务商的资源，硬件资源的整合与管理较为困难；部分单位建有行业专网且相对独立，网络融合较差。此外，各部门条块分割，数据资源、信息系统和信息平台尚未共建共用，呈现"部分行业水平高、市级总体整合弱"的状态。因此，大型城市的智慧城市建设运营更加注重集约整合，站在全市角度把握各单位信息化基础设施和共性能力平台需求，坚持"多元主体共建共治共享"，统筹集约规划市域云网基础设施布局和共性能力平台建设，为智慧城市建设提供统一的信息化支撑。完善数据管理和系统上云等体制机制，加强现有系统和数据资源的整合，推进数据和系统共享互通和创新融合。

### 2. 以人为本，惠及大众

智慧城市的建设运营目标是提升人民群众的获得感和城市运行效能，人是城市运行管理的主体，大型城市人口众多，人民群众对生活品质和获得感有更高的追求，对公共服务的个性化、均等化需求也更加强烈。因此，智慧城市的建设必须从公众、企业的实际需求出发，通过基层走访、网上问卷调查、召开市民听证会或专家论证会等多种方式，全方位听取公众和企业需求。此外，构建全社会参与的评价机制，定期针对民生服务、城市治理等重点领域的建设成效开展系统性评估，着力促进公共服务均等化、便捷化，确保广大市民共享智慧城市的发展成果。

### 3. 问题导向，精准治理

与县域城市和中小城市相比，大型城市在解决交通拥堵、突发事件、挤兑公共资源、环境污染等城市治理领域的问题时面临更大的挑战，同时，公安、城管、交通等单位结合自身需求，分散建立了各自的指挥中心并应用不同的前端感知设备，但设备和平台的外部兼容性和延展性不足，数据未充分对接互通，难以实现分级联动，针对重大突发事件的预警防控、决策指挥和协同处置能力也亟需提升。此外，随着城市规模的持续扩大，社区、乡镇等基层组织的信息化水平较差，基层网管高效管理面临较大压力。因此，大城市的智慧城市建设必须坚持问题导向，从城市治理面临的重难点问题出发，通过信息化手段，加强智慧交通、智慧城管、智慧应急、平安城市、智慧监管等领域的应用场景创新，并强化数据整合互通，打造数据全面汇聚、态势动态监测、风险智能预警、应急指挥一体化的城市综合治理体系，全面提升城市精细化管理和风险防控能力。

### 4. 产城融合，高质发展

近年来，数字经济呈现高速增长态势，成为国民经济发展的关键动力。与县域城市和中小城市相比，大型城市对人才、技术和产业的虹吸力更强，为产业集群的打造和全产业链的建设提供了良好的基础环境；且大型龙头企业和企业总部往往会入驻大城市，可以较好地辐射和带动产业上下游企业开展数字化转型升级。因此，大城市更需要结合区域产业发展侧重点、战略定位和资源优势，加快推进数字经济建设，创新探索具备区域特色的应用模式典范，以产业或服务类型为主线，推进智慧应用场景建设，加快数字产业化、产业数字化，驱动产业数字化转型升级，从而实现区域社会经济高质量发展。

## 10.1.2　实践案例

以《W市新型智慧城市顶层规划（2020—2022）》的推出与落实为例。

《W市新型智慧城市顶层规划（2020—2022）》（以下简称《规划》）的推出与落实是大型城市抢抓新一轮智慧城市和信息化发展的机遇，推动城市全域数字化转型的有效实践。顶层规划从W市的实际情况和发展特色出发，兼顾统筹发展和技术创新，为W市新型智慧城市建设提供具有战略性和前瞻性的指引。

《规划》充分结合全国智慧城市评估数据，针对W市信息化基础设施承载力和集约化不足、数据资源互通融合不畅、公共服务智慧应用效能不优、突发公共卫生事件应对处置能力和精准治理能力不强、智慧产业对城市经济发展的带动能力不够等问题，坚持统筹集约、以人文本、问题导向，确立了"一云网、一大脑、五大重点应用领域和三大保障体系"的新型智慧城市"1153"总体架构，如图10.1所示。以数据中枢、应用支撑中枢、人工智能中枢、区块链中枢"四大中枢"为支撑，构建智慧城市超级大脑，打造"五智之城"（高速智联之城、融汇智数之城、普惠智享之城、和谐智治之城、国际智创之城），实现"七化创新"（基础设施集约化、信息资源融合化、政务服务便捷化、公共服务普惠化、城市治理精细化、生态环境宜居化、数字经济高质化），提升城市精细化治理和民生服务保障能力，以信息化助推W经济社会高质量发展。

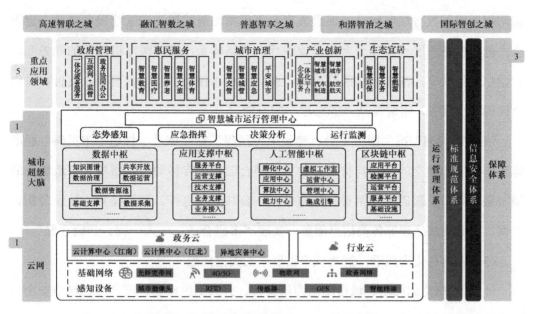

图10.1　新型智慧城市"1153"总体架构

**（1）构建智慧城市超级大脑中枢体系，提供统一能力支撑**

统筹全市共性能力需求，建设城市超级大脑基础平台，以城市数据资源融合共享为主线，以数据深度分析和应用示范建设为牵引，统筹建设城市超级大脑数据中枢、应用支撑中枢、人工智能中枢、区块链中枢和智慧城市运行管理中心，打造数据融合贯通、物联智能感知、应用统一支撑、运行精准分析、指挥高效协同的智慧城市超级大脑中枢体系，有效支撑"六个一"（"一网通办""一网统管""一网协同""一码互联""一站直通""一网共治"）通用型基础应用，同时为城市管理者在科学决策、应急调度、协同指挥、预测预警等方面提供全方位决策支撑。

**（2）围绕人民群众需求，共享智慧城市发展成果**

持续优化政务服务，重塑网上办事流程，拓展网上办事广度深度，减少群众跑动次数，深化电子证照应用共享，聚焦户籍、交通、医疗、税务、教育、住房、公积金等领域，推进"全市通办""一事联办""一张身份证办成事"，全面提升政务服务效能和群众满意度。

针对民生服务领域，结合国家级智慧教育示范区建设，推进星级智慧校园和智慧教室建设，开展基于大数据的教育过程精准分析，深化"互联网＋教育"应用模式，推动线上线下教育深度融合，促进教育公平优质均衡发展。在医疗服务领域，建设全民健康信息市区一体化平台和健康医疗大数据体系，推动医疗机构间的业务互通和诊疗数据共享，深化智慧医院建设，强化预约、挂号、候诊、引导、支付、报告全流程线上服务，缓解群众"就医难"的问题。

依托"i-WH"民生服务平台，建设"市民码"标准体系，打通"市民码"标准体系与公安部建立的可信身份认证体系，整合汇聚现有移动民生服务，打造统一的城市服务入口，覆盖生活缴费、智慧停车、公共交通出行、预约挂号、社保公积金查询、交通违法处理等各类信息服务，实现"多码合一、一人一码、一码互联"。

（3）以信息化为抓手，解决城市发展中的突出问题

针对 W 市交通拥堵、城市暴雨内涝灾害、公共卫生应急管理、提升城市安全韧性等日益凸显的大城市治理难题，在重点工程中探究相关信息化解决路径。

智慧水务领域，以"智慧海绵城市建设"为抓手，完善城市雨水资源数据采集机制，构建智慧海绵城市雨水监测分析模型，提升管网流量、路面积水实时监测和分析能力，有效防治城市内涝。

智慧交通领域，充分考虑交通大数据在城市交通管理、交通诱导、市民出行、智慧停车等方面的应用，为优化城市交通布局、解决城市交通拥堵问题提供支撑。

针对突发公共卫生事件应急管理，建立公共卫生应急指挥与大数据应用系统，通过数据多维分析和智能比对，持续完善智慧预警研判，优化公共卫生事件直报、门诊、药店和第三方监测机构的数据互通和智能监测，推动各方会商分析和风险预警，全面提升针对公共卫生事件的监测预警和应急处理能力。

智慧应急和安全管理领域，强调应急管理与城市日常综合管理相结合，统筹推进城市安全生产、防灾减灾和应急管理等领域的信息化建设。加强对燃气、桥梁、危化品、森林防火等领域的实时监测，推进城市体检开展和智慧城市应急指挥调度管理，提升针对事故灾难、自然灾害和突发安全事件的智能化应急处置能力，提升城市安全韧性。

（4）围绕优势特色产业，推动产城融合发展

关注智能化、高端化、生态化、集聚化的现代经济体系建设，依托 W 市在芯片

研发、汽车制造、生物制药等方面的优势，抢抓 5G、区块链、人工智能等新技术发展契机，加快推动信息化技术与重点行业、产业基地的深度融合，促进现有产业加快转型升级，积极推进"区块链之城""5G 发展先行区""智能网联新车都"等示范工程，以信息化带动产业和城市创新融合高质量发展。

在数字产业化发展方面，基于全省"光芯屏端网"的产业发展布局，进一步拓展了"光芯屏端网云智"七大数字经济产业集群。

①　光：主要依托国家信息光电子创新中心、光电国家研究中心等国家级创新平台，加快 5G 芯片、元器件、终端及应用等领域关键技术攻关和产业聚集。

②　芯：依托国家存储器基地、国家先进存储产业创新中心，建设芯片研发设计 - 制造加工 - 封装测试 - 产业化应用的全产业链，支持龙头企业在光通信芯片、红外传感芯片等领域扩大发展优势。

③　屏：通过引进重大项目和关键配套项目，重点发展印刷显示、M-LED、3D显示等前沿技术，推动本地配套企业加快发展。

④　端：一是重点推进高端平板、手机、PC、可穿戴设备、智能家电、智能家居、数字家庭、智慧医疗、智能机器人、智能数控机床、无人机等智能终端产品的生产与应用；二是加快突破新型人机交互、VR、AR 等技术在高端智能产品的推广应用；三是依托国家智能网联汽车基地，重点发展智能网联汽车、无人驾驶汽车等。

⑤　网：一是依托国家网络安全与人才创新基地，深化建设国家互联网安全攻防实验室，重点发展网络安全、工控安全、移动安全、网络与边界安全、安全芯片等自主可控安全产品及解决方案；二是加快天网、智能电网、车联网、电商网、物流网等智能网络建设；三是推动工业互联网产业示范基地建设，加快工业互联网标识解析二级节点应用建设；四是争创国家车联网先导区。

⑥　云：重点发展以云计算、大数据、区块链为先导的软件和信息服务业，持续提升云计算能力、边缘计算能力、云服务能力，形成区域云计算产业生态圈。

⑦　智：重点推动人工智能核心产业与融合应用协同发展，一是推动国家新一代人工智能创新发展试验区落地，争创国家人工智能创新应用先导区；二是按照"一

芯两网四场景"的人工智能产业布局，重点突破人工智能操作系统、数据库等关键基础软件及 GPU、芯片等核心硬件的研发，推进人工智能算法的开发与应用。

在产业数字化转型方面，以 W 市经济开发区为示范引领，围绕智能网联汽车技术攻关、智能路网基础设施建设、智能网联汽车公共道路测试、智能网联汽车应用等方面，以技术助力智能网联汽车研发、生产和服务，推动"智能＋汽车制造产业"纵深发展。在智慧金融领域，围绕智慧金融服务、企业贷款融资、金融支持、"区块链＋金融服务"等方面谋划了重点任务，加强金融监管、服务创新，支撑 W 市构建中部现代金融中心。在智慧商贸服务领域，谋划了智慧商圈、"新零售"模式创新和深化电子商务应用等举措，优化商贸服务"无接触"、可视化、智能化体验，为消费者提供更加丰富和便捷的服务。

（5）体制机制创新，重塑智慧城市建设运营模式

为突破区划、部门、行业界限和体制性障碍，积极推进运营管理机制创新。明确"四不准""十统一"的信息化项目建设管控策略；探索建设市级层面"行政部门＋事业单位＋平台企业"的政事企合作模式；建立健全以"一局（市政数局）、一中心（大数据中心）、一平台（平台公司）"为核心的智慧城市建设运营机制，形成上联下通、分工明确、各尽其责的智慧城市工作"一盘棋"发展格局。

## | 10.2　区县级城市顶层规划设计实践 |

随着我国新型智慧城市建设的纵深推进和乡村振兴战略的指引，智慧城市建设逐步从大型城市和地级城市开始向区县级城市下沉延伸。然而，区县级智慧城市建设受到经济、人才等因素的影响，仍然面临着许多短板和问题，主要体现为信息基础设施较为薄弱、数据沉淀融合难、资金人才和多级协同不足等。但是，区县级城市的生态环境良好、部分特色产业也具备一定基础。因此，区县级城市需充分抢抓国家新型城镇化战略、特色小镇战略等战略发展机遇，结合各自的优势和发展定位，做好与省、市的协同，聚焦区域资源和产业特色，发挥区域潜力。县级智慧城市需重点关注以下内容。

## 10.2.1　规划要点

### 1. 上下协同，注重实际

区县级城市是城市和农村间的重要层级，既需要承接上级单位的管理要求，又要完成好本区域内的管理、服务等具体业务。在集约化发展的背景下，区县级智慧城市建设需注重与省、市协同推进，充分利用和对接好省、市级已有的信息基础设施、共性能力平台、行业垂直系统，提升区县级的信息化基础弱项，全面打通跨层级、跨部门数据共享交换通道，避免重复建设。此外，结合本区域实际需求，在现有垂管系统的基础上，开展适合本区发展特色的应用场景创新和上下通达的数据资源体系建设，通过应用场景沉淀和数据共享回流等方式，持续优化、丰富本地数据资源，从而为区县政务服务效能提升、城乡公共服务均衡供给和产业创新发展提供智慧化支撑。

### 2. 产业创新，发挥优势

与中心城市和地市级城市相比，区县级城市的产业发展相对集中，区域文化特色更加鲜明。因此，区县级智慧城市规划不需要追求面面俱到的"大而全"，而应该结合数字乡村战略发展机遇，聚焦本区域的特色产业和文化，充分利用数字化手段，围绕区域产业生产、加工、销售、服务等环节的设备改造和商业模式创新，探索优化区域制造业、现代农业、文化旅游业、农村电商等区域优势产业的数字化转型升级路径；同时，区县级城市需充分依托自身资源禀赋条件，确定 1～2 个核心优势产业，构建产业发展平台，聚力实施数字化赋能，打造区域主导产业增长极，构筑产业高质量良性发展的格局。

### 3. 政企合作，高效运营

与中心城市和地级城市相比，区县级城市无论是财政资金，还是人才资源储备均相对欠缺。因此，更加需要推进政企合作，引入具备先进技术和管理经验的社会力量参与智慧城市建设，采取"政府引导，市场化运营""管运分离"的智慧城市建设运营模式，发挥各方优势，实现智慧城市的长效运营。

## 10.2.2　实践案例

以《智慧 JH 总体规划（2021—2025 年）》的推出与落实为例。

## 1. 规划背景

"十四五"时期是 JH 区紧抓新一轮信息革命发展机遇，培育区域产业发展新动能，提升精细化治理能力，重塑区域竞争力、影响力的关键时期。在 W 市"主城做优、四副做强"多中心化发展格局下，城区之间竞速将持续加剧，已出现高端优质资源流向周边区域的虹吸效应，未来势必将对 JH 区造成更大的挤压和冲击。因此，JH 区需要借助智慧城市建设，充分挖掘区位优势和商业底蕴，以"智能+""数据+"赋能消费、金融等传统优势产业，强化内生增长动力，并依托区位优势、资源禀赋和现代信息技术，突破性发展区块链等数字化产业，打造区域核心竞争优势，争做 W 市"五个中心"城市排头兵。

## 2. 规划架构和总体思路

顶层规划构建了"114+N"智慧 JH 总体架构，如图 10.2 所示，即一个云网基础设施数字底座、一个数据中枢能力平台，聚焦政务提质、经济提振、惠民提效、治理提升四大领域，打造 N 项创新智慧应用场景。

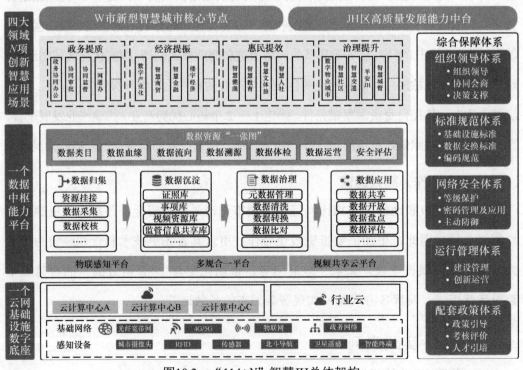

图10.2 "114+N"智慧JH总体架构

（1）加强集约联动，推进市区有效协同

按照省、市智慧城市的统一部署和要求，统筹推进基础设施集约化建设。其中，区级城市光网、5G、物联网等基础网络按照全市部署要求，接应落地；区级政务网络、政务云平台按照全市政务云网的总体建设框架，结合区域未来信息化建设对信息基础设施的实际需求，开展政务网络扩容升级，采取政府购买服务的方式获取云服务支撑，按照市级统一的上云规范，严格控制各部门机房、云计算中心、数据中心、灾备中心建设，推进已建各类数据中心、新建和现有非涉密系统加快向统一政务云迁移，并与市级政务云平台充分对接，实现政务基础设施集约化建设、信息系统整体部署、数据资源汇聚共享、业务应用有效协同。

（2）加强数据资源融合创新，提升业务统一支撑能力

按照"市级核心节点、区级数据枢纽"功能定位，搭建区级数据共享交换通道，建设区级数据中枢，对接 W 市城市大脑基础平台，推进数据高效汇聚。依托区级数据中枢，提升数据采集汇聚并行度和数据采集效率，推动区级自建系统及应用场景，深化产生的数据资源在数据中枢全口径归集，建设区级大数据资源池，完善基础库、主题库和专题库，基于数据归集与数据资产沉淀，逐步夯实区级数据底座。

完善区级政务数据共享交换管理机制，打造公共数据"归集 - 治理 - 融合 - 共享 - 核查 - 反馈"应用闭环，向全区各类政务及公共服务应用提供统一接口调用，实现全区跨部门、跨系统、跨层级数据的及时、高效共享交换。建立区级数据质量管理体系和数据使用反馈机制，基于全市统一的数据治理标准规范，推进数据清洗，加强数据服务建模、数据挖掘分析、数据可视化展示等应用，强化公共数据全方位、多角度、可视化管控，确保数据准确、有效、好用，为各部门和各类业务场景提供智慧化的数据服务。

推进公共数据开放并与社会数据融合创新。根据市级数据资源开放管理办法，结合区域实际，建立健全区级公共数据开放机制，合法合规、安全可靠地向有需求的行业或社会机构有序开放各类数据资源；拓展社会数据资源获取渠道，加快政务数据与

社会数据的融合创新，打造数据产品和数据资产增值应用服务，激发数据资源价值。

（3）加强场景应用建设，打造数据驱动的区域特色应用

以数据辅助政府决策、驱动部门业务创新，以更高效能服务社会、便民利民为目标，结合政务服务、民生服务、城市治理等重点领域实际需求，把握业务、数据的关键环节，进行场景探索与实践，打造一批效率高、服务优的特色智慧应用，切实提升民生服务能力、优化营商环境、提高行政效能、创新社会治理。

① 民生服务

教育领域，根据 W 市创建国家智慧教育示范区的要求，加快校园网络提速升级，在中小学开展智慧教室、人工智能实验室、智慧图书馆等校园基础设施智慧化升级，积极推进中小学星级智慧校园创建；深化"区校一体化"智慧教育云平台，开展基于大数据的教学质量评价、学生学情监测、教师专业能力评估；结合体教融合试点工作，探索推进人工智能教育"学训研赛"体系建设，建设学生体质健康监测综合管理平台，从体育教学、特长培养、竞赛活动、心理健康等维度为学生全面发展提供多维度数字化服务，构建数字教育新优势。

民政养老领域，抢抓全国智慧养老示范基地建设契机，围绕"日间照料、健康护理、文娱康养"等养老工作需求，深化"互联网＋居家养老"平台建设，智慧化升级智能穿戴设备、医疗监测设备等养老服务设备，提升社区和机构养老服务质量和效能；建设智慧养老服务监管平台，强化针对政府部门和养老机构运营服务、安全情况和补贴发放等的智慧化监管。探索智慧养老产业链建设，鼓励支持相关企业加快人工智能养老产品研发，构建为老服务模范区。

人社领域，进一步拓展社保卡应用领域，启动社保卡在养老、失业和工伤等社保待遇领取和人事人才考试缴退费方面的应用，扩展旅游门票购买、医保购药报销、残疾人补贴发放、高龄补贴发放等应用功能，进一步为民生服务提供便利。结合 JH 区数字化仲裁庭审的特色，深化智慧调解平台和数字化仲裁庭审平台建设，构建办事指南、仲裁流程、文本规范、案件进度查询、调解员评价等新功能，实现"不见面"调解，"点单式"服务。

**② 社会治理**

引入市场化资源，推进"数字物业城市"治理模式创新，整合利用市场化优势资源，持续拓宽物业服务边界，推动市政环卫、绿化养护、综合管廊运维管理、路桥维护、物业管理、停车场管理等城市治理一体化统筹运营，优化全区城市治理服务与职能，建设市政环卫、城市照明、垃圾清运、城市排水、综合管廊运维管理和物业管理等系统，实现对各类城市部件的实时跟踪、可视化呈现、即时报警、智能派单，提升区域管理效能。

**③ 产业创新**

坚持数字产业化、产业数字化双线并举，加强产业创新承接平台和数字经济培育两个统筹，重点推进"一区"（区块链产业创新发展示范区），"两园"（数字经济产业园、人力资源服务产业园）和"5个新业态"（数字新产业、智慧金融、智慧商贸、智能楼宇、数字资源要素市场）融合发展。

● 区块链产业创新发展示范区：成立区块链应用创新实验室，组建区块链专家委员会，为全市区块链产业发展提供全方位智力支撑；开展典型区块链应用场景孵化和复制推广；搭建应用创新研究、技术综合研究、研究成果测试验证及展示教育等平台，建设区块链人才培育基地，打造全国一流、中部领先的区块链创新中心。

● 数字经济产业园：引进一批5G、人工智能、大数据等领域的一流企业和项目，支持金融、商贸、电竞、物流、教育、大健康等领域拓展多种应用场景；依托JH区信息通信产业优势，加快构建集技术研发、创新应用、人才培训和产业服务等功能于一体的数字产业生态开放平台。

● 五大数字经济新业态：一是推动人工智能、区块链、云计算、大数据、5G等重点数字产业规模化发展；二是发展智慧金融，依托"一街一城"打造金融中心核心集聚区；三是围绕智慧商圈、夜间经济和电商发展，打造武汉国家中心城市金融中心和消费中心；四是通过构建楼宇经济信息平台、推进商务楼宇智能化升级、打造楼宇招商"云名片"等措施，推动楼宇经济价值再提升；五是积极培育数字资源要素市场，全面激发数据资源价值。

（4）创新建设运营模式，提升"智慧 JH"造血能力

聚焦智慧城市长效运营，开放相应数据资源，培育智慧城市建设运营综合服务商，构建利益共享、风险共担的新型合作伙伴关系，为区级智慧城市建设提供从平台建设到资源整合，从技术服务到创新应用的专业化运营和增值服务，主要包括以下内容。

① 强化领导：成立由 JH 区政府领导牵头的"智慧 JH"领导小组，统筹推进"智慧 JH"建设管理，协调解决跨部门、跨领域、跨层级的重大问题。

② 强化"多端协同"：规划设立管理端＋技术保障端＋运营端长效运营机制。其中"管理端"为区政府智慧城市建设牵头部门，具体负责：加强"数智 JH"建设运营的纵向工作衔接和工作指导，以及横向工作协调，代表区政府有效甄别"数智 JH"建设中可能存在的弱需求、伪需求，持续提升信息化项目对人民群众需求的适配能力；负责全区大数据资源体系建设及管理有关工作，统筹指导协调全区政务数据和公共服务数据资源的整合应用及共享开放；统筹协调全区大数据资源共建共用及资产化运营；负责组织开展相关标准规范建设完善。"技术保障端"是负责智慧 JH 建设运营的技术支撑单位，主要负责为"数智 JH"建设提供统一技术支持，包括对全区云网、数据枢纽等信息基础设施，区级应用平台建设运营的技术支持，以及对各街道、各部门自建系统平台提供技术指导等。"运营端"是区政府按照"政府主导、企业主建、部门主用，长效运营"原则，引入的具有智慧城市建设运营经验、具体承担"数智 JH"日常运营的平台公司，具体负责全区新型智慧城市基础设施、数据中枢、共性支撑平台及跨部门融合应用的建设及数据资产运营。

③ 强化"外脑支撑"：设立"数智 JH"专家智库，吸纳全市及全国先进地区智慧城市建设领域知名专家，建立涵盖"数智 JH"功能系统设计咨询、项目建设技术咨询、标准规范咨询、运行机制设计、综合效益评估全流程的专家咨询合作机制，作为"数智 JH"建设的辅助决策咨询机构，为"数智 JH"建设运营工作提供全方位的智力支持，对"数智 JH"顶层设计、项目建设、技术应用、标准规范、产业升级和项目验收提供指导和建议。

# |10.3　新城新区顶层规划设计实践|

新城新区包括国家级新区、开发区、高新区、特色产业新城等各类新建区域，是新型城镇化创新发展的重要引擎，是城市经济发展的新空间，是创新要素融通的新载体，是推进城市智慧化发展的试验田和排头兵。新城新区的建设开发通常从零开始，且前期注重基础设施建设和对新技术、新模式的探究，在区域产业发展和制度改革创新方面具有先天优势，新城新区的智慧城市建设规划需要重点关注以下内容。

## 10.3.1　规划要点

### 1. 适度超前，统筹布局

新城新区信息化基础设施、平台及应用的建设通常如白纸绘图，可按照"超前布局和集约融合"的原则，构建智慧城市总体框架，统筹推进智慧城市的规划布局和建设。新城新区信息化基础设施建设，吸取过去条块分离、各自为政、分散重复建设的教训，充分把握区域发展对新型基础设施建设的需求，超前引入和利用最新信息技术和理念，由信息化建设单位牵头统筹推进云网设施、物联感知网络、数据中心等信息化基础设施体系建设，打造区域全覆盖、高融合、高传输、全赋能的数字基础设施底座，实现共建共享共用。同时，参照国际标准、国家标准、行业标准和地方标准，并结合新城新区实际，提前构建新城新区智慧城市建设标准体系和配套管理办法，为统一、规范地开展智慧城市建设提供依据。

### 2. 产业牵引，先行先试

新城新区通常作为国家或区域战略布局和产业创新突破的试验区，在政策、资金和技术方面均有所倾斜和突破。因此，新城新区智慧城市建设应聚焦区域发展定位，率先布局新型基础设施建设并推动特色领域的示范试点工程建设；同时，以产业创新发展为引领，开展智慧产业培育、产业服务平台建设，积极推进应用场景创新试点、大胆探索新的建设运营模式实践。

### 3. 多规合一，协调发展

新城新区智慧城市规划需坚持"多规合一"原则，充分协调好智慧城市顶层规划与区域经济社会发展规划、城乡规划、土地利用规划、环境保护规划、综合交通规划、文化与生态旅游资源规划等各类规划的关系，避免各类规划内容冲突，重复建设，实现区域"一盘棋"协调发展。

## 10.3.2 实践案例

以《CJ 新城智慧城市顶层规划》的推出与落地为例。

### 1. 规划背景

2017 年，W 市第十三次党代会提出了规划建设"CJ 新城"，打造全球未来城市的样板。明确坚持世界眼光、国际标准、中国特色、高点定位，对标雄安新区，按照近期起步区 30 平方千米左右、中期发展区 100 平方千米左右、远期控制区 500 平方千米左右的战略步骤，努力打造创新名城、生态绿城、现代智城、国际友城、创富大城，建成践行新发展理念的典范新城。

在产业布局方面，CJ 新城将打造"2+6"现代产业体系，即两个超级 TOD 核心区，以国际企业总部区、金融、国际交流为产业主导；构建青年乐活、通信科技、大数据、智能装备制造、康养服务业和健康产业六大现代产业体系。

结合 CJ 新城的战略发展定位和产业布局，管委会组织编制了《CJ 新城智慧城市顶层规划》，为 CJ 新城的高质量发展提供战略指引。

### 2. 规划原则

（1）创新引领、超前布局

把握世界先进城市建设与科技发展态势，超前布局新一代信息基础设施，以及大数据、人工智能、下一代互联网、下一代移动通信技术、工业互联网、深空光通信等战略性新兴产业、战略性关键技术及应用，加快推动新技术、新产品产业化进程，创新技术研发、系统建设和应用发展模式，全面提升自主创新能力，争取新一轮全球科技竞争中的战略主动权，促进 CJ 新城跨越式发展。

（2）统筹规划、分步实施

新城信息化建设按照统筹规划、科学论证、分步实施的原则，建立高效务实的信息化建设、应用协调和推进机制，要充分考虑物理新城和智能新城的协同融合发展及信息化建设的节奏规律，分阶段有序推进信息化建设，促进"CJ 智城"建设持续深入发展。

（3）基础先行、突出重点

信息基础设施是"CJ 智城"建设最重要的基础平台，坚持着眼未来，把网络基础设施建设作为"CJ 智城"建设战略部署的先行领域，加快信息基础设施演进升级，为新城的发展提供充分、可靠的基础能力保障服务。同时，围绕 5G、北斗卫星导航系统和人工智能等核心产业进行重点突破，合理构筑 CJ 新城特色化智能产业支撑体系。

（4）服务民生、深化应用

以人为本，切实贯彻科技便民惠民的根本宗旨，坚持把解决民生问题、促进人的全面发展作为 CJ 新城智慧城市建设和管理的根本目标。通过信息化技术，深化交通、医疗、教育、文化等各类民生应用，为建成百姓富裕、安居乐业的创富大城、高水平对外开放合作的国际友城助力赋能。

（5）开放包容，安全有序

营造开放包容和安全有序的发展环境，坚持以改革创新释放发展红利和内需潜力，打破行业壁垒和利益藩篱，制定安全合规的数据标准体系，促进数据流动与共享，最大限度地优化资源配置。把握网络安全和信息化作为一体之两翼、驱动之双轮的辩证关系，强化网络安全和信息安全管理。加快形成开放、包容、共享的"人工智能 +"社会运行新模式和清朗的网络空间安全保障体系。

### 3. 规划总体架构及重点任务

规划从 CJ 新城的战略发展定位和实际需求出发，构建了"4 个 1"的总体架构，如图 10.3 所示。

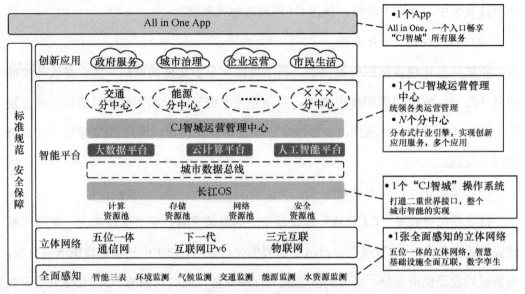

图10.3　CJ新城智慧城市"4个1"总体架构

1张全面感知的立体网络，包括五位一体通信网、下一代互联网 IPv6、三元互联物联网和各类传感设施，构建"CJ 智城"的基础。

1个"CJ 智城"操作系统（智能平台），包括大数据平台、云计算平台、人工智能平台等能力平台，为上层应用提供统一能力支撑。

1个 CJ 智城运营管理中心和 N 个分中心，统筹"CJ 智城"的城市规划、建设和运营管理，实现"一网管、一屏观"。

1个 App：公众以此 App 作为"CJ 智城"所有服务的统一入口，获取政府服务、城市治理、企业运营和市民生活等领域的智慧化创新应用。

结合规划总体架构，谋划了"12345"（一张蓝图、二重空间、三元互联、四大领域和五位一体）的主要任务。积极引入新技术，超前布局"海陆空天地"一体化信息基础设施；围绕城市综合治理、政府优质服务、企业高效运营、市民和谐生活四大领域开展智慧应用场景建设，并分类匹配政府主导、政企合作、市场主导等多种建设运营模式，确保智慧城市长效运营。

（1）一张蓝图

按照"世界眼光、国际标准、中国特色、高点定位"的总体要求，秉承"创新、协调、绿色、开放、共享"新发展理念，围绕"生态""智慧"两大核心主题，突出五大定位——高效高新产业集聚的创新名城、大江大湖魅力凸显的生态绿城、新一代信息技术领先应用的现代智城、对外开放合作水平一流的国际友城、百姓富裕安居乐业的创富大城，描绘"CJ 新城——未来之城"的宏伟蓝图。

（2）二重空间

积极引入数字孪生理念，构筑物理世界和数字世界"二重空间"。

（3）三元互联

CJ 新城的信息化建设探索"人 - 网 - 物"三元互联融合社会下的未来城市新形态。着眼构建人与自然的伙伴关系，将"人 - 自然 - 技术"相结合，建设环保新型智慧社会的社会形态和创新空间。着眼人机共融、同处一个空间、协同工作生活，建设集成完善的智能型基础设施、共享型网络服务平台、智慧型超级社区、开放型创新环境。着眼示范引领，建设一个功能集成化、交通便捷化、服务智慧化、资源可循环利用的绿色、安全、宜居型城市，成为中国未来城市和区域发展的样板。

（4）四大领域

充分聚焦社会治理、生态环保和公共服务等领域，开展智慧应用场景创新，建设智慧路灯、智慧环保、智慧能源、智慧楼宇等智慧应用，使 CJ 新城成为低碳环保、可持续发展的生态绿城。坚持"以人为本"的建设理念，建设 All in One App、智慧家庭、智慧社区、智慧交通等智慧应用，使在新城里生活工作的人们，充分享受科技为生活带来的便利。

积极引入区块链等新兴技术建设智慧政务、智慧金融、智慧供应链、智慧物流等应用。利用区块链技术的点对点通信机制降低运营成本，普及物联设备，利用其不对称加密特性保护用户隐私，重塑信任机制。

（5）五位一体

充分与 CJ 新城城乡规划协同，超前布局海陆空天地一体化信息基础设施，包括可视化水下监测网、超宽城市全光网、Wi-Fi、4G/5G 无线网络、泛在感知的物联网、IPv6/下一代互联网、天基互联试验网等云网端信息基础设施的整合融合，实现CJ新城"人 - 网 - 物"的全面连接，夯实智慧城市建设的基础底座。

（6）建设运营模式

按照"政府引导、市场主体、多方参与、共同受益"的原则，根据重点工程和项目的不同类型，分类探索运营管理模式，如表10.1所示。

表10.1　不同类别项目的运营管理模式

| 项目类型 | 建设项目 | 项目特点 | 建设模式和运营主体 |
|---|---|---|---|
| 基础公共项目 | 智慧市政设施、智慧网络设施 | 投资规模大、公益性质强、专业运营和维护要求高 | 政府企业共同投资、企业负责建设和运营 |
| | 信息共享设施、公共服务场所Wi-Fi热点 | 基础性、公益性 | 企业建设，政府购买服务（优先采购本地化产品和服务） |
| 政务类项目 | 基础数据库、智能办公平台 | 涉密要求较高 | 政府独立投资 |
| | 政务服务平台 | 涉密要求不高 | 政府投资、企业建设和运营 |
| 部分可商业化运作的项目 | 企业云服务平台、协同制造平台 | 半商业化 | 外包、BT、BOT及特许经营等模式 |
| 商业化项目 | 智能家居、智慧停车场、智慧物业 | 用户规模大、直接面向公众、个性化要求高、服务要求高 | 企业投资建设、运营和管理，政府和市场购买服务 |

# | 10.4　数字经济顶层规划设计实践 |

数字经济是以数字化的知识和信息作为关键生产要素，以数字技术为核心驱动力，以现代信息网络为主要载体，通过数字技术与实体经济深度融合，不断提高经济社会数字化、网络化、智能化水平，加速重构经济发展与治理模式的新型经济形态。党的十八大以来，党中央、国务院高度重视发展数字经济，将其作为国家发展战略布局和国民经济发展的新增长点，要求充分发挥海量数据和丰富应用场景优势，促进数字技术与实体经济深度融合，赋能传统产业转型升级，催生新产业新业态新模式，不断做强做优做大我国数字经济。2023 年 2 月，中共中央、国务院印发《数字中国建设整体布局规划》，"数字经济"在"数字中国"五位一体战略布局中高居首位，标志着大力发展数字经济成为国家重要战略选择，是我国长期经济结构转型的必然要求。我国已有多个地方政府将数字经济上升到"一号工程"，一方面表明大力发展数字经济已成为各级各地政府抢抓新一轮科技革命和产业变革机遇、抢占新一轮产业竞争赛道的战略先手棋；另一方面揭示出随着我国经济加快进入高质量发展阶段，各地政府对转变发展方式、优化经济结构、转换增长动力的要求愈加迫切，亟需释放数字技术对经济发展的放大、叠加、倍增作用，有力支撑经济高质量发展。

## 10.4.1 规划要点

### 1. 统筹规划区域网络运力

发展数字经济的前提是提升网络运力。在网络运力建设上，要统筹考虑区域内千兆 5G、千兆光网覆盖质效，下一代互联网（IPv6）的规模部署及城市交通、能源、市政等基础设施数字化、智能化升级改造；要聚焦稳增长、促消费两大重点领域，结合区域产业布局、城市扩展及城市更新，着力打造一批千兆园区和千兆社区。在提升千兆 5G 覆盖质效方面，随着 5G 基站的建设逐步到位，要把规划重点放在 5G 网络在交通枢纽、体育场馆、大型商场、重点医院等场景，商务楼宇、高端酒店等多隔断场景，隧道涵洞等特殊场景，社区、家庭及城市郊区等普通场景覆盖的深度上。在推进千兆光网提速扩面方面，要结合地方实际加快建设全光网城市，推动有条件的城市或区县在核心重点区域开展 F5G 建设试点。在强化全时空多维感知能力方面，要持续完善城市泛在感知防控设施布局，按照补充、提升、统筹原则，深化治安防控、生态环保、交通治理、城市管理、应急管理等领域的物联前端感知节点和边缘计算节点建设，提升人脸、车辆、环境、基础设施等智能化、实时化、立体化监测能力。

## 2. 高度重视数据价值激活

数据要素是数字经济深化发展的核心引擎。随着大数据时代的来临，数据成为与资本、土地、劳动同等重要的一种新型生产要素，对提高生产效率的乘数作用不断凸显，在创新活动中的地位逐步提升，已成为当前科技创新的重要驱动力。围绕激活数据价值，释放数据潜能，通过加强公共数据资源统筹管理，打通城市数据共享大通道，打造公共数据应用闭环等为抓手，建好用好大数据这一国家基础性战略资源，深化公共数据聚通用，做强数据要素"资源池"，为数字经济高质量发展做好要素储备、提供要素支撑。在规划编制和落地实施中，一要进一步规范政务数据共享交换管理，按照"一数一源"原则，以办成一件事、审批一个项目等应用为导向，建立刚性的数据标准和目录规范，持续完善政务信息资源"三清单、一目录"，建立目录更新和长效维护机制；二要以城市级平台及融合型应用建设为抓手，持续整合汇聚公安、发改、经信、工商、税务等有关部门各类感知数据、政务数据，同时探索引入社会数据，加快打通公共数据"归集 - 治理 - 融合 - 共享 - 核查 - 反馈"应用闭环。面向数字经济的城市数据资源建设及潜能利用路径如图10.4 所示。

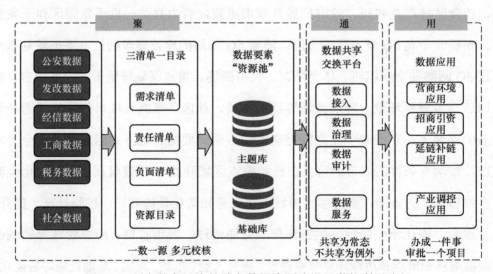

图10.4 面向数字经济的城市数据资源建设及潜能利用路径

### 3. 高水平搭建数字经济支撑平台

突破性发展区域数字经济离不开高能级平台支撑。数字经济顶层规划设计要统筹考虑区域内数字经济支撑平台搭建，包括产业承接平台、普惠算力平台、创业创新平台、数字化转型促进平台等数字经济共性支撑能力及各级各类重点实验室等大科学装置建设。在产业创新领域，通常需要考虑如何深化科技资源共享服务，因此有必要统筹搭建集约共享的科技资源服务平台，为数字经济从业企业提供资源检索、需求发布、仪器预约（共享）、科技资源交易等"一站式"服务。在普惠算力平台建设上，需考虑如何通过区域内算力资源的统筹与整合，加快建立以省级 / 市级中心为主体、区域或行业分中心为支撑的多层次算力供给体系。针对有条件的地区，还需加大企业云、边缘计算中心、智能计算中心、AI 开源开放科创平台、人工智能视觉公共服务云平台等公共算力设施的规划布局。

### 4. 强化应用牵引和多点支撑体系建设

数字经济与智慧城市、数字政府、智慧社会之间不是相互孤立的，而是相互促进、相辅相成的。数字经济的发展能够为智慧城市、数字政府、智慧社会的建设源源不断地提供成熟可靠的数字技术和更具生命力的海量应用场景。反过来，智慧城市、数字政府和智慧社会的建设共同构成数字经济发展的多点支撑体系，对区域数字经济的突破性发展具有重要牵引和推动作用。因此，数字经济顶层规划要综合利用智慧城市、数字政府和智慧社会对数字经济发展的空间载体功能、场景培育功能、财政资金撬动功能及政府示范效应，全面加强全域智慧城市、数字政府和智慧社会的推进力度。每年在智慧城市、数字政府和智慧社会有关领域，针对拟重点发展的数字技术推进开放一批重点应用场景，为区域数字经济发展及新技术产业化提供区域一流的发展土壤。

## 10.4.2　实践案例

以西北地区某省会城市《X 市数字经济发展规划（2022—2025 年）》的推出与

落实为例。

## 1. 规划背景

数字经济是西北某省"十四五"期间重点培育的"四种经济形态"之一（生态经济、循环经济、数字经济、平台经济）。2020 年以来，该省深入贯彻落实习近平总书记关于数字经济发展的重要指示批示精神和国家数字经济发展战略，专门成立了协调推进数字经济工作领导小组和管理机构，制定出台数字经济发展意见和规划，将数字经济作为全省推进"一优两高"发展的新手段、新引擎、新途径。X 市作为该省省会城市，肩负着"省会隆起、全省受益"的重大历史使命，并且正处在生态文明建设攻坚期、转型升级关键期、竞争优势重塑期和改革开放深化期，迫切需要加快谋划和布局数字经济，发展数字经济核心产业，促进三次产业数字化转型，进而加快建设具有地方特色的现代化经济体系。

## 2. 总体思路及发展目标

经过对 X 市发展和改革局、教育局、科技局、工业和信息化局、农业农村局、商务局、文化旅游广电局、营商环境监督局等 20 多个相关单位进行深度调研，确立了"以数字技术与实体经济深度融合为主线，以数据资源为关键要素，以人工智能、大数据、云计算等新一代数字技术为驱动，突出创新引领，夯实数字底座，强化数据赋能，聚力数字产业化、产业数字化、数字政府建设、智慧社会建设，全力打造青藏高原数字经济创新发展示范区"的总体路径。力争到 2025 年，全市数字经济发展迈向全面扩展期，数字经济规模占 GDP 比重达到 38%，数据资源生产要素作用初步显现，各行业智慧应用场景对数字产业发展的牵引作用更加突显，数字技术与实体经济融合取得显著成效，数字产业生态体系初步建立，成为全省平台经济聚集区、青藏高原大数据产业发展新高地。

## 3. 主要任务及重点工程

基于上述发展目标，《X 市数字经济发展规划（2022—2025 年）》按照"2 个基

础 +2 条主线 + 多点支撑"的底层逻辑，精心谋划 7 个主要任务，如图 10.5 所示。

① 2 个基础：即"提速发展新基建"和"深化数据聚通用"，具体包括提升"双千兆"网络运力、部署集约绿色算力设施、提升城市物联感知能力、构建融合型基础设施及打通数据资源"采集 - 治理 - 共享 - 交换 - 开放 - 流通 - 交易 - 开发"应用闭环。

② 2 条主线：即坚持"数字产业化"和"产业数字化"2 条基本路径。核心目的一是壮大 X 市数字经济核心产业（包括数字产品制造业、新一代信息技术产业、平台经济和数字产业集群等），培育转型发展"新变量"；二是赋能 X 市农业、工业、服务业等传统产业激活力、强动力、提韧性，从而加快锻造全省经济发展"新动能"。

③ 多点支撑：即通过数字政府、智慧社会、数字生态等的系统性建设，为"数字产业化"和"产业数字化"提供多层次场景支撑。

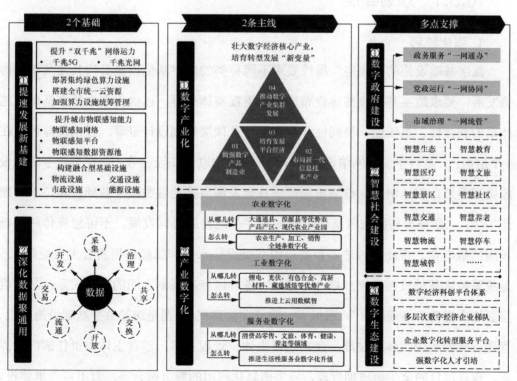

图10.5　《X市数字经济发展规划（2022—2025年）》任务

# | 10.5 数字基础设施顶层规划设计实践 |

数字基础设施是城市全面数字化转型的基石，也是数字政府、智慧社会、数字经济发展的重要驱动力量。《数字中国建设整体布局规划》围绕"夯实数字中国建设基础"明确提出"打通数字基础设施大动脉"，具体任务包括加快 5G 网络与千兆光网协同建设，深入推进 IPv6 规模部署和应用，推进移动物联网全面发展，大力推进北斗规模应用，系统优化算力基础设施布局，加强传统基础设施数字化、智能化改造等。从"打通数字基础设施大动脉"的战略意图可以看出：高水平数字基础设施应具有高速泛在、智能敏捷、互联互通、绿色集约、创新驱动、自主可控等突出特征。因此，数字基础设施顶层规划设计要统筹谋划、统筹部署、统筹推进，避免各自为政。

## 10.5.1 规划要点

### 1. 强化统筹

数字基础设施的"底座"属性要求不同种类的数字基础设施必须共建共享、协调发展，要求数字基础设施建设布局更加重视整体统筹，以确保整个数字基础设施体系的整体性、系统性、协同性和前瞻性。从顶层规划设计来看，强化统筹体现在 4 个层面：一是科学统筹网络设施、算力设施、物联感知设施等不同类型数字基础设施协调发展，因地制宜、前瞻布局经济社会发展所需的各类数字基础设施，不可顾此失彼；二是统筹传统市政基础设施与数字基础设施协同发展，不可忽视传统基础设施的数字化、智能化改造，否则应用基础设施水平和赋能作用将会大大受限；三是统筹数字基础设施顶层规划与各部门、各片区专项规划之间的衔接关系，从制度层面切实推动"多规融合"，确保"一张蓝图绘到底"；四是统筹数字基础设施建设、管理、运营和应用体系发展，包括建设主体、管理主体、运营主体与责任部门的界定，建设项目的全生命周期管理，各类信息化应用的整合融合等，万不可"重建设、轻管理、轻运营、轻应用"。

### 2. 需求牵引

数字基础设施建设的根本目的是为经济社会数字化转型提供感知、传输、存储、计算等基础性数字公共服务。因此，在顶层规划设计上必须坚持"需求驱动"导向，即要聚焦民生服务、产业发展、社会治理等关键领域，深入挖掘各行业对数字基础设施的应用需求，科学谋划 5G、人工智能、IPv6、数字孪生、移动物联网等数字技术应用场景，以需求带动新型数字基础设施建设，避免数字基础设施建设与经济社会数字化转型的实际需求脱节，这样才能充分发挥数字基础设施在新业态、新模式培育中的应有作用。

### 3. 多元参与

数字基础设施顶层规划设计要坚持政府引导，社会主导，充分发挥政府在顶层设计、统筹协调、标准规范制定等方面的引导作用，发挥市场配置资源的决定性作用。既要强化政府引导，又要给社会资本留足空间、给足政策，进一步畅通社会资本参与渠道，激发社会投资活力，以便充分调动各类市场主体投资建设积极性，通过支持多元主体参与建设，打造安全可靠的本地数字产业生态。

### 4. 安全可控

数字基础设施是推动数字技术与实体经济深度融合的重要桥梁，更是经济社会发展的信息"大动脉"，在经济社会发展中具有重要的战略性、基础性、先导性作用。数字基础设施顶层规划设计一方面要坚定自主可控、安全发展基本路线，坚持技术发展与安全发展并重，设好信息安全"红绿灯"；另一方面要兼顾完整性、安全性、国产化和先进性，推动网络安全与信息化项目同步规划、同步建设、同步运行。同时，还需进一步强化关键信息基础设施和信息系统安全保障，切实加强数据安全及个人隐私保护，确保信息化建设运营安全可控。

## 10.5.2　实践案例

以《WH 新城信息化顶层规划（2025—2027 年）》和《H 省信息（数字）基础设施布局规划》的推出与落实为例。

## 1. WH新城信息化顶层规划（2025-2027年）

**（1）规划背景**

规划建设 WH 新城是 H 省加快建设全国构建新发展格局先行区，形成推动当地都市圈一体化建设、引领都市圈高质量发展的主引擎的一项重要战略部署。WH 新城规划面积约 719 平方千米，管控范围约 1689 平方千米。

**（2）规划定位**

通过对该区域近期信息化领域的各类有关规划进行对比分析，明确现阶段 WH 新城在信息化发展上需进一步解决的 4 个主要问题，即基础公共化、数据资产化、应用标准化和产业生态化。针对以上问题，确定《WH 新城信息化顶层规划（2025—2027 年）》的出发点为：深入贯彻落实《数字中国建设整体布局规划》关于"夯实基础、赋能全局、强化能力、优化环境"的有关要求，全面提升信息化建设的整体性、系统性、协同性。侧重点一是以统筹为导向，一体化打造数字政府、数字经济、智慧城市的数字基础设施；二是以整合为导向，推进重点领域应用标准化；三是以应用为导向，培育世界光谷的数字生态和未来产业。

**（3）指导思想**

《WH 新城信息化顶层规划（2025—2027 年）》的指导思想是：以习近平新时代中国特色社会主义思想为指导，全面贯彻党的二十大和二十届二中、三中全会精神，围绕国家网络强国、数字中国、数字经济等重大战略部署，锚定"两高地、两中心、一样板"总体定位和"山水城、家园城、智慧城"发展坐标，以"基础公共化"和"数据资产化"为先导，着力夯实全域数字化转型基础，着力推动数字技术成为"新质生产力"培育的"加速器"，"光谷智能体"建设的"能量源"，为"中国光谷"加速迈向"世界光谷"注入全新动能。

**（4）发展目标及任务设计**

WH 新城信息化发展目标为立足更高层次打造"两高地、两中心、一样板"，聚焦全面提升信息化建设的整体性和协同性，组织实施一批枢纽性、全局性、战略性工程，系统提升数字基础设施和共性基础平台的能级量级，有力支撑全区公共数据资源体系构建和数字光谷应用体系发展。计划到2027年，建成"泛在连接、高效协同、全域感知、智能融合、安全可信"的数字基础设施体系，数字技术与实体经济融合取得显著进展，成为全省乃至全国数字孪生城市建设、数字产业生态构建和新质生产力培育的先行示范区。

为有力支撑上述目标，《WH 新城信息化顶层规划（2025—2027 年）》目标任务视图如图 10.6 所示。首先从网络设施、算力设施、城市感知、融合设施、数据资源及创新应用 6 个方面进一步明确 WH 新城各领域的具体发展目标。在此基础上，统筹安排"打造高速泛在的网络设施""布局多元供给的算力设施""完善全域感知的物联设施""建设数实融合的应用设施""构建开放赋能的数据资源""打造光谷特色的先锋应用"及"构建全方位安全保障体系"7 大任务。针对后续建设管理和运营，规划设计了项目统筹、项目管理、长效运营和清单推进 4 套机制，并从打造"建 - 管 - 用"闭环管理体系层面配套了重点任务清单、资源能力清单、企业能力清单、标准规范清单、全过程管理指引等 8 个文件。

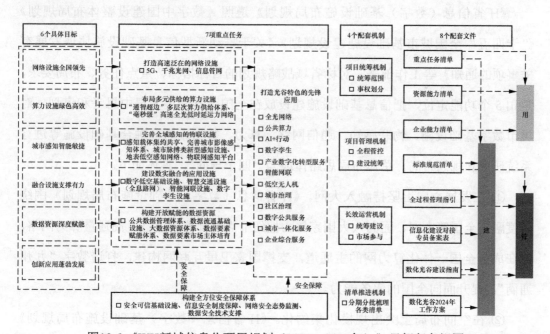

图10.6 《WH新城信息化顶层规划（2025—2027年）》目标任务视图

### 2. H省信息（数字）基础设施布局规划

**（1）规划背景**

信息（数字）基础设施作为经济社会发展的"信息大动脉"，对于推进数字化、智能化及可持续发展至关重要。随着网络强国、数字中国战略的深入推进，为更好适应数字经济和新质生产力的发展需要，H省委、省政府锚定"加快建成中部地区崛起的重要战略支点"的目标定位，以《H省域战略规划》为全省奋力推进中国式现代化本地实践描绘了美好蓝图，提出建设国内大循环重要节点和国内国际双循环重要枢纽、国家科技创新与制造业基地、国土安全保障服务基地、国家水安全战略保障区、国家优质农产品生产区这5个功能定位。《H省信息（数字）基础设施布局规划》是《H省域战略规划》的重要专项规划之一，其主要作用是有力支撑全省四化同步深度融合发展，加快实现信息（数字）基础设施与人口经济、产业布局、行业应用协调发展，统领全省各类信息（数字）基础设施合理布局。

**（2）布局思路**

《H省信息（数字）基础设施布局规划》遵照《数字中国建设整体布局规划》《"十四五"全国城市基础设施建设规划》《关于推动新型信息基础设施协调发展有关事项的通知》等工作部署，对标省域战略规划的目标指标、重点任务、布局要求，紧扣5个功能定位，把信息基础设施建设放在全国全省发展大局中思考和谋划，对城市数字基础设施、物联感知、通信网络、算力、数据流通、融合基础设施等进行系统研究和规划布局。总体布局思路体现为"四个导向"，具体如下。

① 在发展方向上坚持融入大网。《H省信息（数字）基础设施布局规划》围绕深度融入全国算力网，面向八大国家算力枢纽节点，部署确定性、高通量算力网络，旨在成为全国一体化算力网的主通道，支撑国家卫星互联网构建，打造数字"九州通衢"，提升面向全国的服务能力。

② 在空间布局上突出规模化集约化。《H省信息（数字）基础设施布局规划》

提出在省内集中打造三大算力集群，形成规模化算力集约化供给；建设全省算力调度平台，构建一体调度、普惠易用、绿色安全的全省算力网。

③ 在枢纽节点上强调提升能级。《H 省信息（数字）基础设施布局规划》立足创建全国一体化算力网络中部枢纽节点，围绕补齐全省枢纽能级不强、集约建设运营水平不高等短板，从提升全国互联网骨干直联点带宽、提升工业互联网顶级节点注册量和解析量、创建全国一体化算力网络国家枢纽节点和新型互联网交换中心等方面提出多项具体措施，力图打造全国算网综合枢纽、全国数据要素市场中部枢纽。

④ 在数据流通基础设施方面体现超前布局。以《中共中央关于进一步全面深化改革 推进中国式现代化的决定》中关于"建设和运营国家数据基础设施，促进数据共享"的有关精神为指引，《H 省信息（数字）基础设施布局规划》提出建设"一链三平台"数据流通基础设施，包括建设全省统一的数据交易平台和省市两级公共数据授权运营平台，运用联邦学习、多方安全计算等隐私计算技术，建设区块链开放网络、算力集群和政务区块链统一平台，打造自主可控、安全可信的数据流通环境，以及在教育、医疗、交通、制造等领域发展垂直行业人工智能大模型等。力图通过"一链三平台"建设加快构建技术领先、普惠易用、可信互联的数据流通基础设施体系，进而打造全国数据要素市场中部枢纽。

（3）发展目标

通过对 H 省信息（数字）基础设施发展现状、存在的主要问题、面临形势及目标定位进行深入分析，结合 H 省提升信息（数字）基础设施整体性、系统性，提升信息（数字）基础设施与产业融合布局水平，推进信息（数字）基础设施从以"连接"为主向"连接＋算力＋数据＋人工智能"全面拓展，推动信息（数字）基础设施成为支撑全省构建现代化产业体系的关键基础和发展新质生产力的重要驱动力等，明确 H 省信息（数字）基础设施布局规划以打造全国算网综合枢纽、全国数据要素市场中部枢纽、全域数字化转型城市集聚区、国家网络和数据安全保障基地为目标，通过统筹布局"三维一体"物联感知体系、"四网协同"通信网络等六类设施，实现强点扩面、节点成网，打造高速泛在、全域感知、绿色智能、集约共享的信息（数字）基础设施，有力支撑该省建设全国构建新发展格局先行区。未来，信息（数字）基础设施将成为 H 省经济社会各领域数字化转型、数字经济发展、未来产业及新质生产力培育的共性基础和能力底座。信息（数字）基础设施的功能示意如图 10.7 所示。

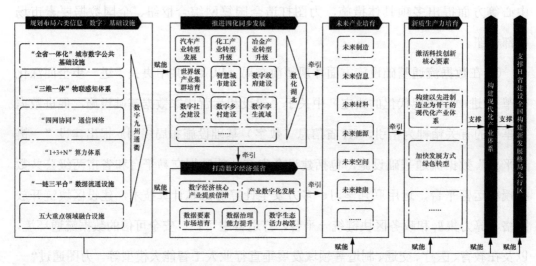

图10.7　信息（数字）基础设施的功能示意

（4）主要任务

基于以上发展目标，《H 省信息（数字）基础设施布局规划》按照前瞻布局、产城融合、筑牢底座、数据赋能原则，围绕赋能城市全域数字化转型、深化万物智联和多网协同、巩固全国通信网络枢纽地位、打造全国算网综合枢纽、打造全国数据要素市场中部枢纽、支撑该省 5 个功能定位建设，谋划布局"全省一体化"城市数字公共基础设施、"三维一体"物联感知体系、"四网协同"通信网络、"1+3+N"算力体系、"一链三平台"数据流通基础设施及五大重点领域融合设施这六类信息（数字）基础设施。H 省信息（数字）基础设施布局规划主要任务视图如图 10.8 所示。

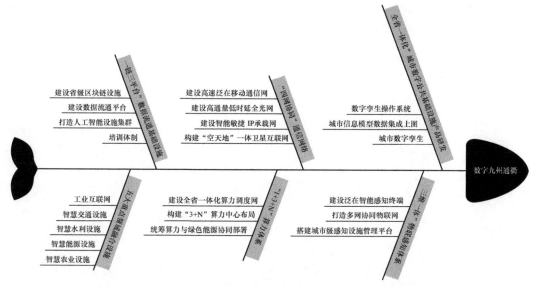

图10.8　H省信息（数字）基础设施布局规划主要任务视图

# 参考文献

[1] 中国信息通信研究院，中国互联网协会，中国通信标准化协会. 数字孪生城市白皮书 [R/OL]. (2021-12).

[2] 金天骄. 运营商新 IT 架构演进思路 [J]. 数据通信，2018(20): 50-55.

[3] 丁瑞，高祖林. 新时代中国共产党党风廉政建设的"四清"目标及其实现路径 [J]. 江苏第二师范学院学报，2021(2): 11.

[4] PANOS P, BRAM K, ANTONIO C. Public value creation in digital government[J]. Government Information Quarterly，2019(04): 218-230.

[5] 张丽，陈宇. 基于公共价值的数字政府绩效评估 理论综述与概念框架 [J]. 电子政务 E-GOVERNMENT，2021(7): 57-71.

[6] 翟云. 改革开放 40 年来中国电子政务发展的理论演化与实践探索：从业务上网到服务上网 [J]. 电子政务，2018(12): 80-89.

[7] 蒋敏娟. 地方数字政府建设模式比较——以广东、浙江、贵州三省为例 [J]. 行政管理改革，2021(6): 51-60.

[8] 王伟玲. 我国数字政府顶层设计的理念辨析与实践指向 [J]. 行政管理改革，2021(6): 40-50.

[9] TAPSCOTT D. The Digital Economy: Promise and Peril in the age of Networked Intelligence [M]. New York: McGraw-Hill，1996: 30-35.

[10] NEGROPONTE N, HARRINGTON R, MCKAY S R, et al. Being digital[J]. Computer in Physics, 1997(3): 261-262.

[11] 姜奇平. 浮现中的数字经济 [M]. 北京：中国人民大学出版社，1998: 16-20.

[12] 温珺，阎志军，程愚 . 数字经济与区域创新能力的提升 [J]. 经济问题探索，2019(11): 112-124.

[13] 戴翔，张雨，刘星瀚 . 数字技术重构全球价值链的新逻辑与中国对策 [J]. 华南师范大学学报（社会科学版），2022(01): 116-129.

[14] 竺乾威 . 政府管理创新若干问题的思考 [J]. 中国行政管理，2012(02): 27-32.

[15] 陆雄文 . 管理学大辞典 [M]. 上海：上海辞书出版社，2013: 123-124.

[16] 国家市场监督管理总局，国家标准化管理委员会 . 智慧城市 建筑及居住区 第 1 部分：智慧社区信息系统技术要求：GB/T 42455.1—2023[S]. (2023-3-17).

[17] 梅雪珂 . 中外智慧城市建设模式比较研究 [D]. 哈尔滨：黑龙江大学，2016: 33-36.

[18] 常春光，逄松岩 . 智慧城市运营模式研究 [J]. 辽宁经济，2019(8): 24-25.

[19] 冯帅 . 智慧城市运营模式创新研究 [D]. 天津：天津大学，2015: 27-28.

[20] 申彤 . 促进智慧城市建设中 PPP 模式应用研究 [D]. 北京：中国财政科学研究院，2018: 27-38.

[21] 唐斯斯，张延强，单志广 . 我国新型智慧城市发展现状，形势与政策建议 [J]. 电子政务，2020(4): 70-80.

[22] 王咏 . 新城新区智慧城市差异化建设思考 [J]. 通信企业管理，2019(01): 26-28.

[23] 国家工业信息安全发展研究中心，人民网财经研究院，联想集团 . 智慧城市白皮书——依托智慧服务，共创新型智慧城市（2022 年）[R/OL]. (2022-05-24).

[24] 百度智能云 . 2021 百度智慧城市白皮书 [R/OL]. (2021-07).

[25] 华为技术有限公司 . 数字之城——智慧城市未来发展白皮书 [R/OL].

[26] 陈如明 . 云计算、智慧应急联动及智慧城市务实发展策略思考 [J]. 移动通信，2012(3): 05-10.

[27] 程大章，沈晔 . 绿色生态城区与智慧城市建设 [J]. 建设科技，2014(17): 20-23.

[28] 付登坡，江敏，任寅姿 . 数据中台：让数据用起来 [M]. 北京：机械工业出版社，2021: 20-56.

[29] 张纯等 . 城市规划视角下智慧城市的审视和反思 [J]. 国际城市规划，2016(1): 19-25.

[30] 张芳山 . 美国公共安全管理模式及其启示 [J]. 云南行政学院学报，2010(1): 121-123.

[31] 张兰廷 . 大数据的社会价值与战略选择 [D]. 北京：中共中央党校，2014: 17-21.

[32] 黄建波 . 一书读懂物联网 [M]. 北京：清华出版社，2017: 106-114.

[33] 张少彤，王芳，王理达 . 智慧城市的发展特点与趋势 [J]. 电子政务，2013(4): 02-09.

[34] 智慧城市产业生态圈 . 智慧城市应用场景分类白皮书（2021）[R/OL]. (2021-09).

[35] 郁建生 . 智慧城市——顶层设计与实践 [M]. 北京：人民邮电出版社，2017: 230-239.

[36] 金江军，郭英楼 . 智慧城市：大数据、互联网时代的城市治理（第 4 版）[M]. 北京：
电子工业出版社，2017: 223-246.

[37] 亿欧智库 . 新基建重构智慧教育生态——2021 智慧教育发展研究报告 [R/OL].
(2021-01).

[38] 中通服咨询设计研究院有限公司，中国通服智慧城市产业联盟 . 理想智慧社区
白皮书（2021）——数智驱动社区治理现代化 [R/OL]. (2021-05).

[39] 易观分析 . 中国智慧医疗行业洞察 2022[R/OL]. (2022-02-28).

[40] 阿里云 . 2021 年中国智慧医疗行业白皮书 [R/OL]. (2021-11).

[41] 亿欧智库 . 2021 年中国医疗健康产业数字化研究报告 [R/OL]. (2021-10).

[42] 中国软件评测中心 . 新时代数字政府建设与发展若干思考 [EB/OL].

[43] 广东省电信规划设计院有限公司 . 基于 5G 的智慧交通应用实践白皮书 [R/OL].
(2021-11).

[44] 国家信息中心智慧城市发展研究中心 . 中国智慧城市长效运营研究报告（2021）
[R/OL]. (2021-10).

[45] 郭兴东 . "互联网 +" 行动下我国智慧城市建设运营模式研究 [D]. 武汉：华中师
范大学，2016: 15-20.

[46] 彭继东 . 国内外智慧城市建设模式研究 [D]. 长春：吉林大学，2012: 12-20.

[47] 田佳 . 新型智慧城市评价方法研究 [D]. 南京：东南大学，2018: 29-37.

[48] 郭雨晖，汤志伟，翟元甫 . 政策工具视角下智慧城市政策分析：从智慧城市到
新型智慧城市 [J]. 情报杂志，2019(38): 201-207.

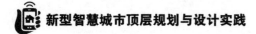
[49] 蒋明华，吴运建，丁有良．智慧城市系统及项目的投资运营模式研究 [J]. 电子政务，2014(12): 93-100.

[50] 路永华，李海燕．智慧城市项目建设运营模式对比分析 [J]. 物联网技术，2019(9): 74-78.

[51] 董经轩．智慧城市运营管理模式创新研究 [D]. 贵阳：贵州财经大学，2019: 17-23.

[52] 世界经济论坛，腾讯研究院．重塑中小城市的未来：数字化转型的框架与路径 [R/OL]. (2022-05-09).

[53] 李奕．对新型智慧城市评价标准的思考 [J]. 信息通信技术与政策，2021(11): 36-39.

[54] 王青娥，柴玄玄，张謖．智慧城市信息安全风险及保障体系构建 [J]. 科技进步与对策，2018(35): 20-23.

[55] 方牧，陈志彬，王立华．区县级智慧城市建设面临挑战及应对策略探讨 [J]. 通信与信息技术，2021(3): 67-69.

[56] 陈才．县域新型智慧城市建设态势与发展建议 [J]. 中国信息界，2019(4): 74-77.

[57] 王庆生．县级智慧城市建设的体系逻辑 [EB/OL].

[58] 张静，李淑芳．特大城市智慧化建设的困境与创新路径 [J]. 学习月刊，2022(4): 15-17.